알다가도 모를 요즘 중학생

알다가도 모를 요즘 중학생

디지털 네이티브 중학생 파헤치기

초판 1쇄 발행 2023년 2월 13일
지은이 조윤정, 임고운, 이은혜, 서성식, 염경미
펴낸이 김선기
펴낸곳 (주)푸른길
출판등록 1996년 4월 12일 제16-1292호
주소 (08377) 서울시 구로구 디지털로 33길 48 대륭포스트타워 7차 1008호
전화 02-523-2907, 6942-9570~2
팩스 02-523-2951
이메일 purungilbook@naver.com
홈페이지 www.purungil.co.kr
ISBN 978-89-6291-996-7 03370

디지털 네이티브 중학생 파헤치기

알다가도 모를

요즘 중학생

푸른길

대부분의 어른들에게 중학생과 관련지어 떠오르는 단어는 '중2병'일 것입니다. 어른들의 눈에 비치는 중학생들은 이해하기 어려운 존재입니다. 중학생 자녀를 둔 어떤 부모는 "나는 저 시기에 저러지 않았는데 도대체 쟤는 누굴 닮아서 저럴까?" 하고 불만을 토로합니다. 중학생들은 심지어 기성세대뿐 아니라 초등학생들의 눈에도 '욕을 하고, 싸우며, 공포감을 주는 행동을 일삼는 무서운' 존재로 보이기도 합니다.최보인, 정광순, 2010 학교에서 맏형 노릇을 하던 의젓한 초등학교 6학년생들이 중학생이 되면 감정이 격해지고 별것 아닌 일에도 버럭 화를 내는 이유는 무엇일까요? 정말 알다가도 모르겠습니다.

중학생을 자녀로 둔 학부모들은 "중학생들은 전두엽이 덜 발달된 파충류로 생각하면 이해할 수 있다"라고 종종 얘기하기도 합니다. 그런데 우스갯소리처럼 들리는 이 이야기에는 실제로 과학적인 근거가 있습니다. 인간의 신경에 대해 연구하는 과학자들은 인간의 뇌가 학령기(만 6~12세)에 성장을 잠시 멈추었다가 만 13~15세의 중학생 시기가 되면 급격하게 성장한다고 합니다. 중학생들의 뇌를 파충류의 뇌에 비유한 것처럼 중학생의 뇌는 충동억제와 이성적인 판단을 주관하는 전두엽이 발달하는 과정 중에 있기 때문에 이성적인 판단력이 부족하고 불안정하며 충동적일 수밖에 없다는 것입니다.

신경과학적인 접근 이외에도 중2병이 발생하는 이유를 발달 단계에서 발생하는 특징으로 설명하기도 합니다. 중학생은 청소년 초기에 해당하는 시기로 어린이와 어른 사이에 어중간하게 끼어 있는 시기입니다. 부모로부터 정서적으로 독립하려고 하지만 성인으로서 고유한 정체성이 구축되지 못한 단계이기 때문에 이 시기의 행동들은 대체로 부모의 생각과 맞지 않는 경우가 많아 불안정하게 보입니다. 인간의 심리사회적 발달 단계를 8단계로 구분했던 에릭슨은 중학생 시기를 자신의 정체성에 대한 질문을 제기하는 시기로서, 정체성 확인이 어려울 경우 역할 혼미에 빠져 명확하게 정체성을 확립하지 못하게 된다고 말합니다.Erikson, 1968 어린이에서 어른으로 성장하면서 어른에게 반항하기도 하고 자신의 목소리를 내면서 자신의 정체성을 찾아가는 노력이 어른들의 눈에는 반항적이고 어른의 흉내를 내려고 하며 감정의 기복이 심해지는 것으로 비치는 것입니다. 어른의 눈으로 보면 버릇없고 괴팍한 존재로 보이지만 중학생들은 그들 나름대로 발달 과업을 수행하면서 독립된 인간으로 성장하기 위한 투쟁을 하고 있습니다.

이에 대하여 슬레이터와 브렘너는 중학생 시기의 반항이 본격적으로 부모로부터 자유로워지려는 바람과 부모에 대한 의존을 여전히 유지하고 싶은 바람을 조화하려는 데서 오는 투쟁이라고 설명합니다.Slater and Bremner, 2014 즉 완전히 독립된 개체로 아직 바로 서지 못한 이들에게는 여전히 부모에게 의존하고 싶은 욕망과 부모로부터 자유로워지고 싶은 욕망이 모두 있는 것입니다. 두 욕망 간에 팽팽한 길항 관계가 존재하게 되고 거기서 기인한 긴장이 감정 과잉이나 분노, 충동적인 행동으로 나타납니다.

그러나 이러한 과학적이고 논리적인 설명을 듣는다 하더라도 중2병을 완전히 이해하기는 힘듭니다. 만약 중2병의 특징이 신경과학적 이유나 발달 단계상의 특징에서만 비롯된다면 기성세대들에게 나타났던 중학생의 특징과 현재 중학생의 특징에서 유사한 면을 발견할 수 있어야 할 것입니다. 하지만 현재 중학생들에게 나타나는 특징은 기성세대가 경험했던 중학생 시기의 특징이나 현상과는 차이가 있습니다. 이들이 디지털 세대, 좀 더 구체적으로 말하면 Z세대에 가깝기 때문이지요. 이들은 아주 어린 시기부터 스마트폰을 경험한 세대이기 때문에 기성세대와는 전혀 다른 문화적·세대적인 특징을 보여 주고 있습니다.

기성세대들은 친구들끼리 같은 공간에 앉아 있으면서 카톡으로 대화를 주고받는 중학생들의 소통방식을 이해할 수가 없습니다. 도대체 무엇을 하길래 하루 종일 스마트폰을 들고 있는 것일까요? 선호하는 직업 1위가 크리에이터라는 조사 결과를 볼 때면 이들에게 공부와 성적은 어떤 의미가 있는 것인지도 궁금합니다. 혹시 얘네들은 이제 공부가 필요 없는 시대라고 말하는 것은 아닐까 하는 의구심도 들고요. 중학생 시기는 부모보다 친구가 더 소중한 시기라 또래 관계를 중시하는 학생들이 많은데요. 그러다가도 친구와 사소한 일로 틀어지면 관계를 쉽게 끊어 버리는, 이들 말로 '손절'이라고 하는 현상을 심심찮게 볼 때면 이유를 알 수 없어 난감합니다.

자녀가 중학생이 되면서 양육에 어려움을 겪는 부모도 많지만, 중학교 교사들에게도 요즘 학생들은 꽤 '난해한' 존재들입니다. 방학이 지나 개학을 하면 쌍꺼풀 수술을 하고 나타나는 여학생들, 자신에게 어울리지 않다는 걸 아는지 모르는지 유행하는 박새로이(드라마 〈이태원 클라쓰〉의 주인공) 앞머리를 하고 당당하게 등교하는 남학생들, 그리고 가정형편에 상관없이 너도나도 명품을 착용하고 명품 중고거래를 일삼는 일부의 학생들을 보면 더욱 그렇습니다. 과연 이 아이들은 무슨 생각을 하며, 무엇에 가장 관심을 가지고 있는 것일까요? 이들을 바라보는 교사들은 학생들을 어떻게 가르치면 좋을지 고민에 빠집니다. 갓 부임한 교사가 지나갈 때 "성괴(성형괴물)"라고 얘기하고, 연배 높은 교사에게 "할머니"라고 서슴지 않고 부르며 "언제 퇴직하실 거예요?"라고 당당하게 질문하는 중학생들을 만날 때마다 '이 아이들에게 교사는 어떤 존재일까?' 하는 걱정과 함께 교사로서 아득한 절망감을 느끼기도 합니다.

이 책은 이러한 질문에서 시작되었습니다. 필자들은 어른들의 눈에는 도통 이해할 수 없는 중학생들의 언행과 디지털 공간을 중심으로 그들이 형성하는 온·오프라인 문화가 어떤 것인지 살펴보고 싶었습니다. 그래서 중학생들이 어떠한 이유로 주변 사람들에게 '이상한' 아이들로 해석되는 것인지를 중학생들의 입장에서 '내부자적'인 관점으로 이해해 보고자 했습니다. 그리고 디지털 이주민이자 기성세대인 우리는 죽었다 깨어나도 알 수 없는, 디지털 원주민인 중학생들이 살아가는 세상과 그 세상에 맞는 그들의 문법을 우리의 것과 다르다는 이유로 굴절된 시선으로 바라보고 있는 것은 아닌지도 성찰하고 싶었습니다. 기성세대와 다르다는 이유로 "너흰 잘못되었고 틀렸어"라고 말하고 있는 것은 아닌지 말입니다. 이러한 소망은 필자들뿐 아니라 교사와 학부모들의 바람이기도 합니다. 중학생인 내 자녀와 중학생인 우리 학생들이 그들 나름의 문화를 어떻게 형성하고 적응해 나가는지, 그 행동의 기저에 어떤 심리가 깔려 있는지를 알 수 있다면 아이들을 이해하는 데 도움이 될 것입니다.

이 책은 중학생 13명과 중학생들을 가까이서 관찰하여 이해하고 있는 고등학생 언니(누나)와 학부모, 교사와 상담 교사, 마을 교사 등 6명, 총 19명을 만나서 중학생들에 대해 쓴 기록입니다. 이들을 만나면서 중학생과 그들이 사는 세상에 대해 차츰 이해하게 되었습니다. 중학생들도 기성세대와 다르지 않은 고민을 하면서, 어쩌면 기성세대보다 더 힘든 세상에서 그들 나름대로 애를 쓰며 살아가고 있다는 것을 말입니다. 중학생들이 경험하는 세상은 기성세대의 시대와 달리 선행 학습을 하지 않으면 불안해서 견딜 수 없는 세상입니다. 다른 사람들과 다른 나만의 개성을 찾고 길러 주기보다는 남들에게 뒤지면 안 된다며 고강도의 무한 경쟁이 팽배한 냉정한 세상이며, 자본주의가 온라인과 오프라인 세상에 던져 놓은 촘촘한 그물망 속에서 내가 소유한 물건으로 자신을 평가받고 돈이 많아야 인간 취급을 받을 수 있다는 생각을 어린 나이부터 하게 만드는 세상입니다.

이 책은 part 1과 part 2로 이루어져 있습니다. part 1에서는 중학생의 삶과 문화에서 여덟 가지 특징을 추출했습니다. 첫 번째 특징은 친구에 연연한다는 것입니다. 자신의 정체성을 형성해 가는 중학생 시기에는 가족보다는 또래가 유독 더 가깝고 소중하게 느껴집니다. 두 번째 특징은 24시간 온라인에 접속하고 있다는 것입니다. 태어나면서부터 디지털 환경에 노출되었던 이들은 오프라인 못지않게 온라인에서 친구들을 만나는 것이 친숙합니다. 세 번째 특징은 친구들과의 관계를 너무 쉽게 정리한다는 것입니다. 갈등이 발생하면 곧바로 SNS 계정을 차단하거나 대화방을 나가는 식으로 관계를 끝내려 했습니다. 네 번째 특징은 학생들이 서열을 만든다는 것입니다. 기성세대에게 존재했던 일진이 여전히 존재하고 있었고 학생들 간의 서열이 이전보다 더 뚜렷하게 나타나고 있었습니다. 다섯 번째 특징은 명품에 집착한다는 것입니다. 많은 중학생들이 브랜드 제품을 선호하는 이유는 자신을 과시하고 싶어서였습니다. 여섯 번째 특징은 환상(이상적 자기)과 현실(현실적 자기) 사이에서 자신이 누구인지 탐색해 간다는 것입니다. 플렉스한 삶을 동경하는 환상에 빠져 있다가도 공부라는 현실을 그들 나름대로 인지하고 있었습니다. 일곱 번째 특징은 이들이 똑똑한 디지털 네이티브라는 것입니다. 스마트 기기 구사능력이 뛰어나고 똑똑하게 자신의 진로에 대해서도 찾을 줄 아는 명민함을 갖추었지만, 한편으로는 홍수처럼 쏟아지는 동영상을 자주 접하면서 사고가 단순해지는 듯했습니다. 마지막으로 중학생들은 무기력하고 수동적이라는 것입니다. 물론 이들이 능동성을 발휘할 때도 있습니다. 온라인 공간에서는 취미나 학습, 또래와의 관계 맺기 등과 같이 다양한 활동을 주도적으로 하기도 했지만, 부모로부터 관리받는 삶을 살면서 무기력하고 수동적인 면을 보이기도 했습니다.

　Part 1에서 알다가도 모를 요즘 중학생들의 세계에 대해 여덟 가지 성격을 중심으로 살펴보았다면, Part 2에서는 중학생들의 다양한 특징을 중학생의 학습, 정체성, 관계 맺기를 중심으로 재구성하여 알아보았습니다.

첫째, 중학생들의 학습과 관련하여 요즘 중학생들은 공부에 대해 어떻게 의미를 부여하는지를 살펴보았습니다. 중학생들의 공부에 대한 인식은 크게 세 부류로 나뉩니다. 하나는 '공부 무용론자(無用論者)'로서 인생은 한방이니 십수 년을 공부하는 데 허비하지 말고 한순간에 기회를 잡으면 된다는 아이들입니다. 다른 하나는 학교 성적이 인생을 결정한다고 생각하는 '공부 인생결정론자'입니다. 공부만 잘해도 미래가 보장되니까 학교 다닐 때는 공부 외에 다른 데에 눈을 돌리지 말자는 아이들입니다. 때문에 그들의 시간은 공부로만 점철되어 있습니다. 숨 쉬는 시간 빼고는 공부하는 기계처럼 공부만 합니다. 나머지는 이 양극단 가운데 어느 지점에 있는 아이들입니다. 공부가 자신의 미래를 100% 결정한다고 생각하지는 않지만, 그래도 공부는 필요하다고 생각하는 '공부 필요론자'입니다. 이러한 맥락에서 중학생들이 학교보다 학원을 훨씬 더 중요하게 생각하는 경향도 살펴보았습니다. 공부는 학원에서 하고, 학교는 친구를 만나는 곳이라고 생각하는 학생들은 교사에 대한 존경심을 점차 잃어 가고 있었습니다.

둘째, 정체성과 관련하여 중학생들이 또래를 통해 어떻게 자신을 발견해 가는지 알아보았습니다. 이들은 의도적으로 자기가 누구인지 찾기보다는 또래와의 자연스러운 관계 속에서 자기를 알아 갑니다. 오늘날 중학생들의 정체성 탐색은 오프라인 속 또래 관계에서만 나타나지 않았고 온라인 공간에서도 이루어지고 있었습니다. 흔히 중학생에 대해 온라인에서의 모습과 오프라인에서의 모습이 다르다고 생각하기 쉽지만, 중학생 대부분이 실제와는 큰 차이가 없다고 인식하고 있었습니다.

셋째, 관계와 관련하여 중학생들의 친구 관계가 어떻게 맺어지는지 살펴보았습니다. 디지털 환경이 변화함에 따라 이들의 관계를 맺는 방식 또한 달라졌기 때문입니다. 오프라인을 넘어 온라인 공간으로까지 친구를 사귀는 장(場)이 확대되어 실제 만난 적은 없어도 충분히 친구가 될 수 있었습니다. 얼굴 한 번 본 적 없는 온라인 친구라도 친한 사이라고 얘기한다는 것입니다. 한편 중학생들이 친구 관계에서 중요하게 생각하는 건 나이보다도 취향이었습니다. 이들은 학교에 가면 친하지 않아도 밥을 같이 먹는 비즈니스 친구가 있었습니다. 필요에 의해 친구를 선택하였고, 불편한 일이 생기면 관계를 쉽게 단절해 버리기도 했습니다. 이전 세대와는 달리 친구 관계에 깊이 개입하기보다는 선을 지키는 적당한 친밀감이 중요해진 듯했습니다.

이제 중학생들의 삶 속으로 들어가 그들이 어떤 생각을 하는지, 무엇에 대해 고민하는지, 기성세대와 다른 특징 중에 어떤 것이 있는지 알아볼까요? 이 책에 등장하는 중학생들의 생생한 이야기를 들으면서 '난해한' 중학생을 진정으로 이해해 보는 시간을 가져 보면 좋겠습니다.

마지막으로 어른들을 위해 기꺼이 자신들의 세계를 용기 있고도 흥미롭게 꺼내어 이야기해 준 중학생들과 선생님들께 감사의 인사를 드립니다. 또한 이 책의 출간을 허락해 주신 푸른길 출판사 김선기 사장님과 편집팀께도 감사드립니다.

Part 1.

중학생이라는 세계

중학생들에 관해 우리가 살펴볼 첫 번째 특징은 친구에 연연한다는 것입니다. 중학생들은 정체성을 형성해 가는 과정에서 또래 관계를 가장 중요하게 생각합니다. 가족이나 선생님보다도 또래에게 많이 의지하고 영향을 주고받지요. 자, 이제 친구에 연연하는 중학생들을 만나 볼까요?

1. 친구에 연연하는 아이들

　가끔 길거리를 걷거나 지하철을 탈 때면 검은색 옷을 입고 우르르 떼를 지어 다니는 중학생들의 모습을 볼 수 있습니다. 물론 이마저도 코로나19 확산 이후로는 좀 줄었지만요. 남녀 학생 할 것 없이 검은 티셔츠에 검은 바지는 매우 익숙한 옷차림으로 보였습니다. 심지어 겨울에는 검은색 롱패딩이 유행하기도 했었지요. 요새는 검은 마스크도 추가됩니다. 마치 검은색이 이들만의 상징이라도 되는 것 같습니다. 이처럼 지하철 안에서 삼삼오오 함께 모여 앉아 스마트폰으로 게임을 하기도 하고, 방과 후 학원에도 같이 가던 모습이 눈앞에 삼삼합니다. 하지만 이내 궁금해지더군요. 왜 중학생들은 다 똑같이 검은색 옷을 입는 것일까? 왜 이렇게 떼를 지어 몰려다닐까? 친구들 사이에서는 튀지 않고 다른 세대 사이에서는 튀고 싶어 하는 모습이 친구들과 행동을 같이 맞추려는 청소년기의 특징인 것 같습니다.

　흔히들 중학생이 되어 청소년기에 접어들면 이제는 가족의 울타리를 벗어나 친밀한 친구 관계를 맺는 것이 더 중요하다고 합니다. 이는 청소년기의 발달적 특성상 자연스러운 일입니다. 여전히 부모에게 의존하고 있지만 동시에 독립하고 싶은 마음의 갈등이 시작되는 시기거든요. 이때 사귄 친구들의 의견은 나의 외모나 가치관 등을 평가하는 데 가족이나 선생님의 의견보다 더 그럴듯하게 여겨집니다. 그래서 이 시기에는 친구들이 '의미 있는 타인(Significant Other)'의 역할을 한다고 표현하기도 합니다. '의미 있는 타인'이란 사회심리학에서 사용하는 용어로 사회화 과정에서 자기 인식에 강하게 영향을 끼치며 자아의 성장에 매우 중요한 역할을 하는 존재를 말합니다. 이제 중학생들이 친구들을 따라 검정 옷을 맞춰 입는 이유를 짐작할 수 있을 것 같지 않나요? 어른들의 바람은 이제 막 꽃봉오리 피어나는 듯한 중학생들이 다양한 색을 입으며 예쁘게 개성을 표현했으면 하지만요.

혼자 있으면 찐따 같으니까…

친구를 만들고 어울리는 일에 집중하는 것은 사회적 동물인 인간에게는 필수입니다. 중학생 시기도 예외는 아니지요. 특히 일종의 '작은 사회'라고 할 수 있는 학교에서 친구가 없다는 건 상상하기 힘들지 않겠어요? 친구 만들기의 성공 여부에 따라 중학생으로서의 학교생활은 달라질 것입니다. 그런 의미에서 학기 초는 친구 만들기에 아주 중요한 시기입니다. 학기 초가 지나고 나면 함께 어울릴 친구를 다시 사귀기가 어려워지기 때문입니다.

그래서 라온이*도 새 학기가 시작되자마자 같은 학급 친구들을 먼저 살폈습니다. 누구나 그렇듯 친한 친구와 같은 반이 되면 참 좋겠지만 그렇게 되지 않는 경우가 사실 더 많은 법이죠. 라온이는 친한 친구와 모두 다른 반이 되었습니다. 그래서 어쩔 수 없이 '그나마 친한 친구'에게 먼저 다가가기로 하였고, "너, 나랑 같이 다닐래?"라고 말을 걸어 친해지자고 제안했습니다. 같이 다닐 친구를 만들기 위해서지요. 여기서 중요한 것은 '먼저'였어요. 라온이 스스로에게도 대단한 용기가 필요한 일이었고요. 혼자 있으면 찐따 같다고 여기는 동갑내기 무리들의 시선을 생각하면 용기를 낼 수밖에 없었습니다. 여기서 찐따란 주로 '한심한 부류'를 의미하는 비속어인데요. 중학생들은 친구 없이 홀로 지내는 것을 '한심한 일'로 보고 있는 것 같았습니다. 혼자 지낸다면 학교에서의 자기 평판에도 이롭지 않았겠지요. 그래서 친구를 만드는 일에 성공할 수만 있다면 기꺼이 자존심도 내려놓고 용기 있게 친구 관계를 먼저 제안하는 듯했습니다. 친구는 찐따 신세로부터 자신을 지켜주는 '보호자'의 역할을 합니다. 학교생활에서 무사히 살아남을 수 있게 도와주는 것이지요. 일반적으로 중학생 시기에 또래 관계를 잘 맺게 되면 학교 부적응이나 심리적 어려움이 줄어든다고 합니다. 학기 초 라온이의 친구 만들기도 친구들 사이에서 '한심한 신세'가 되는 것을 면하기 위한 노력으로 볼 수 있을 것 같습니다.

일단 반에서 그나마 친한 애한테 먼저 친해지자고 하고. 급식 먹을 때나 이럴 때는 원래 친했던 애들이랑 먹고. 그러다가 (새로운 그룹으로) 같이 끼는 경우도 많아요. 차라리 혼자 다니는 것보다 그렇게 ("너, 나랑 같이

---

* 이 책에 등장하는 인물의 아름은 모두 가명입니다.

다닐래?") 한 번 말하고 다니는 게 더 나아요. 혼자 있으면 찐따 같으니까. 그래서 모두가 친구 하나씩은 꼭 만들어요. (이라온 학생, 중3)

그런데 요즘 중학생들의 또래 만들기를 가만히 살펴보면 흥미로운 점이 있습니다. 또래 무리를 대개 2명, 4명, 혹은 6명과 같이 짝수 형태의 패로 형성하고 있다는 점입니다. 여기서 '패'라는 것은 '군중'과 대비되는 청소년 또래 집단의 유형을 말합니다. 즉 높은 수준의 친밀감을 느끼면서 응집력을 갖는 9명 이내의 동성 집단이라고 표현할 수 있습니다. 라온이가 쉬는 시간에 화장실에 갈 때건 방과 후 화장품 로드숍에 갈 때건 함께 움직이는 친구들의 숫자가 그러했고, 하준이가 게임이나 운동을 할 때 같이 어울리는 숫자도 그러했습니다. 이러한 짝수 중심의 패는 목적에 따라 밥팸, 아이돌팸, 게임팸* 등과 같이 서로 다르게 구성되기도 했는데요. 내가 속하는 패가 팸의 형식으로 이어지는 것입니다.

특히 반에서 짝수를 되게 많이 만들려고 하는데 왜 그러냐면 체험 학습을 가거나 무슨 행사할 때 둘씩, 둘씩 짝짓는 게 되게 많잖아요. 그럴 때 서로 소외감 안 들게 하려고 그러는 거예요. (이라온 학생, 중3)

라온이는 학교의 각종 체험 학습이나 조별 학습이 대개 둘씩 짝지어 이루어지는 학습 활동이라는 점에 주목했습니다. 서로가 소외감을 느끼게 하고

---

* 팸은 'Family(패밀리)'의 준말로 특정 주제에 대해 같은 목적으로 모인 집단을 지칭한다.

싶지 않은 것이죠. 그래서 관계 속에서 한 명이 틀어지면 그 자리에 다시 다른 친구를 채우면서라도 그 형태를 유지하고자 하였습니다. 자신들이 생활하는 기본적인 학교 중심의 문화 안에서 나름대로 적응하고 서로 배려하는 모습이라고 생각됩니다.

욕, 친구들과의 일상 언어

무리가 형성되면 그 안에서 서로 지켜야 할 보이지 않는 규칙이 생기기 마련입니다. 특히 슬레이터와 브렘너는 10대 청소년들의 또래 관계 특징을 관찰하면서 이러한 규칙을 '무리 멤버십'이라고 표현하였습니다.Slater and Bremner, 2014 무리 멤버십은 청소년들의 사회생활에서 나타나는 독특한 특징이라고 할 수 있습니다. 서로의 행동을 규제할 뿐만 아니라 이 규칙으로 무리 정체성을 만들어 가지요. 무리 멤버십은 중학생들이 친구 관계에 연연하도록 만드는 보이지 않는 끈의 역할을 합니다.

그중 하나로 관찰된 것은 바로 '욕하기'였습니다. 특히 남학생의 경우 욕은 컴퓨터 게임을 할 때 친구들 사이에서 빈번하게 사용되었습니다. 마치 일상화된 규칙처럼 말이지요. 하준이가 게임에서 사용하는 욕은 특별한 이유나 의미를 담은 것은 아니었습니다. 그보다는 게임의 과정에서 장난스레 "상대방의 멘탈에 타격감"을 주기 위한 전략 정도였지요. 욕을 내뱉는 어감 자체가 입에 딱 붙는 "찰진 느낌"이기도 했고요. 이따금씩 게임에서 자신보다 높은 레벨에 있는 사람을 만나면, 센 욕을 해서 상대를 화나게 하거나 부들부들 떨게 만들기도 했습니다. 그러면 마치 스스로가 강한 사람이라도 된 것 같아 어깨가 으쓱거렸습니다.

연구자: 아, 그냥 말이 그런 거야?

이시우: 그러니까 어감이 더 찰지잖아요.

연구자: 찰져? 찰지다는 게 무슨 뜻이야?

최하준: 그러니까 본인을 욕하는 거보다 그 사람의 위… 그러니까 그 사람의 윗사람(게임에서 더 높은 단계에 있는 사람)을….

연구자: 겨냥하면 욕이 더 세지는구나.

최하준: 그게 더 상대방의 멘탈에 타격감을….

연구자: 멘탈에 타격감을 준다?

최하준: 네.

연구자: 그런데 남한테 멘탈의 타격감을 주면 좋은 게 있어?

최하준: 뭐라고 해야 하지. 장난식으로 했을 때는 아무 감정도 없고 그냥 장난만 있는데, 온라인에서 모르는 사람이랑 일대일로 시비가 붙을 때가 있잖아요. 그때는 패드립*으로 그 사람을 화나게 해서 '부들부들'이라고 표현하며 놀리고 그랬어요.

일본의 사이토 다마키 교수의 표현에 따르면 10대 청소년들은 '무리'라는 공동체를 유지하는 방법으로 '욕'을 사용한다고 합니다. 욕을 통해 '의미'가 아닌 '감정의 강도'를 공유하는 거지요.사이토 다마키, 2005 하준이의 욕도 이

---

* 패드립은 '패륜적 드립'의 줄임말로 디시인사이드에서 유래되었다. 부모나 조상 같은 윗사람을 욕하거나 개그 소재로 삼아 놀릴 때 쓰는 말이다(출처: 네이버 오픈사전).

런 모습으로 보입니다. 하지만 중학교 정보 교과 담당인 황유진 선생님은 학생들과는 꽤 다르게 느끼고 있었습니다. 동아리 활동으로 학생들과 함께 PC방에 갔었는데, 중학생들이 게임하면서 욕하는 모습을 직접 보니 그 내뱉는 강도가 예상외로 상당히 거칠었던 거예요. 폭력적이라는 생각마저 들었다고 합니다. 선생님은 학생들이 일상생활에서 받는 큰 스트레스가 욕으로 표현되는 걸 보며 안타까운 마음을 느꼈습니다. 그러면서도 학생들이 무의식중에 서로 내뱉는 욕을 모방하고 그것을 또 확대하며 재생산해 가는 모습은 어른으로서 보기에 매우 우려스러운 부분이었지요.

지뺏은 곤란해

중학생들의 또 다른 무리 멤버십은 온라인 공간으로도 확장됩니다. 요즘 중학생들에게 '온라인' 공간은 친구를 만드는 또 다른 차원의 작은 사회로서 중요하게 자리 잡았습니다. 온라인은 언제든 친구를 사귈 기회를 열어 놓고 있다는 점에서 매력적이지요. 하지만 이 사실은 곧 중학생들에게 이전 세대와 달리 친구 만들기를 이중으로 해야 하는 새로운 과업이 주어졌음을 의미하기도 합니다. 더군다나 온라인상에서 유지되는 친구 관계는 서로 어울린 흔적들이 데이터로 남는다는 특징이 있지요. 그래서 좀 더 개방적이면서도 세심하고 민감한 모습으로 무리 멤버십을 형성하는 것을 볼 수 있습니다. 이것이 바로 친구를 만드는 중학생들의 속내가 이전보다 더 복잡해진 이유입니다.

온라인 공간으로 확장된 무리 멤버십의 모습을 이해하기 위해서는 이들이 자주 사용하는 SNS인 페이스북의 친구 관계 기능을 먼저 살펴보는 것이 좋을 것 같습니다. 페이스북은 친구 관계를 '친한 친구', '아는 친구', '먼 친구' 그리고 '알 수도 있는 사람' 등으로 구분하여 지정하도록 하는데요. 말 그대로 '친한 친구'가 가장 가까운 관계이고 '알 수도 있는 사람'은 가장 먼 관계입니다. 중학생들은 이러한 구분을 실제 친구 관계에도 적용하는 모습을 보였습니다. 여기서 새롭게 부상한 무리 멤버십이 바로 친구를 '아는 사람', 곧 지인의 범주로 생각하면서 나온 '지인 뺏기(지뺏)'라는 행위입니다. 지인 뺏기란 친한 무리 밖의 한 친구가 나와 친하게 지내는 무리 중 한 친구를 몰래 빼앗아 가는 것을 의미합니다. 친구를 '빼앗아 간다'라고 표현하는 것에서 친하게 지내는 무리에 대한 강한 결속감이 느껴지지 않나요? 이를 앞서 언급한 페이스북에 적용해 보면 나와 그저 '아는 사람' 등급으로 연결된 것에 불과했던 친구 A가 내가 모르는 사이에 나와 '친한 친구' 등급으로 연결된 다른 친구 B와 친구 관계를 맺은 것입니다. 문제는 SNS 플랫폼의 특성상 친한 친구일수록 소식을 쉽게 접할 수 있다 보니 B가 A와 친한 친구가 되었다는 소식이 내 페이스북에 자동으로 노출된다는 데 있습니다. 라온이는 늘 같이 다니던 두 명의 친구 중 한 명에게서 지뺏의 경험을 당했습니다.

연구자: 그러면 원래 둘이었다가 걔가 중간에 들어와서 셋이 됐는데, 그 친구가 네 친구를 뺏은 거구나.

이라온: 네. 그래서 그런 식으로 셋이서 같이 다니기는 했는데 그냥 겉으로만 셋이 다녔지. 속으로는 아니었어요….

연구자: 그러니까 '지인 뺏기'라는 용어가 있다던데.

이라온: 네. 지뺏, 지뺏.

그런데 지뺏 행위는 그 자체로 친구 관계의 종말을 의미하기도 합니다. 중학생들은 누군가 지뺏을 시도한 사실이 드러나면 무리 안에서 그를 괴롭힘의 대상으로 삼기 시작했습니다. "한 번 짤은 영원한 짤"이라는 또래들의 규칙에 따라 그 친구를 '나가리'로 만든 것입니다. 여기서 짤이란 무리에서 한 번 배제되면 다른 무리에도 들어가지 못하고 영원히 배제된 상태를 말합니다. 그리고 나가리는 친구 관계가 끊어지는 것에 대한 중학생들의 은어였지요. 중학생들은 짤이나 나가리가 되지 않기 위해서 학교 밖에서도 수시로 온라인 채팅창을 확인하며 놓친 메시지가 없는지 민감하게 반응하고 대응하였습니다. 이러한 분위기 속에서 중학생들이 친구 관계에 연연하는 것은 어찌 보면 당연해 보입니다. 친구 관계의 맺고 끊음이 기성세대보다 더 냉혹해지고 말았으니까요.

중학생들에게 같은 취향과 행동 양식을 공유하고 서로 인정을 주고받는 최고의 대상은 바로 친구입니다. 그래서 자의든 타의든 무리 짓기에 성공하느냐 실패하느냐는 중학생들에게 매우 민감한 일이지요. 어른들은 중학생들이 친구를 사귀기 위해 매우 애쓰고 있다는 것을 이해해야 합니다. 그리고 이러한 과정이 중학생들에게 자신의 정체성을 확인하고 자존감을 유지하는 데 매우 중요하게 작동한다는 사실도 이해해 주어야 하겠습니다.

"들어올 사람, 손!"

한편 지난 2020년에 시작된 코로나19 사태는 중학교에 막 입학한 학생들이 학교에 한 번도 가지 못한 채 친구를 사귀어야 하는 새로운 상황을 만들었습니다. 이들의 무리 짓기를 위한 노력에도 변화가 있었을까요? '위기는 기회'라는 말처럼 2020년 당시 중학교에 입학한 빛나는 친구를 사귀며 놀기 위해 학급 친구들과 주제별 단체 카톡방을 개설한 이야기를 들려주었습니다. 그저 채팅방 하나를 만들고 전체 학급 채팅방에 "들어올 사람, 손!"이라는 한마디만 남기면 되는 일이었습니다. 빛나는 전체 학급 채팅방에서 팝송에 꽂힌 몇 명의 친구들을 발견하고 '팝송방'을 만들었습니다. 또한 카트라이더*나 좀비 고등학교** 팀플레이를 하기 위해 '게임방'도 만들었지요. 곧 관심 있는 친구들이 자연스럽게 초대 신청을 했습니다. 그리고 그렇게 모이고 보니 취미를 공유하는 무리가 형성되어 있었어요. 이 무리는 꽤 개방적이고 자유로워서 누구에게든 허용되고 언제든 놀이가 끝나면 닫을 수 있었습니다.

> 정빛나: 오픈채팅 이런 거는 안 하고 그냥 반 애들끼리 전화하면서 채팅방을 따로 만들어요. 카트라이더나 좀비 고등학교 같은 게임은 팀으로 플레이를 해야 하는 건데, 친구들과 팀을 정해서 같이 하면 더

---

* 카트라이더는 (주)넥슨코리아에서 제작한 PC기반의 레이싱 게임이다.
** 좀비 고등학교는 어썸피스에서 제작한 모바일 기반의 호러슈팅 게임으로 최대 여덟 명이 함께 즐길 수 있는 실시간 게임이다.

재밌는 것 같아요.

연구자: 그 외에도 어떤 카톡방이 있어?

정빛나: 게임방이 세 개 정도 있어요. 한 달 전에는 노래 외우는 방이 있었
어요. 반에서 몇 명끼리 어떤 팝송에 꽂힌 적이 있거든요.

연구자: 그러면 그냥 "팝송 외우는 방 만들자"라고 하면 되는 거야?

정빛나: 어떻게 만드냐면 일단 두 명, 세 명 정도만 모여요. 그 다음에 "들
어올 사람 손!"이라고 해서 초대해 달라는 애들을 불러서 채팅방
을 꾸리면 돼요. 뭐… 거리낌 같은 거는 없어요.

가온이는 온라인상에서 모르는 사람들과 무리를 형성하는 새로운 수준
의 무리 짓기를 시도하였습니다. 애니메이션을 주제로 하는 네이버 밴드에
가입하여 같은 취향을 가진 학교 밖 사람들과 정보를 공유하며 친분을 쌓
기 시작했지요. 심지어 서울코믹월드*와 같은 공동 행사에도 같이 참여하
여 교류를 이어 갔습니다.

민가온: 제가 밴드를 한단 말이에요. 그래서 거기서 친해진 분들과 자주
교류하게 되는 것 같아요. 제가 그림 쪽에도 약간 관심이 있는데.
그림 관련된 행사 같은 게 있어요. 서울코믹월드라는 행사가 있는
데, 사람들을 거기서 만나요.

연구자: 나이대가 다 다양하겠네?

---

* 서울코믹월드는 한국의 대표 만화 행사로 청년 창작자들의 작품과 팬시, 굿즈 등을 한자리에서
만나 볼 수 있는 교류의 장이다.

민가온: 네. 거의 그런데. 제가 친해진 사람은 제 또래인 것 같아요.

중학생들은 주로 네이버 밴드나 트위터, 페이스북 페이지 등과 같은 SNS를 통해 새로운 친구들을 만나며 사귀고 있습니다. 그중에는 페이스북의 '06년생 모여라'와 같은 동갑내기 그룹 페이지가 있고 좋아하는 가수나 스포츠 선수 중심의 오픈채팅방도 있지요. 하지만 흥미로운 것은 중학생들의 무리 짓기가 이전 세대와는 다르게 동성이나 동갑의 기준을 넘어서고 있다는 것입니다. 대신 '취향' 중심으로 재편되고 확대되는 모습을 보이지요. 중학생들은 이 과정을 거리낌 없이 비교적 쉽고 자연스러운 것으로 받아들이고 있고요. 디지털 세대로서 요즘 중학생들의 또래 문화는 이렇게 온라인이라는 또 다른 공간을 무대로 만들어 갑니다. 실제로는 보이지 않는 디지털 공간을 '방'처럼 여기며, 이곳에서 여러 사람을 만나고 헤어집니다. 이 과정에서 '의미 있는 타인'의 역할을 하는 친구들을 다양하게 만나지요.

성괴에서 한남까지, 얘네는 서로가 적이에요

그런데 같은 취향을 공유하는 친구들과 어울려 놀다 보면 상대적으로 다른 취향을 가진 친구들은 배제될 수밖에 없습니다. 이는 세대를 막론하고 인간의 사회 집단이 갖는 보편적인 특징입니다. 자신이 속한 '우리'라는 집단의 정체성을 세우고 강화하기 위해서 구별 짓기를 사용하는 것입니다. 친구들끼리 교복 치마를 짧게 줄여 입는 것, 검은색 옷으로만 통일해서 입고 다니는 것 등이 구별 짓기의 신호라고 할 수 있습니다. 그런데 이처럼 집단의 개성과 특성을 드러내기 위한 구별 짓기와는 조금 다른 양상이 요즘 중학생들에게 나타나고 있습니다. 상대의 약점을 비하하는 데 동조하는 구별 짓기입니다.

한 가지 안타까운 예를 보겠습니다. 최근 각종 신문 기사에서 쟈주 등장하는 얘기 중 하나인데요, 10대 청소년들의 이성 혐오 표현에 대한 것입니다. 국민일보는 2021년 2월 9일자 기사에서 10대 청소년들이 온라인상에서 '한남동에 살래, 한남이랑 살래?', '한녀충 일자리 다 뺏자' 등과 같은 이성 혐오 표현을 자주 사용하고 있음을 보도하였습니다.* 여기서 '한남'이란 '한국 남자'를 비하하는 용어이며, '한녀충'이란 '벌레 같은 한국 여성'으로 한국 여성을 비하하는 용어를 말합니다. 이러한 혐오 표현은 연주의 교실 안에서도 자주 볼 수 있었습니다.

> 정연주: 작년에 남자애들이 진짜 "저 할머니 언제 정년퇴직하냐"라면서 좀 빨리 나가라고 엄청 그랬어요. 그리고 성형한 여자들 있잖아요. 엄청 싫어해요, 남자들이.
> 연구자: 남자애들이 성형한 여자를 싫어해? 왜?
> 정연주: 예쁘면 더 욕해요. 성형했다고.

연주는 2학년이 되면서 1학년 때 가르쳐 주셨던 미술 선생님이 1년 만에 학교를 그만두셨다는 사실을 알고 한쪽 마음이 쓰렸습니다. 여학생 친구들

---

* 국민일보. 2021년 2월 9일자 기사, 「"XX공부년" "한남충 박멸" 10대들의 스터디방」.

사이에서는 남학생들이 하도 미술 선생님을 '성괴(성형괴물)'라고 놀려 대서 선생님이 상처받고 그만두신 것은 아닌가 짐작할 뿐이었습니다. 그런데 연주가 보기에 여자 선생님을 놀리는 남학생들의 행동은 한두 번으로 그치는 것이 아니었어요. 성형수술을 한 것처럼 예쁜 선생님에게는 '성괴', 나이 드신 선생님에게는 '할머니', 뚱뚱한 선생님에게는 '아따맘마*'라고 불러 대는 말들이 계속해서 나돌았거든요. 문제는 이러한 불편한 말들이 동갑내기 친구들끼리 모이는 SNS에서도 끊이지 않았다는 점입니다. 그중 연주가 충격받은 게시글 중 하나는 한 남학생이 생리대를 손에 들고 찍은 사진을 올린 것이었습니다.

> 정연주: 어떤 남자애들은 생리대를 직접 들고 찍은 사진과 함께 "아, 진짜 여자애들 다 씹어 먹어 버리고 싶네"라고 글을 올려요. 어느 곳에선 생리하는 여자애들 다 뒈지라고 아픈 척하지 말라고 글을 쓰기도 하고.
>
> 연구자: 그런 게시글들이 그 06년생 방에 올라와?
>
> 정연주: 어우, 그냥 다 올라와요. 그러면 여자애들은 '화나요' 누르고, 남자애들은 '웃겨요', '좋아요' 이런 거 누르고.
>
> 연구자: 댓글은 안 달려?
>
> 정연주: 거기에 댓글도 엄청 많이 올라오죠. 여자애들이 화나서 "정신병자야!" 이렇게 댓글 달면 남자애들이 "야, 너네 솔직히 오버 하는

---

* 아따맘마는 지난 2015년부터 2016년 사이에 방영한 일본 애니메이션 〈새로운 아따맘마〉의 주인공 중 '엄마' 캐릭터를 표현하는 말이다.

거잖아" 이러면서 댓글이 진짜 심각해요.

이렇듯 노골적인 혐오 표현이 있는가 하면, 어떤 혐오 표현들은 겉으로는 평범한 말처럼 들려도 뜻을 헤아리면 은근히 비하하는 의미를 담은 경우가 많았습니다. 같은 커뮤니티에 속한 사람들끼리는 은어를 만들어 감정을 주고받는 경향이 있었지요. 그중 중학생들은 카카오톡이나 페이스북 메시지 같은 메신저를 중심으로 혐오를 표현하는 은어들을 학습하고 교실 안에서 사용하고 있었습니다. 지난 2020년에 경기도교육연구원에서는 설문을 통해 경기도에 거주하는 중학생들에게 "대화할 때 성적인 농담이나 성적인 욕을 할 때가 있나요?"라고 질문을 한 적이 있는데요. 여학생보다 남학생들에게서 '그렇다'는 응답이 더 높게 나타났습니다. 그리고 이 비율은 학년이 올라갈수록 증가하는 모습을 보였습니다.* 여학생들이 성적 농담이나 욕을 남학생보다 더 많이 듣는다는 것입니다.

예준이도 남학생들 사이에서 여성의 성기를 비하하면서 표현하는 섹드립을 교실 내에서 일상적으로 들었습니다. 하지만 이건 남학생인 예준이에게도 듣기 싫은 표현이었다고 해요. 스트레스 해소를 위해 내뱉는 욕을 뛰어넘는 불편한 말이었기 때문입니다. 예준이는 학교에서 하는 성교육이라는 것이 사실상 효과가 없다고 생각했습니다. 예준이를 보면 모든 중학교

---

* 2020년 경기도교육연구원에서 경기도 내 중학생 3,010명을 대상으로 수행한 설문조사 결과, '대화할 때 성적인 농담이나 성적인 욕을 할 때가 있는가?'라는 질문에 대하여 남학생이 13%, 여학생이 7.6%로 남학생이 여학생보다 5.4%p 높게 나타났다. 또한 학년별로는 1학년 5.6%, 2학년 12.1%, 3학년 12.8%로 학년이 올라갈수록 그 비율이 증가했다(조윤정 외, 2020).

남학생이 여성 혐오에 동조하는 것이 아니며 같은 남학생 중에도 불편감을 느끼는 이들이 있다는 것을 알 수 있습니다.

천예준: 제일 싫은 게 그 패드립이랑… 성을.

연구자: 섹드립*이라고 하던데?

천예준: 네. 그게 너무 많아졌어요.

연구자: 너무 많아?

천예준: 일반 욕까지는 그래도 어느 정도 괜찮은데. 그런 것에 대한 인식 이 너무 낮은 것 같아요.

연구자: 그런 것에 대한 인식이라고 하면, 이런 말들이 대개 부모님을 언급 하면서 하는 거잖아, 성적인 말들이 너무 선을 넘는 것 같다는 거 지?

천예준: 네. 그러니까 애초에 성교육이라는 게 효과가 없죠.

물론 여학생들에게도 일부 다르지 않은 모습이 나타났습니다. 여학생들 은 남학생들을 대개 '모자란 애', '너무 어리고 수준이 안 맞는 애', '한심한 애'로 보고 있었는데요. 빛나의 친구도 얼마 전부터 '한남(한국 남자)'이라는 남혐(남성 혐오) 표현을 사용하기 시작했습니다. 그런데 사실 빛나 친구의 한남 혐오는 2020년에 사회적으로 큰 파장을 일으킨 N번방 사건이 결정적 요인이 되었다고 할 수 있습니다. N번방 사건은 텔레그램 N번방과 박사방

---

* 섹드립이란 Sexual의 섹과 애드립(ad lib)이 합쳐진 말로 성적인 내용을 개그의 소재로 삼는 것. 일종의 음담패설을 말한다(출처: 네이버 오픈사전).

에서 미성년자를 포함한 일반 여성을 대상으로 하여 성 착취 영상을 찍도록 협박하고 이를 판매한 디지털 성범죄 사건입니다. 매일경제 2020년 3월 28일자 기사에서 여성 단체들은 N번방과 같은 성 착취물 공유방 60여 개의 참여자를 단순 취합한 숫자가 26만 명에 달한다고 했는데요.* 이러한 사실을 보면 오픈채팅방에서 사귀는 친구 중에도 관련된 사람이 있을 수 있다는 상상을 충분히 할 수 있고, 그것이 한남 혐오를 불러온 것이지요. 하지만 여학생들은 혐오 표현 자체가 듣기 거북해서 남학생들처럼 공유하거나 교실 내에서 크게 드러내지는 않았습니다. 그보다는 연주처럼 게시물에 댓글을 달거나 '화나요'를 클릭하면서 항의의 자세를 취하는 경우가 더 많았습니다.

> 정빛나: 저희 반에 어떤 애가 있냐면, 한남, 한국 남자라면서 남혐을 하는 애가 있는데.
>
> 연구자: 여학생이?
>
> 정빛나: 네. 그런데 걔는 남자를 싫어한다기보다는 그… 약간… 키보드 워리어** 같은 남자를 되게 싫어해요. 원래 이렇게까지 심하지 않았던 애였는데. N번방 터졌을 때 (가해자가) 26만 명이라는 보도가 있었잖아요. 주변에 오픈채팅방을 하고 있는 남자들 중에서도 거

---

* 매일경제, 2020년 3월 28일자 기사, 「"내 주변 남자들도?" 'n번방' 사태에 불안 느끼는 여성들」.
** 키보드 워리어(Keyboard Warrior)는 인터넷상에서 사실 여부를 확인하지 않고 풍문이나 소문을 무차별적으로 유포하거나 다른 사람에 대한 비방과 험담이 담긴 글을 거리낌 없이 작성하여 유포하는 사람을 뜻한다(출처: 네이버 국어사전).

기와 연관 있을 수 있다고 생각한 것 같아요. 그때 남혐이 심해진 것 같아요.

여자들도 할 수 있잖아요

초등학교 김채훈 선생님은 중학교 남학생들의 어린 시절을 이해할 필요가 있다고 말합니다. 중학교 남학생들은 대부분 어릴 때부터 여학생과의 학업 경쟁에서 늘 불리했으며 이에 대해 억울함이 쌓여 있다는 것입니다. 세찬이는 어릴 때부터 어른들로부터 무거운 짐은 남자가 들고, 남자는 아파도 울면 안 되며, 여성은 보호해 줘야 한다는 얘기를 들어왔습니다. 이런 얘기를 들으면 기분이 좋을 리 없었지요. 세찬이가 보기에 여학생 중에도 자신보다 키가 큰 친구들이 있는 데다가 교실 쓰레기통이 여학생들은 들지 못할 정도로 무거운 것도 아니었으니까요. 그러니 '왜 꼭 남학생만 해야 하는 거지?' 하는 의문이 들 만도 합니다. 공에 맞아 아파서 울어도 남학생들끼리 무슨 남자가 우느냐고 놀려 댈 정도였으니, 남학생으로 살기도 여간 피곤한 게 아니라고 느낀 것이죠. 이렇게 억울한 감정이 쌓여 가면서 중학교 남학생들은 어느새 자연스레 여성 혐오 콘텐츠들을 쏟아 내는 유튜브 방송과 각종 포털 뉴스, 그리고 일간베스트 저장소(이하 일베)*의 구독자가 되어 있었습니다.

---

* 일간베스트 저장소란 대한민국의 인터넷 커뮤니티로서 주로 정치, 유머 등을 다룬다. 극단적이고 반사회적인 성향의 사용자들이 몰려 있는 것으로 알려져 있다(출처: 위키백과).

네이버 뉴스 같은 데 보면 여자 범죄자도 있다고 하거든요. 그런데 남자 범
죄자들만 다 신상을 밝히고 여자 범죄자는 신상을 밝히지 않고 있어요.
여자들도 나쁜 짓은 할 수 있잖아요. (최하준 학생, 중2)

여학생의 한남 혐오를 불러왔다는 N번방 사건의 여파를 다시 생각해 봅
시다. 하준이와 도윤이는 N번방 사건이 잘못된 범죄이긴 하지만 남성 범죄
자들의 신상만 털리는 것은 불공평하다고 생각했습니다. 여성 범죄자도 있
는데, 야동이나 성 착취물에 관해 왜 남자만 처벌받아야 하는가 하는 것입
니다. 그리고 이 불만의 화살은 마치 일부 20대 남자들의 의견을 모방하듯
'여성가족부(이하 여가부)'로 향했습니다.

나라가 성 착취물을 만드니까 그런 거 아닌가. 그 중심인 느낌이 있어요.
야동 단속도 거의 여가부 일이잖아요. 관련 법 개정안을 발표한 게 여가
부밖에 없어요. 단속이 너무 심해요. 원래는 실제 야동(3D물)만 막았었는
데, 요즘은 애니메이션 쪽에서 만든 야동(2D물)까지 전부 막았더라고요.
(황도윤 학생, 중2)

그리고 보면 중학교 남학생들이 여성 집단에 대해 혐오와 불만을 갖게
된 것은 가부장적인 사회 규범을 기성세대와 다르게 받아들였기 때문이 아
닐까 싶습니다. 온라인상에서 여성 혐오 콘텐츠에 자주 노출되었던 영향
도 있겠고요. 이러한 콘텐츠를 통해 같은 남성 집단의 사회적 지지를 받으
면서 비슷한 불만을 확증하고 강화해 온 것입니다. 남학생들의 불만과 억

울함은 충분히 이해할 수 있습니다. 다만 그것의 원인을 충분히 비판적으로 사고하지 않고 감정적으로 특정 대상을 혐오의 타깃으로 삼도록 부추기는 것은 경계해야 합니다. 중학생들이 온·오프라인을 넘나들며 맺는 친구 중 '의미 있는 타인' 역할을 하고 있는 이들이 어떤 사람인지 잘 살펴보면 좋겠습니다. 그들을 통해 무엇을 학습하고 반복하며 재생산하는지 주의를 기울여야 한다는 말입니다. 나와 다른 타인을 존엄하게 바라보고, 남학생과 여학생 모두가 존중받는 보다 포용적인 사회로 함께 나아가기 위해서 말이지요.

교실을 편 가르는 또 다른 갈등

중학교 남학생들의 불만이 나타나는 모습을 좀 더 살펴봅시다. 지난 2015년 오마이뉴스 연재 기사에 따르면 서울 강남의 중학교 남학생 중 절반 이상이 '스트레스 해소용'으로 일베를 하는 것으로 나타났습니다.[*] 이들은 주로 성적 때문에 엄마로부터 스트레스를 받을 때, 여자친구에게 거절당했을 때, 왕따를 당했을 때 일베를 시작하고 있었습니다. 일베가 좋아 보이지는 않지만 '하고 싶지 않은 것을 해야 하는' 그 의무와 강압 속에서 나름의 불만을 표출하고 공감받기 위한 피난처로 일베를 찾는 것입니다.

그런데 강남의 중학생들만 그런 것 같지는 않습니다. 다른 지역에 사는 예준이도 스트레스 해소용으로 친구들과 대화할 거리를 찾아보고자 한 극

---

[*] 오마이뉴스, 2015년 3월 4일자 기사, 「"남학생 절반이 일베": 강남 중학생들의 위험한 선택」.

우 성향의 미디어 플랫폼에 접속했습니다. 그런데 피난처로 찾은 곳에서 예준이는 뜻밖의 상황을 맞이하였습니다. 수많은 익명의 사람들이 여성 혐오적인 말과 극우적 정치 성향의 글을 주고받는 광경을 본 것입니다. 무엇보다 상대에 대한 비아냥이 제한 없이 허용되는 모습이 중학생 예준이에게도 충격이었는데요. 예준이는 지나치게 한쪽으로 입장이 몰리는 것이 옳지 않다는 생각이 들었던 동시에 이상한 반발심이 생겼다고 합니다. 오히려 다수의 의견에 대해 반대 주장을 하고 싶어진 것이죠.

사람들은 댓글을 달 때 일베의 영향을 너무 많이 받는 것 같아요. 애들이 전 대통령에 대한 비아냥을 서슴지 않는 모습을 너무 많이 봐서 저는 오히려 거기에 대한 반발심으로 좌편향이 생겨 버린 것과 같다고 해야 할까요. 그리고 이제 일베 같은 경우에는 정치적인 거 말고도 여혐이나 남혐에 대해서도 엄청 부정적인 여론이 많다고 하잖아요. 그런 사람들이 쓴 글을 보면 저는 짜증이 나서… 애들이랑 원래 (일베 보면서) 놀려고 했는데 그냥 지워 버렸어요. (천예준 학생, 중2)

예준이는 맘에 들지 않는 정치 댓글을 캡처해서 친구에게 보내 대화를 나누기도 했습니다. 그러나 어쩐지 극우 성향의 미디어 플랫폼을 방문하는 친구들을 보면 서로 좌·우편향 대립이 일어나며 막말이 오가는 것 같다는 생각이 들었습니다. 비슷한 생각을 하는 사람들이 모인 미디어 플랫폼인 만큼 그 집단의 영향을 받는다고 할 수 있겠지요. 그렇게 일부 시각에 치우친 생각들은 "거봐, 내 말이 맞잖아!" 하며 어느새 확실한 신념처럼 자리를 잡게 됩니다. 이처럼 자신의 가치관, 신념, 판단과 부합하는 정보에만 주목하고 그 외의 정보는 무시하는 사고방식을 '확증편향(Confirmation Bias)'이라고 하는데요. 예준이의 이야기는 중학생들 또한 확증편향의 영향을 받고 있음을 보여 줍니다. 물론 의도치 않게 친구들을 따라 해당 사이트에 들어갔다가 동조하게 되는 일도 있지만요.

그러고 보면 요즘 중학생들이 교실을 편 가르며 서로 구별 짓는 모습들은 그간 각자의 삶에서 공감받지 못했던 다양한 불만들로부터 비롯된 것만 같습니다. 그렇게 각자 쌓인 불만을 타인에게 상처 주는 방식으로 표출하고 있었지요. 어쩌면 지금의 중학생들에게 필요한 것은 공감적 대화가 아닐까 싶습니다. 그 어느 때보다 온·오프라인을 넘나들며 또래 범위를 확장하고 다양한 무리를 만들어 가는 시대입니다. 하지만 그 안에서 만나는 '의미 있는 타인'들이 진정성을 가지고 공감적 대화를 나누도록 돕는 것 같지는 않습니다. 중학생은 또래의 인정이 필요한 시기입니다. 그러나 상대를 깎아내리는 방식으로 자신에 대한 가치를 부여하는 것은 건강한 방법이라고 할 수 없습니다. 중학생들이 편향을 통한 부정적인 방법이 아닌 존중과 신뢰 중심의 사회적 지지를 또래 관계 안에서 주고받을 수 있게 해야 합니다. 갈등보다 공감과 협력의 관계가 이루어지는 또래 문화가 되도록 어른들이 관심을 기울여야 할 때입니다.

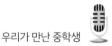

이라온(중학교 3학년, 여)

네일 아티스트가 되고 싶은 라온이는 또래 여학생들처럼 화장품에 관심이 많고, 네일 아트를 기가 막히게 할 줄 아는 재능이 있는 아이입니다. 하지만 그래도 공부는 해야 하지 않겠냐는 부모님의 현실적인 말씀 앞에서 억지로 마음을 달래 가며 공부에 임하고 있습니다. 학원에도 다니며 열심히 노력했더니 성적도 조금 향상되었지요. 하지만 라온이의 고민 중 하나는 친하게 지내는 친구들이 공부에 크게 관심이 없다는 것입니다. 친구를 그 누구보다 좋아하는 라온이는 친구와 함께 놀 수 있는 '틈'을 수시로 찾아다닙니다. 고등학교 진학을 앞둔 만큼 학업에 집중해야 하지만 어쩐지 친구들과 더 많이, 더 오랜 시간 어울려 놀고 싶은 라온이입니다.

이시우(중학교 2학년, 남)

시우는 빨리 어른이 되고 싶은 중학교 2학년 남학생입니다. 어른이 되면 독립해서 자유롭게 살아가리라 마음먹고 있습니다. 그렇다고 지금 삶이 자유롭지 않은 것은 아니지만, 어른이 되면 더 누릴 수 있는 것이 많을 거라 생각합니다. 시우는 친구들과 게임을 하면서 노는 것이 가장 즐겁습니다. 공부에는 관심이 없고 시우의 부모님도 학업에 관여하지 않습니다. 그래서인지 시우는 하교 후 친구들과 함께 복싱을 배우는 것 외에 학원에 다니고 있지는 않았습니다. 성적이나 진로 등에 대한 고민보다는 친구들과 하루를 재밌게 보낼 생각을 합니다. 시우에게 친구는 거의 모든 것이라고 할 정도로 친구들과 함께 어울려 지내는 것이 즐겁습니다.

중학생들의 두 번째 특징은 24시간 온라인에 접속하고 있다는 것입니다. 기존 세대와 달리 오늘날 중학생들은 디지털 기술이 고도로 발달된 사회에 살고 있어 온라인 환경을 통해서도 친구와의 만남을 지속할 수 있습니다. 각자의 집에서 제 할 일을 하면서 온라인 플랫폼과 SNS으로 친구들과 만나지요. 그들에게 SNS는 중요한 삶터가 되어 가고 있습니다. 이제 중학생들이 SNS 속에서 어떤 활동을 하는지 살펴볼까요?

2. 24시간 접속 중인 아이들

    학창시절에 다른 지역 학교에 다니는 친구를 사귀어 보고 싶어서 편지를 보내 본 경험이 있나요? 하이틴 잡지 뒷면에는 늘 '펜팔' 친구를 모집하는 광고가 등장했었지요. 전국 각지 혹은 해외에서 새로운 친구를 만들어 보고 싶은 청소년들이 이름과 주소, 그리고 친구를 요청하는 글을 짧게 소개한 공간이었습니다. 편지지를 구입하고 나를 소개하는 편지글을 써서 예쁘게 나온 내 사진과 함께 잡지에 소개된 주소로 편지를 보냅니다. 이윽고 그 친구에게 사진과 답장이 오면 비로소 친구 관계가 맺어졌지요. 친구가 되기까지는 대략 짧게는 일주일, 길게는 한 달 이상의 시간이 소요되었습니다. 펜팔 친구와 실제 만나 본 적은 없습니다. 그저 가 보지 못한 새로운 곳에 대한 호기심과 낯선 친구를 사귀어 보고 싶은 바람을 이렇게 실현하고자 했을 뿐이지요. 그리고 이후 디지털 기술이 발전하면서 싸이월드 등과 같은 온라인 공간을 중심으로 더 빠르고 편리하게 새로운 호기심과 바람을 충족할 수 있게 되었습니다.

　그런데 요즘은 그 속도가 더욱 빨라진 것 같습니다. 물론 친구의 규모도 훨씬 더 커졌고요. 노을이는 "저는 페북 친구만 약 2,000명쯤 돼요"라고 말했습니다. 정말 디지털 세대답죠? 친구로 생각하는 수의 규모가 기존의 펜팔이나 싸이월드에서는 상상할 수 없는 크기니까요. 디지털 기술의 발전이 인류에게 가져다준 가능성 중 하나는 전 세계 각지의 사람을 친구로 만들 수 있는 것이 아닐까 합니다. 특히 스마트폰을 통해 SNS로 끊임없이 연결되는 디지털 세상은 그 한계가 없어 보입니다. 카카오톡, 페이스북, 인스타그램, 소위 '카페인'으로 대표되는 이 소셜미디어들을 통한 인간관계의 확장은 디지털 시대에 이미 익숙한 풍경이 되었습니다. 노을이는 하루에 친구와 직접 만나 노는 시간이 거의 없어도 페이스북 메시지(이하 '페메')로 하루 10시간 이상 친구와 대화를 합니다. 코로나19 확산으로 비대면 사회적 거리두기가 일상이 되었지만, 노을이가 삶의 활력소를 얻기에 온라인 세상은 부족함이 없었습니다.

　디지털 세대의 대표적 특징 중 하나로 '약한 유대 관계(Weak-Tie)'를 이야기합니다. 좁고 깊은 관계가 아닌 넓고 얕은 관계입니다. 또래 관계에 집중하는 중학생들은 대개 중학교 입학과 동시에 본격적으로 SNS 세계에 입문하기 시작합니다. 이를 통해 어른들의 상상을 뛰어넘을 정도로 또래 관계 범위를 매우 다양하게 확장하지요. 여기서는 스마트폰에서 잠시도 손을 떼지 못하는 중학생들이 온라인 세상에서 어떤 사람들을 만나 어떻게 유대 관계를 만들어 가는지 살펴보고자 합니다.

요즘 안 하는 애 없는 우리들의 '페메'

코로나19 확산으로 등교 수업이 중단되면서 모든 학생이 가정에 머무르는 시간이 길어진 때가 있었습니다. 길어진 시간을 학생들은 어떻게 보내고 있었을까요? 경기도교육연구원의 지난 2020년 설문조사를 통해 중학생들의 방과 후 생활 시간을 살펴봤더니 역시나 스마트폰을 가지고 노는 시간이 남녀 평균 약 8.5시간으로 가장 많았습니다. 성별로는 여학생이 남학생보다 약 3시간 더 많았고요.* 10대 청소년들이 스마트폰으로 주로 하는 것은 메시지 보내기, 통화하기, 소셜미디어에 게시물 올리기, 게임하며 대화하기입니다.** 메시지 보내기는 성별 상관 없이 가장 많이 하는 활동이고, 소셜미디어에 게시물 올리기는 여학생이, 게임하며 대화하기는 남학생이 좀 더 많이 한다고 합니다. 중학생을 자주 만나는 박수지 청년도 우리나라 남학생들에게서 이와 비슷한 모습을 보았습니다. 남학생들은 별다른 용건이 없어도 자기 PC에서 게임을 할 때 각자 이어폰을 귀에 꽂은 채로 늘 보이스톡(음성 채팅)을 켜 놓는다는 겁니다. 이들의 대화는 게임 도중에 "이거

---

* 2020년 경기도교육연구원에서 경기도 내 중학생 3,010명을 대상으로 수행한 설문조사 결과, '일주일 동안 학교가 끝난 후 생활 내용'에서 스마트폰을 가지고 노는 시간이 8.51시간으로 가장 높게 나타났다. 이어 학원을 가거나 과외를 받는 시간이 7.94시간, 독서실·도서관·집 등에서 혼자 공부하는 시간이 4.97시간, 부모님과 대화하는 시간 3.31시간, 학교 밖에서 친구를 만나서 노는 시간 3.19시간 등이 뒤따르며 성별로는 스마트폰을 가지고 노는 시간이 남학생 6.88시간, 여학생 9.79시간으로 여학생이 남학생보다 2.91시간 더 많이 사용하는 것으로 드러났다(조윤정 외, 2020).

** 미국의 퓨 리서치센터에서는 지난 2014~2015년에 수행한 '10대 대인관계 실태조사'에서 청소년들이 스마트폰으로 주로 하는 일을 조사한 결과, 메시지 보내기, 통화하기, 소셜미디어에 게시물 올리기, 게임하며 대화하는 일이 언급되었다(Miner, 2020).

봤냐?" 이런 식의 짧은 문장을 주고받고, 한참 동안 또 아무 말이 없다가 갑자기 "웃기다" 이렇게 툭 꺼내는 식으로 이루어졌습니다.

> 카카오톡의 보이스톡으로도 전화가 되잖아요. 요즘 애들은 이어폰을 꽂고 게임을 하거나 방송을 보면서 보이스톡으로 중간중간 대화해요. "이거 봤냐?" 약간 이런 식의 짧은 문답을 중간중간 하다가 한참 동안 아무 말이 없기도 하고 그래요. 갑자기 혼자 말을 꺼내서 깜짝 놀라 돌아보면 통화하고 있는 거고. 그런 경우도 있더라고요. (박수지 청년)

그런가 하면 여학생들에게서는 페메로 문자 채팅을 하는 모습을 자주 볼 수 있었습니다. 네이버나 유튜브 정도만 알고 사용했던 초등학교 시절과 다른 새로운 풍경입니다. 중학교에서는 "야, 너 페이스북 해? 인스타 해? 그거 요즘에 안 하는 애 없어."로 친구 관계의 소통이 시작된다고 합니다. 중학생이 되었다는 사실을 페이스북에 가입하여 학급 친구들과 아이디를 공유하는 것으로 인증하는 것입니다. 여기서 페메와 인스타그램 DM*은 중학생들이 가장 많이 사용하는 대화 수단입니다. 연주는 중학생들이 페메를 선호하는 이유를 다음과 같이 간단하게 소개했습니다. 서로의 접속 여부가 초록색 점으로 표시되어 즉각적으로 상대의 대화 가능 여부를 알 수 있다는 점, 상대가 글을 작성하는 동안 '…' 표시가 나타나 지금 자신과 대화 중임을 알 수 있다는 점, 그리고 전화번호를 공유하는 공식적인 절차가 굳이

---

* DM은 Direct Message의 줄임말로 개인에게 직접 메시지를 보내는 것을 의미한다.

필요하지 않다는 점입니다. 하지만 무엇보다 부모님이나 선생님들이 자주 사용하지 않는, 즉 어른들의 접근성이 약한 채널이라는 점이 최고의 장점이었죠.

초등학교 때까지는 SNS 자체를 몰랐어요. 그냥 네이버, 유튜브 이 정도까지만 알았죠. 중학교에 올라오니 친구들이 "너 페이스북 해? 인스타 해?"라고 물어보더라고요. 그래서 "그게 뭐야?" 했더니 "그거 요즘에 안 하는 애 없어!"라고 해요. 이렇게 되니 나도 그거를 해야 할 것 같더라고요. (SNS를) 깔게 되면 사람들이 올린 고민글이나 이슈들도 읽을 수 있으니까. (정연주 학생, 중2)

중학교 2학년인 하린이는 최근 엄마 몰래 공기계를 구입했습니다. 인스타 계정을 만들어 연예인 소식도 구경하고 자유롭게 친구들과 소통하고 싶었거든요. 그래서 연예인 소식용과 친구들과의 소통용, 두 가지 계정을 각각 만들어 목적에 따라 인스타그램을 활용했습니다. 그러면서도 DM과 페메는 항상 접속된 상태를 유지했습니다. 의식의 흐름대로 심심할 때마다 흘러가듯 안부를 주고받는 데 활용해야 했기 때문입니다. 대화의 내용보다 중요한 건 언제든 대화에 응할 준비가 되어 있다는 성의를 보이는 것이었어요. 몸은 서로 다른 공간에 있으나 시간만큼은 친구와 함께 보내고 있다는 자기 위안이라고 해야 할까요.

박하린: 연예인들만 팔로우하는 계정을 따로 만들었어요.

연구자: 계정이 여러 개야?

박하린: 두 개가 있어요. 친구들이랑 하는 거랑 연예인 팔로우한 거.

연구자: 그러면 DM으로 주로 어떤 얘기들 해? 심심해. 너 뭐하냐? 이렇게
　　　　이야기해?

박하린: 네. 그런 것도 하고. 그냥 흘러가는 대로 얘기하는 것 같은데.

연구자: 의식의 흐름대로. 그냥 그날 있었던 일들 얘기하고. TV에서 뭐 하
　　　　면 "아, 유튜브 뭐 재밌는 거 봤다" 이런 얘기도 하고?

박하린: 네. 그러기도 하고.

그리고 보면 중학생들이 하루 10시간 동안 스마트폰을 사용하는 것은 사회적 거리두기 상황 속에서 그저 '연결되어 있음'을 느끼기 위한 것으로 보입니다. 단순하게 친구와 함께 어울리고 놀며 시간을 보내고 싶은, 있는 그대로의 마음인 셈이지요. 그리고 자신을 늘 온라인상에 개방해 놓는 것을 피곤해하기보다는 즐거운 일로 여겼어요. 이건 분명 디지털 네이티브로서 중학생들에게서 볼 수 있는 흥미로운 점인 것 같습니다.

'좋아요' 클릭으로 맺어지는 친구

중학생들은 직접 만나 보지 않고도 페이스북상에서만 소통하는 친구를 일명 '페북 친구'라고 부릅니다. 페북 친구는 지역이나 학년, 학교 구분 없이 전국적으로 형성될 수 있는데요. 라온이도 중학생이 되어 페이스북을 시작한 3년 사이 이러한 페북 친구가 꽤 늘었습니다. 페북 친구들과는 서로 사

는 동네의 맛집, 학교 축제 이야기 등에 대한 정보를 교환하는 대화를 주고받았어요. 사실 페북 친구를 만드는 과정은 그리 어렵지 않았습니다. 우선 페북 타임라인(이하 '탐라')*에 자기 사진과 함께 "페메 할 사람?"이라고 친구를 모으는 글을 올립니다. 그 글을 보고 누군가에게 친구 요청이 오면 요청을 보낸 상대의 페이지로 들어가서 그의 '함께 아는 친구'가 300명 이상인지 확인합니다. 여기서 300명 이상이라는 것은 자신을 포함한 여러 사람이 그를 공통적으로 알고 있다는 의미였어요. 그래서 그 숫자를 믿을 만하다고 판단할 가늠자로 삼곤 했지요. 이다음 중요한 것은 '좋페(좋아요 페메)'가 오느냐입니다. 페메 할 사람을 모으는 자신의 글에 누군가가, 특히 친구를 요청한 상대가 '좋아요'로 반응을 보여 줘야 하지요. 그 반응이 바로 대화 관계가 시작되는 사인이었습니다. 상대의 타임라인을 자주 확인하면서 '좋아요'로 친해진 다음에는 각자의 탐라에 방문해 글도 남깁니다. 상호 게시물은 각자 연결된 친구들이 모두 볼 수 있어서 '친분 인증'을 할 수 있는 효과가 있었지요. 이처럼 중학생들은 친분 인증된 페북 친구들과의 대화로 다양한 지역의 또래 문화를 간접 경험하고 있었습니다.

연구자: '좋페'는 뭐야?

이라온: 좋아요랑 페이스북 메시지, 좋아요 누르면 페메 한다는 의미예요.

연구자: 내가 좋아요를 누르면 상대방이 나한테 연락해 주는 거야?

이라온: 네.

---

* 타임라인이란 페이스북에서 게시글을 올리는 공간을 의미한다.

이노을: '탐라'라고 자기 타임라인이 있어요. 자기 이름이 적힌 게시물을 볼 수 있는 공간이에요. 여기에 다른 사람이 나한테 남긴 게시물을 볼 수 있는데, 그런 교류를 많이 남길수록 사람들이 (내 탐라를) 볼 수 있잖아요. 거기서 '얘랑 쟤랑은 연락을 하고 지내는 사이다' 이런 식으로 느낌이 오거든요.

연구자: 아, 그런 게 보이는 거야?

이노을: 네. 그러니까 '이 애가 어떤 선배랑 탐라를 갔구나'라고 생각하고, 친분이 있다고 여기죠.

물론 이 과정에서 이성 친구도 만듭니다. 이성에 대한 호기심과 관심이 시작되는 시기니까요. 중학생들이 페메나 인스타그램 DM을 통해 남자친구나 여자친구와 소개를 주고받는 모습은 너무나도 자연스러운 일입니다. 다만 그 과정이 흥미로울 뿐이지요. 서로의 프로필 사진을 보다가 상대가 맘에 들면 친구 요청을 보내거나 팔로우를 합니다. 그리고 요청이나 팔로우를 받은 대상이 상대의 게시글에 '좋아요'나 댓글을 남기면서 좋은 감정을 표현하면 서로 호감을 나누었다는 뜻입니다. 연주는 이처럼 호감을 주고받는 과정에서 '이 사람 괜찮네?' 하는 생각이 들면 직접 만남으로 이어가기도 한다고 말합니다. 사귀는 관계로 들어서는 것이지요. 그러나 김수미 상담 선생님이 보기에 이 관계는 꽤 오래가지는 못했는데요. 많은 중학생에게 금방 사귀고 헤어지는 소위 '금사빠(금방 사랑에 빠지다)'의 모습이 있기 때문입니다. 그렇게 헤어지고 나면 바로 또 다른 이성 친구를 사귀었지요. 이런 빠른 사이클 변화에 중학생들은 제법 익숙한 듯 보였습니다. 아무래도 온라인상에서 즉각적으로 쉽게 관계를 맺고 끊는 일을 반복하다 보니 그 영향이 있는 것 같습니다.

"너 어떻게 사귀게 됐어?" 하고 물어보니 상대 여자애가 SNS에서 자기한 테 먼저 사귀자고 했대요. 그래서 "걔는 어디에 있어?" 그랬더니 대구인 가? 먼 곳에서 산다고 하더라고요. 그러면서 그 학생이 제게 자기 이제 여 자친구 있다고 얘기했어요. 제가 살펴본 요즘 애들의 특징이, 보통 '금사 빠'라고 하는데, 금방 사귀고 금방 헤어지고 또 다른 애와 사귀고 헤어지 고 그러더라고요. 오래 사귀지를 못하는 것 같아요. (김수미 상담 교사)

SNS에서 오가는 친구들과의 대화는 특별하지 않아도 되었는데요. 그저 대개 가벼운 유머나 가십 정도의 '스몰토크(Small Talk)' 형태여도 충분했습 니다. 스몰토크는 우리말로 한담, 잡담, 수다 정도로 번역되는데, 스트레 스를 해소하고 인간관계를 개선해 주는 장점이 있습니다. 중학생들에게 는 SNS를 통한 스몰토크가 관계를 유지하는 비법이었습니다. 중학생들은 SNS를 통해 끊임없이 누군가와 연결된 상태로 대화하고 싶어 합니다. 스스 로 이야기를 나눌 상대를 찾으면서 자신의 세계를 구성해 가는 방법을 배 우고 있습니다.

한편 학교에는 또래 관계가 원만하지 않은 학생들도 있는 법이지요. 이 러한 학생들도 친구를 사귀고 싶을 때 SNS를 사용하였습니다. 주로 사용한 것은 익명으로만 소통하는 '카카오톡 오픈채팅방'이었어요. 오픈채팅방은 공통의 관심사를 주제로 다른 사람들과 대화를 시작하기 쉽다는 장점이 있습니다. 자신을 있는 그대로 드러내지 않고서도 일시적으로나마 대화를 나누는 친구를 사귈 수 있지요. 그래서 평소 내성적이거나 친구 관계에 어려움을 겪는 학생들은 이를 즐겨 활용하였습니다.

그런데 이 과정에서 김수미 상담 선생님이 만난 어떤 학생은 오픈채팅방에 함께 들어와 있는 사람의 수를 '진정한 친구'의 수로 착각하고 있었다고 합니다. 이 학생은 평소 학교생활에서 친구를 잘 사귀지 못해 상담을 받던 중이었습니다. 그런데 어느 날 이 학생이 자신에게 30명의 친구가 있다고 자랑스럽게 말했다는 것입니다. 김수미 선생님이 의아해서 물어보니 게임 관련 오픈채팅방에서 매일 만나며 대화하는 친구들이었습니다. 학생은 그 익명의 친구들을 '진정한 친구'라고 소개했는데, 자신의 얘기를 잘 들어 준다는 것이 이유였지요. 아침부터 자기 전까지 수시로 카톡을 확인하며 대화를 이어 가는 동안 이 친구들의 얼굴을 아느냐 모르느냐는 별로 중요하지 않아 보였다고 합니다.

제가 최근에 상담하고 있는 남학생이 중학교 2학년인데, 걔도 오프라인에서 친구가 적은 편이에요. 그런데 자기에겐 친구가 많다고 하더라고요. 그래서 "누구 말하는 거야?" 물었더니 오픈채팅방에 있는 친구를 자기 친구라고 소개해요. 그러면서 자기는 친구 수가 30명이 넘는다는 거예요. 그래서 '이상하다? 얘는 관계를 어려워하는 아이인데?' 싶어 확인해 보니 오픈채팅방에서 만나는 친구들을 진정한 친구라고 여기는 모양이었어요. 이유를 물어보니 자기 이야기를 잘 들어 준다고 해요. "오픈채팅방에선 애들이랑 무슨 주제로 대화하니?"라고 물으니까 채팅방이 관심 분야별로 있는데 그중 자기는 게임 관련된 오픈채팅방이라고 했어요. 거기서 만난 애들과 수시로 카톡을 하더라고요. 끊임없이, 자기 전까지 계속하고. 아침에도 하고. 얼굴도 모르는데 자기에겐 정말 친한 친구라고 하더라고요. (김수미 상담 교사)

중학생들이 '좋아요' 클릭 한두 번으로 온라인에서 다양한 친구를 맺는 것에 매우 심혈을 기울이고 있는 것 같지 않나요? 현실 학급 친구가 없거나 적어도 괜찮은 것 같습니다. SNS상에서 사귄 친구만으로도 친구 관계가 주는 심리적 이점은 충분하니까요. 우울감을 해소하고 일부 공감을 얻는 듯했습니다.

솔직히 겉멋이라도 뭔가 있어 보이는 '인맥'

그런데 노을이는 어쩌다 페북 친구를 2,000명이나 만든 것일까요? 일부 중학생들에게서는 페북 친구의 수를 많이 늘리려는 모습을 볼 수 있었습니다. 노을이는 심지어 중학교 진학을 앞둔 초등학교 후배들에게도 '친추(친구 추가)' 요청을 받고 있었는데요. 초등학교 6학년 학생들이 중학교에 입학하기 전에 '아는 선배' 혹은 '아는 사람'을 많이 만들어 놓는 것을 중요하게 생각해서라고 합니다. 하은이는 자신이 다니는 학교 외에 다른 학교에까지 그 범위를 넓혔습니다. 아는 친구는 곧 '인맥'으로서 또래 사이에 '빽'의 역할을 해 준다고 생각했기 때문입니다. 생각해 보면 아는 선후배끼리 서로 보호해 주는 소위 '빽'의 역할을 하는 것은 기성세대의 학창 시절에도 있었던 모습입니다. 낯선 곳에 아는 사람이 있다는 것은 든든한 일이고, 사회생활을 하는 데 필요한 사회적 자본(Social Capital)이 되어 주니까요. 하지만 온라인상에서 친구의 수를 늘려 가는 중학생들에게 '인맥'은 단순히 '아는 사람'의 개념을 넘어서는 것이었습니다. 그 수(數)로서 공개적인 권력과 영향력까지 나타내는 것이지요. 사실 빛나도 알고는 있었습니다. 페북 친구의 수, 혹은 자신의 게시물에 달리는 '좋아요' 반응의 수는 학교생활에 실질적인 도움이 되는 숫자는 아니라는 것을요. 그저 자신을 '있어 보이게' 만들어 주는 '겉멋'일 뿐이라는 것도 말입니다.

실제로 만나지 않았어도 페북 친구들이 인맥인 거예요. 만약 페북 프사*를 올렸을 때 '좋아요'가 300개, 400개씩 달리고 댓글이 많이 달리면 주위에서 "너 인맥 좋다"라고 얘기해요. 솔직히 다 겉멋이죠. (정빛나 학생, 중1)

하지만 가끔은 이러한 겉멋으로서의 인맥들이 실질적 도움이 되기도 합니다. 노을이는 친구가 학교폭력을 당할 때 가해자 이름을 페북에 알리는 것이 상황을 더 빠르게 해결하는 방법이라고 했습니다. 페북에 폭력 상황을 올리면 그걸 페북에서 본 누군가가 대신 신고를 해 준다는 것입니다. 인맥들이 신고와 추적 기능을 발휘하여 신속하게 문제해결에 대응할 수 있도록 돕는 모습이 매우 흥미롭습니다. 학생들이 느끼기에 학교 선생님에게나

---

* 프사는 '프로필 사진'을 줄여 이르는 말이다.

수사기관에 신고해서 가해자를 처벌하는 것보다 빠른 과정처럼 보입니다. 이는 경계가 흐릿한 '약한 유대'의 특징이라고 할 수 있겠습니다. 굳이 서로에 대해 깊이 알려고 하지 않고 필요한 정보만을 공유하여 적당히 호감만 주고받는 방식으로 유대 관계를 형성해 가는 것이지요. 사실상 실제로 만난 적은 없으나 서로에게 도움이 되는 '빽'의 역할을 하기도 하고요. 그 과정에서 폭력 신고와 같은 행동은 SNS가 나름대로 중학생들의 사회 참여 행동을 유발하는 데 일부 일조하는 것처럼 보이게도 합니다.

> 친구가 학교폭력 당할 때요? 그때는 신고보다 페북이 더 빨라요. 페북에 이름을 알리는 게 더 빨라요. 그러면 누가 알아서 신고를 해 줘요. 모르는 사람의 일인데도요. 몇 주 전에 학교에 어떤 사건이 있었는데 그때도 관계자가 아닌데도 그냥 신고를 해 줬어요. (이노을 학생, 중2)

한편 SNS를 수시로 확인하며 친구들의 글을 재빠르게 보고, '좋아요'를 눌러 주거나 댓글을 남기는 것은 분명히 상당한 강도의 노동이기도 합니다. 어디 그뿐인가요? 가끔은 적절한 태그를 사용해서 사진을 올리는 일도 해야 합니다. 연주는 자정을 넘긴 새벽까지 이러한 '디지털 노동'을 수행하고 있었습니다. 댓글을 주고받는다는 건 친밀하다는 뜻인데, 친구의 게시글에 아무런 반응을 보이지 않으면 서로 서운함을 느낄 만한 상황이 만들어지는 거거든요. '얘가 나한테 섭섭한 것이 있나?' 하는 괜한 의심도 들고요. 그래서 다소 피곤하더라도 SNS를 통해 여러 수준의 유대 관계를 맺고 유지하려고 한 것입니다. 그러한 디지털 노동을 통해 소속감과 보호, 친밀감을 얻기 때문입니다.

　　친구들과 놀고 난 다음에 집에 가서 사진을 올리고 같이 놀았던 애들을
　　태그해요. 그러고는 "오늘 즐거웠어"라고 게시글을 쓰면 애들이 바로 들어
　　와서 댓글 달고 태그하고 그래요. (정연주 학생, 중2)

　　물론 밀도 높은 소통이 되지 못해 쉽게 관계가 깨지는 한계는 있습니다.
하지만 어쩌면 중학생들은 이런 한계 안에서 친구와 놀고 있는지도 모릅니
다. 상대가 누구인가에 따라 자신을 얼마나 공개할 것이며, 어느 정도로 친
밀하게 지낼지 조절해 나가면서 말이지요. 하지만 진정한 친구 관계는 단
순히 필요한 정보를 주고받는 것에 머무르지 않지요. 중학생들이 서로 공
감과 연민을 드러내고 깊이 있는 고민을 공유할 수 있는 친구와 관계를 맺
을 수 있도록 안내하면 좋겠습니다.

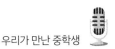

이노을(중학교 2학년, 여)

어릴 적부터 한의사가 되기를 꿈꿔 왔던 노을이는 요즘 진로에 대한 고민이 많습니다. 오랫동안 한의사라는 직업만을 생각해 왔는데, 그 길이 맞는 것일지 자신의 미래에 대한 고민이 사뭇 더 진지해졌습니다. 학원에 다니기보다는 혼자 공부하는 것을 좋아하는 편이고, 학업 성적을 높이기 위해 열심히 노력하고 있습니다. 학원에만 의지하고 스스로 공부하지 않는 아이들이 학원의 노예처럼 보인다는 노을이는 주관이 뚜렷하고 소신이 있는 학생입니다. 사교적인 편이라 1학년 때는 다양한 친구를 사귀며 일진들과도 가까이 지냈지만, 2학년이 되면서 그 무리에서 자발적으로 나오게 되었습니다. 이제 곧 3학년이 된다고 생각하니 더욱 정신을 차리고 공부해야겠다는 생각이 듭니다.

SNS에 접속하지 않는 중학생들을 상상할 수 없을 정도로 중학생들은 SNS라는 매개체를 통해 연결되어 있었습니다. 그런데 24시간 접속 중이라 하더라도 중학생들의 SNS 속 관계가 그만큼 끈끈할지는 의문입니다. 긴 시간 동안 접속하고 연결되어 있으니 관계의 밀도와 농도도 높을까요? 확인한 바에 따르면 그렇지 않았습니다. 갈등이 발생하면 SNS라는 환경의 특성상 상대의 계정을 차단하거나 채팅방을 나가 관계를 끝냈습니다. 원하지 않는 관계라면 더더욱 차단이 쉬웠지요. 어떤 경우에는 자신의 정보가 너무 많이 노출되는 것이 부담스러워 차단을 했습니다. 중학생들이 SNS에서 어떻게 만나고 헤어지는지 살펴보도록 할까요?

3. 팔로우와 언팔로우로 만나고 헤어지는 아이들

  SNS를 통해 온라인상에서 사귄 친구 사이에도 갈등은 있습니다. 오히려 이전에 없던 더 심한 갈등이 새로운 모습으로 중학생들을 괴롭히기도 했지요. 최근 N번방 사건을 비롯하여 뉴스 매체를 통해 보도되는 폭력 및 범죄 사건들은 갈수록 디지털 공간을 중심으로 발생하고 있습니다. 넷플릭스에서 방영한 드라마 〈지금 우리 학교는〉 첫 장면을 보아도 학교폭력에는 반드시 디지털 기기가 도구로 동반됩니다. 그것은 피해자의 삶을 옥죄는 감옥 그 자체였지요. 동아일보에서 2021년 4월 3일자에 보도된 초·중학생들 사이의 '카톡 감옥' 문제도 바로 그런 경우입니다.* 카톡 감옥이란 피해 학생을 특정하여 단톡방에서 비방하다가 해당 학생이 대화방을 나가면 다시 초대해서 반복하여 괴롭히는 현상을 말합니다. 이러한 갈등 현상 속에서

---

* 동아일보, 2021년 4월 3일자 기사, 「"엄마, 친구가 카톡감옥서 울어요"… 실제론 자녀의 SOS일 수도」.

가해자는 피해자의 고통이 얼마나 심각한지 직접 눈으로 보지 못하지요. 그래서 피해자는 대화방 너머의 보이지 않는 현실 공간에서 심리적으로 계속 얽매이는 상태가 됩니다. '감옥'이라는 표현이 그 얽매임을 드러냅니다. 기사는 이러한 사이버 학교폭력이 중학생들 사이에서 점점 더 다양하고 빠르며 은밀하게 퍼지고 있음을 지적하였습니다. 친구를 사귀고 더 오래 이야기를 나누고 싶어서 SNS를 시작하는 중학생들이 사실상 이러한 위험 부담에 노출되어 있다는 것입니다. 이것이 SNS의 그늘진 이면에 감춰진 중학생들의 생활 모습을 직시해야 하는 이유입니다.

Follow or Unfollow?

카카오톡이나 페이스북, 인스타그램의 친구 목록 기능을 보면 두 가지 옵션이 언제나 함께 등장합니다. 바로 숨김 혹은 차단, 팔로우 혹은 언팔로우입니다. 지금은 '친구'로 분류되어 있더라도 한 번의 클릭만으로 관계를 다시 설정할 수 있는 것입니다. 다르게 말하면 각종 SNS의 기능들은 중학생들에게 친구와의 관계를 간단하게 정리할 수 있는 방법을 제안하고 있는 셈입니다. 그래서 중학생들이 SNS로 만난 친구들과의 관계는 생각보다 즉흥적이고, 단기적이며, 임시적인 경우가 많았습니다. 연결의 이유가 사라지면 기꺼이 스스로 계정을 삭제하거나 숨김, 차단, 혹은 언팔로우를 실행하는 것이죠.

　새론이는 학년이 바뀌면서 SNS 계정을 삭제하였습니다. 1학년 때 같이 놀던 친구들이 2학년이 되면서 소위 '일진'이라 불리는 '노는 무리'에 들어

갔기 때문입니다. 그 친구들과 거리를 두고 싶었습니다. 하지만 SNS에서 그 친구들을 '숨김 혹은 차단' 또는 '언팔로우' 하지 않는 이상 그 친구들의 소식은 계속 보게 될 것이었습니다. 새론이는 이 사실이 불편하게 여겨졌습니다. 그래서 거리두기의 방법으로 자기 자신의 계정을 차단하고 삭제하기로 했지요. 새론이의 내향적인 성격도 이러한 결정에 영향을 미쳤습니다. 직접 만나지 않고 온라인으로만 대화를 나누는 관계가 조금 불편했거든요. 인맥에 관해서도 새론이는 그것이 아직은 자신에게 도움이 되지 않는다고 생각했습니다.

한편 중학생에게 자신의 계정은 곧 또 다른 '자아(Self)'를 의미한다고 보는 시선도 있습니다. 그렇게 보면 새론이처럼 또래 간 갈등을 해결하기 위해 자신의 계정을 닫는 것은 곧 '자아 하나를 없애는 행위'와도 같다고 볼 수 있지 않을까요? 갈등 해결을 위한 노력의 모습이기보다는 단절로 가는 모습입니다. 불편한 상황을 회피하는 것이죠.

연구자: 그런데 새론이는 그렇게 (SNS를 많이) 안 해?

김새론: 네. 저는… 별로… 불편해서.

연구자: 왜 불편해?

김새론: 만나 본 적도 없고 저는 이렇게 SNS에서 연락하는 것보다는 만나서 얘기하는 게 더 편하고… 그렇게 친해지는 게 더 나아서.

연구자: SNS에서 만난 사람들을 인맥이라고 하던데? 인맥 쌓는다고.

김새론: 그런데 뭐 지금 인맥을 쌓는 게 도움이 되는 것도 아닌데.

하린이는 인스타그램에서 직접 만나 본 적 없는 어느 소수의 인플루언서들을 언팔로우의 대상으로 삼았습니다. 처음에는 단순히 그들이 올리는 소식을 보고 싶어서 팔로우했습니다. 그런데 어느 순간부터 모르는 상대에게서 DM으로 대화 신청이 들어와 하린이는 무서웠다고 합니다. 그래서 하린이는 대화에 응하지 않고 기꺼이 '언팔로우'로 관계를 중단했습니다. Z세대 중학생들은 분명 온라인을 통하여 자신을 노출하는 데 개방적인 면이 있습니다. 약한 관계를 확장해 나가는 특징이 있지요. 하지만 동시에 정보공개에는 매우 신중한 특징을 보이는 것도 사실입니다. 중학생들에게는 친구 관계에서도 직접적인 관계가 있는 대상과 아닌 대상을 구분하는 것이 관계 형성의 기준이 되었습니다. 마치 대면과 비대면이라는 두 가지 차원이 일상을 구분하는 새로운 용어가 된 것처럼 말이지요. 상대에 따라 자신의 정보 수준을 어느 정도로 공개할지를 조절하고 친구 관계를 유지할지 말지를 결정합니다.

은밀하고 과감하게 친구 끊기

새론이가 자신의 계정을 삭제한 것과 달리 상대를 내 친구 목록에서 '삭제'하는 방법도 있습니다. 바로 페이스북의 '친구 끊기' 기능입니다. 친구를 끊으면 상대가 자신의 게시물을 볼 수 없게 됩니다. 그래서 중학생들은 친구와 안 좋은 일이 생기면 이 기능을 활용했습니다. 은밀하게 말이지요. 그러나 마음가짐은 과감해야 합니다. 물론 이는 내가 모르는 사이에 역으로 당할 수도 있습니다. 때문에 친구로 맺어진 상대가 자신의 게시물에 며칠째 어떤 반응도 보이지 않으면, 혹시 내가 상대로부터 차단당한 것은 아닌지 의심부터 하게 되는 거지요. 그 순간순간의 심리적 긴장이 얼마나 줄타기 하는 듯한 심정일까요.

카카오톡에서는 이 마음가짐을 '방 나가기' 기능으로 표현할 수 있습니다. 앞서 중학생들이 오픈채팅방을 통해 친구를 사귄다는 얘기를 들려주었던 김수미 상담 선생님은 또래 갈등 문제를 가지고 상담하러 오는 중학생들의 갈등이 주로 카카오톡 단톡방 혹은 오픈채팅방에서 일어난다는 사실을 발견하였습니다. 단톡방에서 오가는 메시지에서 비롯된 오해가 갈등의 씨앗이 된 셈입니다. 선생님은 학생들을 화해시켜 보려고 많은 노력을 기울였습니다. 회복적 서클*을 만들어 화해를 위한 질문을 던지고 이야기 나누는 시간을 가졌지요. 하지만 선생님이 보기에 학생들은 오해를 풀고 문제를 해결하려는 노력과 그 의지가 별로 없어 보였습니다. 그저 '방 나가기'로 순간적인 갈등의 감정을 분출하고자 할 뿐이었지요. 그리고 그렇게 뚝 끊긴 관계는 다시 연결될 기미가 없어 보였습니다. 학생들은 그냥 그렇게 다시 새로운 친구를 만날 방을 찾아 나섰습니다. 회복적 서클의 효과는 보지 못한 채 또래 그룹은 와해되었지요. 아무래도 중학생들에게는 친밀한 관계를 맺고 싶은 욕구는 많은데 화해할 마음이나 의지는 없는 것 같다는 생각이 들었습니다. 그리고 욕구에 비해 좋은 관계를 맺어 갈 기술이 부족

---

* 회복적 서클은 공동체 내의 구성원들 사이에 발생하는 갈등을 다루는 대화모임이다. 갈등이 있는 사람들이 원형으로 함께 둘러앉아 행동의 원인, 자신의 욕구와 의도를 말하고 공감하면서 갈등을 싸움이 아닌 개인과 공동체의 성장과 회복, 정의로 해결해 가도록 돕는다. 학교에서는 학교 폭력에 대한 대안, 생활 교육 등에서 활용된다.

해서 스스로 고립되고 따돌림받는 일을 자초하게 되는 것이 아닌가, 선생님 나름대로 이해했을 뿐이었습니다.

학생들뿐 아니라 요즘 사람들은 관계 끊는 것을 카톡방 나가듯이 하더라고요. 무언가 해결하려는 노력도 없고 친해지려는 노력도 없이 관계를 끊어 버려요. 그러다 보니 아이들 간의 관계가 뚝뚝 끊기고 다시 연결이 안 되니까 더욱 고립되고 따돌려지는 현상이 일어나는 것 같아요. 방금 전의 그 친구도 SNS에서 카톡 오픈채팅방에서 자꾸 문제가 일어난다고 말해요. 자기가 얼굴을 모르는 누군가에게 일방적으로 어떤 오해를 받았는데, 그에 대해 자기는 해명하고 싶지 않아 그냥 그 카톡방에서 나가 버렸다고 해요. 다시 친해지려는 노력은 없는 것 같아요. 작년에 1학년 애들끼리 싸운 적이 있어요. 1학년 여자애들 6명과 남자애들 5명이 싸운 거예요. 남자 대 여자로. 그래서 화해를 시키기 위해 회복적 생활 교육에서 말하는 회복적 서클을 만들어 화해할 수 있는 질문을 나누었는데, 아이들에겐 화해하고자 하는 마음 자체가 아예 없더군요. 요즘에 그런 교육을 많이 한다고는 하는데 그게 되게 어려운 것 같아요. 교육을 하더라도 오래가지 않죠. 한번 절교한 그룹에는 다신 가지 않더라고요. 결국 다른 아이들도 싸워서 그 그룹 자체가 와해됐어요. (김수미 상담 교사)

그러나 우리는 알고 있습니다. 은밀하고 과감하게 친구 관계를 끊고, 방을 나가고, 계정을 삭제하는 것은 일시적인 해결일 뿐이라는 것을요. 또래 간의 오해만 더 부추겨지기 마련입니다. 그리고 오해의 반복은 불신을 낳고요. 특히 '친구 끊기'와 '방 나가기'는 친구 관계가 끝났음을 일방적으로 통보하는 것과 같습니다. 그래서 SNS를 통해 친구와 관계가 단절된 중학생들의 심적 갈등은 더 커지고 있다고 할 수 있겠습니다.

저격, 알 듯 말 듯 공개소환

이보다 더 공격적인 차단의 모습도 있습니다. 언팔로우·친구 끊기·방 나가기 등이 자기 수준에서 친구와의 관계를 은밀하게 끊어 내는 회피적인 방식이었다면, 지금부터 이야기하려는 '저격'은 그와 다릅니다. 서두에 언급한 '카톡 감옥' 보도를 기억하시나요. 저격은 어떤 사유로든 친구와 관계를 끊고 싶은 한 학생을 다른 학생들이 계속 소환하여 그 학생을 공개적 피해자로 만드는 행동입니다. 대개는 SNS상에 상대를 비난하는 글을 올리는 행위를 의미하기도 합니다. 단 비난할 상대를 직접적으로 밝혀서는 안 됩니다. 그러면서도 여러 사람으로부터 상대에 대한 추정이 가능하게 만들어야 하지요. 일종의 '비열한 폭력'인 셈입니다.

　새론이는 친구들 사이의 '저격' 행위를 목격한 적이 있습니다. 저격 글에는 저격 대상의 이름이 초성으로만 나열되어 있을 뿐이었지만 거기 묘사된 에피소드만으로 누구를 향한 비난 글인지 충분히 짐작할 수 있었습니다. 글을 올린 사람은 익명으로 되어 있어 알 수 없었어도 게시글은 그와 관련된 모든 친구가 볼 수 있도록 공개되어 있었습니다. 그래서 학교에서 일어나는 일을 대강 아는 사람이라면 누가 저격하고 당하는 것인지 금세 알 수 있었지요. 겉으로는 간접적인 형태를 취하더라도 사실은 직접적인 연결고리를 통해 공개적으로 피해자를 만드는 것. 이것이 저격의 핵심이었습니다.

학교 페이지에도 시도 때도 없이 초성으로 누군가를 저격하는 글이 올라와요. 초성으로 써도 그렇게 대놓고 올리면 그게 누구인지 다 알잖아요. 얼마 전에도 저격글이 하나 올라왔는데, 글을 올린 애랑 어울렸던 친구가 ○○(이)밖에 없어서, 저는 저격글이 지목하고 있는 사람이 ○○(이)라는 걸 알아챘어요. 항상 같이 다니더니 한순간 친구에서 적이 되어, 뒤통수치듯 욕을 올리고 사적인 정보까지 공개하는 걸 보고 너무 무섭다는 생각이 들었죠. 보는 것만으로도 불편하고, 언젠가 나도 당할까 봐 겁도 나고. (김새론 학생, 중2)

연주는 '대신 전해 드립니다'라는 학교 페이스북 페이지를 통해서 익명의 기능을 활용한 저격을 보았습니다. 특정 대상을 저격하고 싶을 때 페이지 관리자에게 요청하면, 관리자가 '저격 글'을 올려 주었어요. 그러면 모든 학교 학생들이 다 보게 되는 건 순식간이었지요. 2차 피해가 뒤를 이었습니다. 수많은 댓글로 의심과 의혹이 이어지고, 태그로 원하지 않는 상대의 소환을 시도하며 3차, 4차의 공개적 가해가 이루어졌습니다. 그 사이 피해자에 대한 오해는 물결처럼 퍼져 나갔지요.

익명으로 올려 주는 게 있어요. 관리자한테 개인적으로 메신저를 보내서 "익명으로 해 주세요"라고 부탁하면 관리자가 욕이든 칭찬이든 고백이든 그런 거를 다 익명으로 올려 줘요. 저희 학교에도 익명으로 하는 '대신 전해 드립니다'가 작년 겨울방학까지 있었어요. 학생들이 너무 욕을 많이 하니까. 예를 들어 누군가가 "정연주 진짜 완전 이상한 애 같아"라고 글을 올리면 다른 애들이 그 밑에다가 댓글을 엄청 달기 시작하는 거예요. 그런데 만약 제가 그 페이지에 가입이 되어 있으면 게시글을 본 애들이 저를 태그할 거 아녜요? 그렇게 계속 제 페이스북으로 알림이 오는 거예요. 결국에 그게 온라인에서 하는 폭력이 되는 거죠. (정연주 학생, 중2)

최근에 등장한 에스크(Asked)라는 애플리케이션도 저격의 주된 수단입니다. 이 애플리케이션은 익명으로 운영되는 특징을 가지고 있는데요. 좋은 말이든 나쁜 말이든 누구의 간섭 없이 마음껏 하고 싶은 말을 표현할 수 있도록 개발되었습니다. 대개는 익명으로 질문과 답변을 주고받는 데 쓰입니다. 그런데 이 '익명'이라는 점이 저격의 주요한 장점으로 활용되는 것이지요. 노을이도 에스크를 통해 익명의 사람으로부터 불쾌한 질문을 받은 친구를 본 적이 있습니다. 이렇게 익명으로 오가는 말이 심한 상처가 되자 해당 친구는 이를 캡처해서 사이버 폭력으로 신고하였다고 합니다. 노을이는 친구가 사이버 수사대와 함께 저격글을 올린 당사자를 무사히 추적해 냈다고 말했습니다. 이처럼 중학생들은 속수무책으로 저격을 당하기만 하는 건 아니었습니다만, 어떤 결말을 맞이하든 되돌릴 수 없는 관계가 되는 것은 마찬가지인 듯했습니다.

얼굴 없는 긴장감을 넘어서

디지털 세대인 요즘 중학생들은 SNS를 매개로 여러 친구를 찾아다니느라 바빠 보입니다. 하지만 누구에게 자신을 공개해도 좋을지 알 수 없어 가슴 속에 늘 긴장감이 도사리고 있지요. 진정한 소속감을 얻기 어려워하고 있습니다. 최연경 상담 선생님 역시 중학생들의 차단 문화는 상대가 나를 언제 배신할지 모른다는 불안감을 학생들 서로에게 심어 준다고 합니다. 그 불안감은 소외를 낳고, 소외는 우울감으로 증폭되는 것이지요.

이런 의미에서 중학생들이 온라인상에서 생긴 친구와의 갈등을 언팔로우로 해결하려는 모습들은 여러 면에서 우려스럽습니다. 갈등에 대한 직접 해결이 아닌 간접 해결이니까요. 청소년 시기에 또래 관계의 갈등 경험은 없을 수 없습니다. 오히려 성숙한 관계를 위해 꼭 필요한 과정이고 경험입니다. 친밀한 관계는 서로 갈등이 있더라도 함께 극복하고 회복의 경험을 공유하는 과정에서 두터운 신뢰를 쌓으며 이루어집니다. 그렇다면 중학생들이 SNS에서 관계를 쉽게 차단하는 모습은 이들이 또래 관계 안에서 상호 이해와 신뢰의 과정을 경험하기 어려운 상황에 있음을 알리는 반증이 아닐까요?

이혜수 상담사는 중학생들의 잦은 먹방 시청도 이런 어려운 상황과 관련되어 있다고 보고 있었습니다. 가정 안에서 부모와 충분하지 않은 의사소통이 관계적 결핍을 만든 것입니다. 그리고 그것이 심리적 허기로 이어져 먹방 시청과 같은 대리만족으로 나타난 것이지요. 결국 또래와의 원만한 관계를 형성하는 기술로 나아가지 못하고요. 어쨌든 중학생들이 온전한 신뢰를 기반에 두고 관계의 밑거름을 채우는 곳은 가정이니까요.

　관계적인 부분에 있어서 좀 결핍이 많이 오지 않았나 싶어요. 그리고 사
　실 애들이 부모님하고 자주 얘기하면 제일 좋잖아요. 그런데 부모님들은
　바빠서 집에 오면 쓰러져 주무시기 일쑤고. (이혜수 상담사)

　따라서 디지털 세대인 중학생들의 차단 문화는 이들이 부모님이나 선생
님들이 알지 못하는 외로움과 난처함을 스스로 해소하고 다루는 과정에서
터득한 하나의 기술인 것은 아닐까 하는 생각도 듭니다. 물론 모든 책임을
어른들에게만 떠넘길 수는 없습니다. 서로를 항상 '숨김과 차단', '팔로우와
언팔로우', '친구 맺기와 끊기'라는 두 가지 옵션의 대상으로만 바라보게 하
는 SNS 플랫폼의 특성도 그 책임과 무관하지는 않아 보이거든요. 독일의
철학자 레비나스는 타인은 그 얼굴로서 우리에게 윤리적 응답을 호소한다
고 하였습니다. 강영안, 2005 타인의 얼굴을 직접 마주할 때 타인을 내 마음대
로 의식하는 폭력으로부터 벗어날 수 있다는 말입니다. SNS는 무한한 관계
의 연결이라는 새로움과 즐거움을 주지만, 얼굴이 없는 관계는 신뢰를 주
고받는 인격적 관계로 나아가기 어렵게 합니다. 맺고 끊음의 기능적인 행
위만 있게 할 뿐이지요. 어쩌면 이러한 끝없는 연결 문화 속에서 자신을 보
호하기 위해서는 어느 정도의 '차단'이 필수적일 수 있습니다. 하지만 '차단'
이 주로 갈등을 쉽게 회피하려는 방편으로만 사용된다면, 마치 비 온 뒤 땅
이 굳어지는 것과 같은 '회복'의 기쁨은 경험하지 못할 것입니다. 온라인상
에서 중학생들이 경험하는 또래 갈등의 심각성을 인지하는 것도 중요하지

만, 그 문화로 인해 중학생들이 얻는 것과 잃는 것이 무엇인지 관심을 기울여야 하겠습니다.

김새론(중학교 2학년, 여)

새론이는 초등학교와는 다른 지역으로 중학교 배정을 받게 되면서 중학생이 된 이후 친구가 많지 않았습니다. 초등학교 때와는 달리 중학교에서의 또래 관계는 쉽지 않았습니다. 다른 친구들이 거의 다 하는 SNS에도 크게 흥미가 없습니다. 혼자 영화나 드라마 보는 것을 좋아하는 새론이에게는 SNS에서 친구들과 별 의미 없는 이야기를 나누는 것도 많은 에너지가 드는 일입니다. 1학년 때는 힘들어도 어떻게든 친구 관계를 유지하려고 했으나 점점 또래 관계에 대한 회의감이 들기도 합니다. 2학년이 되면서 반이 달라지고 자연스럽게 친구들과 서서히 멀어지게 되어 지금은 한두 명의 단짝 친구와만 다니고 있습니다. 고등학생인 언니가 있어 종종 학업에 도움을 받기도 하지만, 학원에 다니지 않고 인터넷 강의 등을 통해 스스로 공부를 하는 편입니다.

정연주(중학교 2학년, 여)

마스크 착용이 필수인 코로나 시대에도 연주에게 메이크업은 필수입니다. 마스크로 얼굴을 반쯤 가렸지만, 짙은 눈화장을 한 연주의 모습이 인상적이었습니다. 요새는 마스크 때문에 풀메(풀메이크업)까지는 아니어도 괜찮은 것 같다고 말하는 연주는 자신을 꾸미는 것에 관심이 많아 보였습니다. 연주는 중학생이 되면서 친구들과의 관계가 더 어려워졌습니다. 교실뿐 아니라 SNS에서도 항상 친구들의 존재를 의식하게 됩니다. 혹여 댓글 달기를 놓치거나 타이밍을 놓치게 되면 친구들과의 관계에 문제가 생길 것을 우려하여 항상 SNS에 접속하고 있으며 수시로 확인하곤 합니다. 친구들과 관계를 유지한다는 것이 피곤하게 느껴질 때도 있지만, 포기해 버릴 수는 없습니다.

앞서 중학생들이 SNS를 통해서 24시간 접속 중이며 쉽게 만나고 헤어지는 과정을 살펴보았습니다. 그렇다면 SNS가 아닌 학교에서는 아이들 간에 어떤 관계가 형성될까요? 기성세대에 존재했던 일진들은 지금도 여전히 존재할까요? 존재한다면 어떤 형태로 존재하는 것일까요? 이제 관계 안에서 서열을 만들어 가는 중학생의 모습을 살펴보도록 하겠습니다.

4. 서열을 만드는 아이들

    기성세대들에게는 학창시절에 깻잎 머리를 하고 껌 좀 씹는 '노는 언니'들에 대한 기억이 있을 것입니다. '쎈' 언니들은 선생님들이 가지 말라는 빵집이나 극장을 다니며 남학생을 만났고 껄렁껄렁한 행동과 말투로 다른 학생들의 기를 죽이기도 했습니다. 물론 '쎈' 언니만 있는 것은 아니죠. 욕설이 섞인 거친 말투와 공격적인 행동으로 약한 아이들에게 빵셔틀*을 시키며 친구들 위에 왕처럼 군림하는 싸움짱도 있었습니다. '우식(영화 〈말죽거리 잔혹사〉의 주인공인 싸움짱)'이나 '엄석대(이문열의 소설 『우리들의 일그러진 영웅』의 주인공)' 같은 남학생들 말이죠. 그런 학생들은 선생님이나 학교, 더 나아가 어른들이 만든 질서에 아랑곳하지 않고 그 권위에 맞서면서 자신들을 중심으로 질서를 새롭게 만들어 갔습니다. 이러한 학생들은 기존의 반

---

* 빵셔틀은 힘을 가진 학생들이 다른 아이들에게 빵을 사 오도록 심부름을 시키는 것을 의미한다.

듯한 질서를 보란 듯이 무너뜨리면서 주류문화에 대립하는 문화를 만들었습니다. 주류문화가 어른들에게 순종하고 공부를 열심히 하는 범생이*를 인정하고 칭찬하는 문화라면 '노는 아이들'이 만드는 문화는 이러한 질서에 반항하는 문화였습니다. 그들은 자신들을 학생들 가운데서 가장 힘 있는 높은 위치에 두고 그들이 가진 '쎈' 힘과 거친 폭력성을 바탕으로 새로운 권력 관계를 형성하였습니다. 이들이 바로 과거에 존재했던 '일진'입니다.

옷을 보면 일진인지 알아요

그렇다면 '우식'이나 '엄석대' 같은 일진이 요즘 아이들에게도 있을까요? 일진은 학생들 사이에서 여전히 영향력을 발휘하고 있을까요? 그렇습니다. 요즘 중학생들에게도 예전처럼 일진이 있고 그들이 힘을 발휘합니다. 다만 약간 다른 점이 있다면 자신들이 가진 힘을 드러내며 서열 관계를 만들어 가는 데 있어서 '센 주먹'만큼이나 '패션'이 중요하다는 것이죠. 한때 중고등학교 학생들이 모두 노스페이스 패딩을 입고 다닌다는 기사를 본 적이 있으실 겁니다. 비싼 가격 때문에 부모님의 등골을 빼먹는다며 등골브레이커로 주목받았던 일화였지요. 바로 이 패딩이 일진들이 자기의 힘을 과시하는 수단이었습니다. 이제는 '힘'을 다른 사람에게 눈에 보이는 형태나 상징으로 드러내는 것이 중요해진 겁니다.

일진들은 패션을 통해서 자신이 일진이라는 사실을 자랑스럽게 드러냅

---

* 범생이는 모범생을 의미한다.

니다. 예준이는 일진들의 옷차림을 의미하는 일진룩(Look)만 봐도 일진인지 아닌지를 알 수 있다고 합니다. 대개 일진들은 스포츠 의류를 즐겨 입었습니다. 물론 일진이 아니더라도 많은 아이들이 스포츠 의류를 많이 애용했지요. 하지만 일진들은 보통의 아이들(아이들뿐 아니라 어른들도)이 입기 힘든 값비싼 명품, 예를 들면 티셔츠 한 벌에 수십만 원 하는 오프화이트나 패딩 한 벌에 백만 원이 훌쩍 넘는 무스너클 같은 의류를 으스대며 입고 다녔습니다.

명품 같은 거 입는 거 되게 좋아하고 스포츠 의류 같은 거 많이 입어요. 오프화이트. 무스너클 패딩 같은 거. 또 요즘 여자애들은 스포츠 의류에 레깅스를 입기도 하는데 딱 달라붙는 카디건이나 긴 치마를 입기도 하더라고요. 남자애들의 경우 스포츠 의류는 그런 애들(일진)만 입는 거죠. 아닌 애들도 그렇게 입기도 한데 오히려 아닌 애들이 입으면 조금 어색한 느낌이 들어요. 일진들 때문에 그 옷이 일진 이미지로 굳어 버려서. 그렇지만 어떤 애들은 그렇게 보이고 싶어서 그런 옷을 입어요. 아닌 애들은 그런 게 좀 창피해서 더 안 입는 것 같고요. (천예준 학생, 중2)

그중 여학생 일진들은 딱 달라붙는 카디건이나 긴 치마를 입었는데요. 여학생 일진들의 패션은 보기에 따라 다르게 정의되기도 하였습니다. 중학교에 근무하는 김수미 선생님은 짧은 치마를 입고 긴 담요를 두르고 다니는 여학생들을 일진이라고 이야기했습니다. 그러나 긴 치마인지 짧은 치마인지가 중요하다기보다는 '딱 달라붙는' 옷을 입고 있느냐가 핵심인 듯했습니다. 반면 예준이에 의하면 칼라가 달린 옷을 입고 다니면 순진한 아이입니다. 자신의 취향에 관계 없이 엄마가 사 주시는 옷을 그대로 입고 다니기 때문입니다. 그럴듯하죠? 대부분의 아이들은 칼라 있는 옷을 잘 입고 다니지 않는데, 칼라 달린 옷을 입는 아이는 엄마가 사 주는 옷을 곧이곧대로 입는 순응적인 아이라고 보는 것입니다. 칼라 달린 옷을 입는 순진한 아이들과 명품이나 딱 달라붙는 옷을 입고 다니는 일진, 이렇게 패션을 통해 선명하게 구별되는 사례를 보면 우리는 패션을 통해서 그 사람의 사회적 지위와 신분을 읽는다는 것을 알 수 있습니다. 이처럼 일진들은 패션을 통해 자신들을 드러내고 주위 학생들은 패션을 살펴 상대가 일진인지 여부를 판별합니다.

저희 학교는 명품을 좀 선호하는 친구들도 있는데. 아이들이 아르바이트를 해서 몇십만 원 상당의 벨트나 지갑을 구입해요. 여자애들보다는 남자애들에게서 그 점이 두드러졌던 것 같아요. 남자애들 같은 경우에는 벨트, 특히 구찌를 좋아해요. 아이들 말로는 구찌에서 디자인을 잘한다고 하더라고요. 또 무신사라는 사이트에서도 많이들 구입해요. 그런 것을 선호하는 아이의 특징을 보면 운동을 좋아하더라고요. 주짓수를 한다거나 복싱을 한다거나. 명품으로 힘을 과시하는 게 있는 듯해요. (이혜수 상담사)

패션 말고도 일진들이 자신의 힘을 과시하기 위해서 하는 행동은 어른 흉내를 내는 것입니다. 학생들의 입장에서 강하다는 것은 어른처럼 보인다는 것이기 때문입니다. 학생들이 생각하기에 어른들만이 하고 싶은 대로 할 수 있는 자유와 권리를 가지고 있는 것 같아 부럽기만 합니다. 그중에서도 가장 흉내 내고 싶은 것은 학생에게는 금단의 영역인 술과 담배입니다. 일 진들은 사회적 제재에도 불구하고 금단의 행동을 할 수 있는 깡과 힘을 가 졌습니다. 일진들이 술과 담배를 하고 진한 화장을 하는 행동의 기저에는 자신의 강함을 증명하고자 하는 의도가 깔려 있습니다. 보통 아이들은 차 마 흉내 내지 못하는 어른의 행동을 자신들만큼은 할 수 있다고 드러내는 것이지요. 연주는 수업 시간에 교실에서 대놓고 전자담배를 피는 일진들의 모습이 빨리 어른이 되고 싶어 안달이 난 것처럼 보였다고 말했습니다.

> 보통 남자애들 중에 키 크고 잘생긴 애들이 술, 담배도 하고 그래요. 공부 전혀 안 하고 잘 놀고 약간 반항기가 있죠. 수업 시간 중에 전자담배도 피 고요. 다른 친구가 선생님 말을 잘 듣고 있으면 "야, 너 왜 착한 척하냐?" 이래요. 빨리 어른이 되고 싶은 애들 같아요. 화장도 어른처럼 하고 옷도 어른처럼 입고 싶어 하고요. (정연주 학생, 중2)

일진들과 한때 어울렸다가 지금은 무리에서 나와 평범하게 살고 있는 노 을이에게 일진들은 겉멋이 든 존재입니다. 일진들이 술과 담배는 기본이 고 화장까지 진하게 하는 것은 겉멋만 들었기 때문이라는 것이죠. 노을이 의 말에 의하면 겉멋의 끝판왕은 자신보다 연상인 고등학생 언니나 오빠를 사귀는 것입니다. 자신보다 다섯 살 많은(중학생에게 다섯 살 이상 많은 존재는 엄청난 어른입니다.) 언니나 오빠를 사귀면서 마치 자신도 어른인 것처럼 뻐 긴다는 것입니다.

이노을: 전체적으로 겉멋이 들어 있어요. 술담(술과 담배)은 기본이고 5살 이상의 언니, 오빠들과 사귀어요. 어른인 척하는 거죠. 애들이랑 술과 담배를 갖고 논 걸 사진으로 찍어서 페북에 올리면 다른 애들이 빠르게 댓글 달아요. '뭐야, 뭐야' 이러면서.

연구자: 술, 담배 한 것을?

이노을: 그걸 자랑스럽게 여겨요.

이처럼 일진들은 어른들의 세계 언저리 어디쯤에 위치하면서 어른들의 행동을 흉내 내어 자신들이 또래보다 멘탈이 강하고 힘이 세며 어른스럽다는 것을 드러내고자 합니다.

일진은 빽도 많고 인맥도 넓어요

일진들이 힘을 과시하기 위해 하는 또 다른 행동은 패거리를 만드는 것입니다. 쉬는 시간에 무리를 지어 학교 복도나 화장실을 점령하면서 힘을 과시하고, 수업 시간에 떠들거나 큰 소리를 내면서 자신의 존재감을 확인하려고 합니다. 복도에서 계속 장난을 치면서 다른 아이들의 통행을 방해하고 가만히 있는 애들한테 갑자기 말을 걸어 은근히 창피를 주기도 하지요. 일진들은 자신들의 '패거리'가 커지는 것을 권력과 힘이 커지는 것으로 동일시합니다. 중학생들의 프로필 사진을 보면 배경사진에 무리들이 함께 찍은 단체사진을 올려놓은 경우가 있는데 이것도 힘을 과시하기 위한 것입니다. 자신이 친구가 많고 자신을 든든하게 지지해 줄 '빽'도 많다는 것을 암묵적으로 표현하는 것이죠.

제가 다니는 학교 교문에도 수업 끝나면 다른 학교 애들이 우르르 모여 있고요. 거리극 축제 같은 데 가면 일진들이 다 모여 있어요. 진짜 한 백 명 될 걸요. 얘들이 도로에 누워서 사진을 찍고 프로필 사진 말고 배경 사진에 단체 사진을 올려요. "나 친구 많고 빽 많아"라는 것을 보여 주는 거예요. (정연주 학생, 중2)

일진들은 같은 학교 친구들뿐 아니라 옆 학교 친구들과도 네트워크를 형성합니다. 방과 후 여러 학교 학생들이 무리를 지어 교문 앞에서 우르르 몰려다니는 모습이 바로 그런 모습이죠. 같은 나이 또래뿐 아니라 선후배와도 인맥을 쌓으면서 무리의 범위를 지역으로 넓게 확장하기도 합니다. 이렇게 세력을 부풀리기 위해 일진들이 취하는 방법은 페이스북 같은 SNS 프로필에서 지역 정보 등을 검색하여 일진으로 포섭할 후배나 친구에게 연락하는 것입니다. 일진들은 카톡 프로필 등에 자신의 주위에 얼마나 많은 사람(선후배)이 있는지를 보여 주며 인맥을 과시합니다. 이웃학교 일진과의 관계 형성을 통해 광범위하게 쌓은 인맥이 일진의 권력과 힘을 강하게 지탱해 주는 중요한 기반이 되는 거지요. 최연경 상담 선생님은 중학생들에게 선배는 '보호장치' 같은 것이라고 하였습니다. 필요한 경우에 선배가 그냥 얼굴만 내밀어도 보호가 되기 때문에 선배를 아는 것만으로 큰 힘이 되었습니다. 그래서 일진들이 자꾸 무리를 형성하는 것입니다.

잘 나가는 선배를 알고 있으면 최고예요. 자기를 보호해 줄 수 있기 때문이에요. 그래서 그 선배가 그 아이가 있는 반에 가서 그 아이를 부르기만 해도 그 아이는 보호가 되는 거예요. (최연경 상담 교사)

이렇게 일진들은 학교 안에서 학교 밖으로, 선후배를 넘나들며 무리를 광범위하게 만들고 힘의 논리로 자신들에게 동조하는 세력을 형성합니다. 중학생의 세계에서는 무엇이 옳고 그른가 하는 윤리적인 기준보다는 누가 주도권을 가지고 힘이 있는가가 중요했으니까요. 노을이는 중학생들이 스스로의 생각보다 '일진'같이 주도권을 잡은 무리가 내놓는 의견에 동조하는 경우가 더 많다고 합니다. 주도권을 잡고 있는 일진의 주장이 옳은 의견이 아니더라도 거기에 휩쓸리게 되는 경우가 많다는 것이죠. 아이들이 일진의 눈치를 보면서 당당하게 자신의 의견을 표현하지 못하는 것은 중학생들의 세상이 어른들의 세상 못지않게 힘의 논리로 지배되고 있기 때문이 아닐까요?

일진 안에도 계급으로 나누어져 있어요

예준이와 노을이, 그리고 연주를 통해 알게 된 요즘 중학생 일진의 세계는 1970~1980년대에 학창시절을 보낸 기성세대의 일진과 크게 다르지 않은 것 같습니다. 다만 좀 더 다른 점이 있다면 예전에는 일진과 공부 잘하는 '범생이'들의 영역이 뚜렷하게 구분되었다는 것이죠. 일진들은 범생이들의 영역을 침범하지 않았고 각자 다른 세계를 형성하였습니다. 그런데 요즘 중학생 일진들은 예전보다 더 강력한 영향력을 행사하는 것 같습니다. 공부 잘하는 아이들이 선망의 대상이 되는 시절이 지나가고(물론 여전히 공부 잘하는 아이들은 선망의 대상이지만 과거에 비해 그 정도가 약해지고 있습니다.) 범생이가 일진에게 밀리고 있는 것이죠. 이렇듯 일진들은 과거처럼 특정한 영역과 특정한 아이들 속에서 권력을 누렸던 것에서 더 나아가 이제는 광범위하게 무리를 형성하면서 학교에서 권력의 정점을 차지하고 있습니다. 한술 더 떠서 선생님의 눈치도 보지 않을 정도이니까요.

전교에서 1, 2등을 다투는 예준이는 일진들이 학교에서 설치는 모습이 상당히 신경에 거슬립니다. 예준이는 일진 중의 한 명이 선생님에게 들리도록 욕을 한 사례에 대해 얘기했습니다. 수행평가를 보기 직전 선생님이 일진 학생에게 앞자리에 앉으라고 하였습니다. 그러나 일진은 따를 생각은 않고 계속 말대꾸를 하였고요. 지시를 좀처럼 따르지 않자 선생님의 목소리가 커졌고 일진은 도리어 "왜 소리를 질러요?"라며 큰 소리로 대들었습니다. 그 일진은 끝까지 선생님의 말을 듣지 않고 뒷자리에 앉아 구시렁대면서 욕을 하였습니다. 예준이는 선생님에게 저토록 무례하게 행동하는 일진의 태도가 못마땅하고 마음이 불편합니다.

한편 이렇게 광범위하게 권력을 가지고 학교 내에서도 교사와 맞먹을 만큼 힘을 지니게 된 일진들은 그 무리 안에서는 어떻게 서열을 이루고 있을까요? 일진을 친구로 둔 연주는 스스로가 일진과 평범한 아이들의 경계에 위치한다고 얘기했는데요. 일진 무리 내의 뚜렷한 서열을 이렇게 설명했습니다.

정연주: 남자애들은 거의 다 높은 위치에 있어요.

연구자: 높은 위치에 있어?

정연주: 여자애들이 남자애들한테 뭐라고 못 하니까.

연구자: 남자애들 4분의 1이 거의 위에 있고.

정연주: 엄청 예쁜 여자애들 있죠. 흔히 말하는 연습생. 연예인을 지망하
　　　는 애들이 다음 층이고, 그 애들이랑 친한 여자애들, 같이 다니는
　　　애들이 그 밑의 층이에요. 그리고 또 걔네들이랑 친한 애들이 밑
　　　으로 이어져요.

마치 피라미드처럼 느껴지지 않나요? 일진들이 형성하는 서열에 대해 들
으면 마치 카스트제도나 양반과 노비로 구분되는 조선 시대의 신분제도가
떠오릅니다. 뉴스 기사에 의하면 이러한 계급 구조는 매우 견고하여 한 번
정해진 계급을 이동하는 것이 중세 시대의 계급 이동만큼 어렵다고 합니
다.* 마을에서 중학생의 멘토로 활동하는 이도윤 선생님은 친구의 인맥이
없으면 일진 무리에 들어가기가 힘들고 그런 점에서 중학생들의 계급 구조
가 상당히 폐쇄적이라고 말합니다.

　그런데 여기서 흥미로운 점은 일진들의 서열에도 어른들처럼 '인맥'의 힘
이 존재한다는 것입니다. 일단 일진에 들어가려면 그 무리에 아는 사람이
있어야 합니다. 세 번째 층이 두 번째 층의 아이들과 친한 여학생들로 이루
어져 있는 것처럼 말이지요. 힘 있고 외모가 빼어난 학생들이 권력을 가지

---

* 노컷뉴스, 2012년 1월 10일자 기사, 「교실 내 존재하는 계급… 계급 이동은 중세만큼 까다로워」.

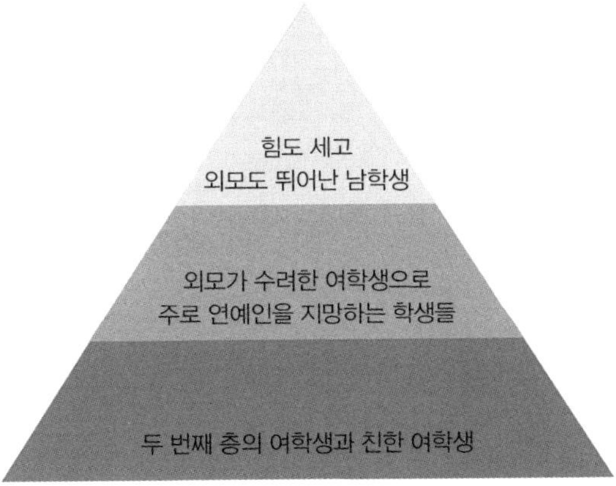

힘도 세고
외모도 뛰어난 남학생

외모가 수려한 여학생으로
주로 연예인을 지망하는 학생들

두 번째 층의 여학생과 친한 여학생

[그림 1] 연주가 표현한 중학생 서열 피라미드

고, 그러한 아이들과 친하게 지내는 것이 '인맥'이 되는 구조인 겁니다. 이처럼 '인맥' 문화의 기저에는 계급과 권력의 개념이 내포되어 있습니다. 또한 일진그룹에 자신이 아는 학생이 있어야만 그 계급으로 이동이 가능하다는 점에서 중학생 권력 관계는 상당히 폐쇄적이며 고정적입니다. 연주가 "일진들이 한심하지만 부럽기도 해서 무리에 끼고 싶은데 빽이 없으면 못 들어간다"라고 말한 것이 바로 그 인맥을 의미하는 것이고 인맥이 자신에게 빽이 되는 것이죠.

일진들을 한심하게 생각하면서도 부러워하는 애들도 있어요. 나도 저 무리에 끼고 싶은데 하면서. 화장을 진하게 하거나 예쁘게 입고 다녀도 얘네들이 날 인정해 주지 않으니까. 빽이 없는 애들은 (그 무리로) 들어갈 수가 없어요. (정연주 학생, 중2)

인싸도 있고 관종도 있어요

이전 세대 일진과 요즘 세대 일진 간의 다른 점은 이전 세대 일진은 일진 내에서 권력을 인정받았다면 요즘 세대는 특정한 그룹 안에서만 인정받던 권력의 영향력과 범위가 확장되고 있다는 것입니다. 그래서 일진의 세계를 동경하는 아이들이 늘어나고 있으며, 교사조차 일진에게 함부로 대하지 못할 만큼 강력한 권한을 쥐고 있습니다.

일진들 사이에서 형성된 수직적인 서열 관계는 센 주먹과 외모, 패션 등과 같이 학생들이 지닌 힘과 권력을 기준으로 구분되는 듯했습니다. 그러나 중학생의 세계는 여기서 끝나지 않습니다. 일진과는 궤를 달리 하는 존재들이 있었거든요. 바로 '인싸'와 '관종'입니다. 인싸와 관종은 친구들과의 '사이'가 기준이 됩니다. 얼마나 다른 친구들과 사이가 좋고 친하며 다른 아이들이 좋아하는가가 인싸와 관종을 구분하는 것이죠.

우선 '인싸(Insider)'는 '아싸(Outsider)'의 반대말로 공부를 잘하는 것과 상관없이 성격이 좋고 친구 관계가 넓어 또래 사이에서 인기가 많은 아이를 의미합니다. 빛나는 인싸를 "친구가 많고 친구들의 관심을 많이 받는, 잘 나가는 아이들"이라고 했습니다. 특히 그중에서도 사람 자체를 좋아하고, 어디서든 낯을 가리지 않아 처음 본 사람과도 쉽게 친해지는 '찐 외향성'인 친구를 '핵인싸'로 표현하였습니다. 핵인싸는 인싸 중에서도 핵심 인싸라는 것이죠. 빛나는 핵인싸들을 보면 마치 날아다니는 것처럼 느껴진다고 했는데, 아마도 핵인싸들이 친구들과 어울릴 때 늘 활동적이고 활발해서 그 가볍고 발랄한 정도가 빛나에게 날아다니는 것처럼 보이는 것 같습니다.

정빛나: 인싸는 친구가 되게 많은, 잘 나가는 애들. 핵인싸는 사람 자체를 좋아하는 애들이에요. 사람이랑 만나는 게 재밌고 노는 것도 재밌고 그냥… 사람이랑 관련된 거 다 좋아하는데 걔네 말로는 자기들에겐 사실 쓸쓸한 내면 같은 게 있다고 해요.

연구자: 쓸쓸한 내면을 갖고 있대?

정빛나: 네. 뭐, "나한테도 가을이 온다"라며 얘기하기는 하는데 솔직히 그렇게 안 느껴지고 그냥 항상 날아다니는 느낌이에요. 걔네를 보면.

이렇게 친구들이 좋아하고 친구들과 잘 지내는 인싸나 핵인싸와 달리, 아싸는 아웃사이더로서 눈에 띄지 않고 존재감이 없는 친구들을 의미합니다. 관종은 '관심종자'의 준말로 대개 친구들 앞에서 과장된 행동으로 주의를 끌려고 하는 학생을 말합니다. 예를 들면 수업 시간에 선생님이 하는 말에 자꾸 이상한 얘기를 덧붙여서 의도적으로 친구들의 주의를 끄는 학생들이 그렇습니다. 이들이 그런 행동을 하는 이유는 친구들과 선생님의 관심을 받고 싶기 때문입니다. 빛나는 관종인 한 여학생에 관해 이야기해 주었습니다. 그 학생은 학교에 오면 교실문을 열고 "○○이 왔어요"라고 말한다는 것입니다. 급식을 먹고 난 뒤에는 "공주 밥 다 먹었다"라고 말해 주변 친구들의 시선을 끌었습니다. 어떤 친구들은 관종을 보면 "쟤, 왜 저래?"라고 하지만, 대부분의 친구들은 관종의 말과 행동이 웃기고 재미있어 "쟤는 그냥 그러려니" 하고 받아들이는 듯했습니다. 스스로를 관종이라고 표현했던 라온이는 관종 덕분에 딱딱하고 어색한 수업 분위기가 부드러워지기도 한다며 관종에 대해 사뭇 긍정적으로 평가했습니다.

정빛나: 자기는 관종이래요. 그걸 어떻게 아냐면, 걔는 학교에 도착하면 문을 딱 열고 "○○이 왔어요"라고 모두에게 들으란 듯이 말하거든요.

연구자: 남자야, 여자야?

정빛나: 여자예요. 그리고 밥 먹으면 "공주 밥 다 먹었다" 이러고. 그런 식으로 하는 거를 좋아해요.

연구자: 애들이 별로 안 좋아해?

정빛나: 처음에는 그러려니 했는데 맨날 그러면 솔직히 좀 그렇잖아요. 처음에는 그냥 '그렇구나' 했는데 그게 계속 이어질 줄은 몰랐으니까. 하루가 지났는데 진이 다 빠지는 거예요. 그래서 그 다음번에는 '왜 저래?' 이랬다가 이제는 그냥 그러려니 하는 거죠. 뭐, 일상이니까.

이렇듯 중학생들은 '일진-범생이' 또는 '일진-보통 아이들' 간의 구분 이외에 '핵인싸-인싸-관종'이라는 범주를 생성하고 있습니다. 그런데 왜 이렇게 자꾸 집단을 구별하면서 새로운 범주를 만들어 내고 있을까요? 일진과 범생이 또는 일진과 일반 아이들 간의 구분은 일진이 주로 공부와 담을 쌓고 '노는 아이들'로 구성된 집단이기 때문에 일반 아이들과 구별한 것입니다. 대체로 일반적인 아이들은 패거리를 짓거나 술과 담배를 가까이하지 않으니까요. 그래서 일진과 일반 아이들을 구분하는 것은 일견 이해가 갑니다. 한편으로 일반 아이들에게는 일진과 자신들을 구분하는 것이 일종의 안전판 역할을 하기도 하니까요.

그런데 핵인싸—인싸—관종의 분류는 왜 필요할까요? 일진 같은 저항적인 아이들이 아니라 평범한 아이들이 구별 짓기를 통해 계급을 나누며 수직적 위계 구조를 형성할 필요는 없지 않을까요? 이러한 구별 짓기에는 개인마다 가지고 있는 성격의 다양성을 인정하기보다는, 외모의 특성이나 인맥을 잣대로 삼아 그에 부합하지 않는 친구들을 배제하려는 의도가 담겨 있습니다. 친구 관계 형성의 내용과 특징에 따라 생길 수 있는 다양성을 받아들이기보다 획일적인 기준, 즉 '얼마나 많은 친구의 관심과 인정을 받는가?'라는 기준을 적용하는 것이죠. 또한 또래 친구의 관심을 받기 위해 노력하지만 인정을 받지 못하는 관종 학생을 포용하기보다 구별하고 배제한다는 점에서도 바람직하지 않습니다. 따라서 핵인싸—인싸—관종이라는 구별 짓기는 중학생 관계를 경쟁적인 관계로 바꾸며 파편화시킨다는 점을 유념하여야 합니다. 우리가 별다른 생각 없이 사용하는 인싸와 관종이라는 용어를 통해 누군가가 소외되어 상처받을 수 있다는 것을 자녀와 학생들에게 인지시킬 필요가 있습니다.

일진은 웬만하면 인싸예요

일진들이 학교 안에서 권력과 힘을 가진 존재라면, 친구들에게 주목을 받는 인싸와는 어떻게 구별될까요? "일진이 바로 인싸예요"라고 말하는 중학생도 있었고 "일진과 인싸는 다른 거예요"라고 말하는 중학생들도 있어서 중학생들이 인식하는 일진과 인싸의 관계에 대해 정확하게 알기는 힘듭니다. 학교마다 상황이 다르고 학생 개인마다 인식하는 내용이 다르니까요.

다만 우리가 주목해야 할 부분은 일진이 인싸로 받아들여지는 경우가 늘어나고 있다는 점입니다.

연주는 자신이 다니는 학교에서 일진은 곧 인싸를 의미하는 것으로 이해하고 있습니다. 연주가 그렇게 생각하는 이유는 공부를 잘하는 애들은 공부하는 애들 사이에서만 인싸였기 때문입니다. 그들은 오히려 공부만 해서 다른 아이들의 무시를 받았지만, 일진들은 무리 지어 다니는 무서운 존재로 여겨져서 다른 아이들이 아무 말도 못했다는 겁니다. 연주에게 인싸는 아이들에게 인기가 있다기보다는 약간 무서운 존재, 무리가 큰 주류 집단을 의미하는 것이죠.

연구자: 학교에서 보통 친구가 많으면 자신이 인싸인 것처럼 느낀다고 그랬잖아. 그럼 공부 잘하거나 예쁜 애들, 아이들이 좋아하고 주목하는 이런 애들이 인싸인 거야?

정연주: 공부 잘하는 애들은 공부하는 애들 사이에서만 인싸인 거예요. 다른 애들은 걔를 그냥 무시하죠. 공부만 하니까. 인싸라는 개념은 단순히 애들한테 인기가 있는 게 아니라 애들한테 무서운 존재라고 해야 되나?

연구자: 인기 있는 게 아니라?

정연주: 왜냐하면 일진 같은 애들이 와서 "야, 너 뭐하냐?" 이런 식으로 대하면 애들이 쫄잖아요. 무서워서 뭐라 말할 수가 없잖아요. 그런데 그런 일진 무리가 커지면 그때부터 걔네들이 인싸인 거예요. 애들이 아무 말도 못 하는 존재. 애들한테 인기 많고 그런 것보다

는 약간 애들한테 공포감을 주는 존재예요.

 연주와는 달리 외모적 특성에 따라 인싸를 규정하는 경우도 있습니다. 키가 크고 유머가 있으며 패션 감각이 있거나 예쁜 친구를 인싸로 보는 것입니다. 특히 패션 감각이 중요하기 때문에 인싸는 입는 옷으로도 구별이 될 수 있습니다. 인싸는 유행하는 옷을 잘 입는데, 남학생 중에는 형광색 바지에 나이키, 아디다스, 퓨마 등의 브랜드에서 나온 상의를 입고 언코리* 운동화를 신는 친구들이 선망의 대상이 된다고 했습니다. 여학생의 경우에는 예준이가 말한 것처럼 달라붙는 카디건에 긴 치마, 명품 지갑 등을 들고 다니는 아이들이 인싸가 됩니다. 상황이 이렇다 보니 패션과 사회적 영향력 측면에서 일진 무리들을 인싸의 범주로 보는 학생들이 있는 겁니다. 인싸가 곧 일진은 아니지만, 일진은 웬만해서는 인싸인 것이죠. 즉 아이들에게 영향을 많이 미치고 주목을 받는 주류 집단을 인싸라고 한다면 일진들이 뛰어난 패션 감각으로 아이들의 시선을 끈다는 점에서 인싸라고 할 수 있는 것입니다.

 모든 학생들이 '일진이 곧 인싸'라고 말하지는 않았지만, 일진이 인싸와 혼용되거나 일진을 인싸로 이해하는 학생들이 증가하고 있다는 것으로 이들이 주류세력으로 등장하고 있음을 알 수 있습니다. 이러한 경향은 중학생들에게 공부보다는 외모와 패션, 명품을 착용할 수 있는 경제력이 있는지가 더욱 중요해지고 있다는 것을 보여 주는 사례가 아닐까요?

---

* 언코리(Encoree)는 초등학교나 중학교의 학생들에게 인기 있는 신발 브랜드이다.

그렇지만 이에 대해 중학생들만을 탓할 수는 없습니다. 중학생들이 외모를 중요하게 생각하고 명품을 동경하게 된 데는 어른들의 세계에서 이러한 것들이 권력 관계에 영향을 미치고 있다는 걸 일찍이 깨달았기 때문이니까요. 중학생들이 어떤 질서를 만들어 내는지, 무엇을 중요하게 생각하고 있는지, 어떤 사람을 선망하며 닮고 싶어 하는지 등을 살펴보면서 이들이 생각하는 어른들의 세계를 짐작할 수 있는 것이죠. 바로 이것이 우리가 중학생 문화를 탐구하는 이유입니다.

그래서 중학생들에게 명품 선호 현상이 나타나고 물리적 힘과 경제력을 가진 친구들이 또래 관계에서 핵심적인 위치를 차지한다고 해서 요즘 중학생 문화의 천박함에 대해 개탄할 필요는 없을 것 같습니다. 우선 기성세대부터 자신들의 모습을 성찰할 필요가 있습니다. "나는 바람풍 해도 너는 바람풍 해라"라고 할 것이 아니라 우선 자신부터 바람풍이라고 하는지 객관적으로 살펴봐야 합니다. 그래야 자녀와 학생에게 바르게 가르칠 수 있습니다. 아이들은 어른의 거울입니다. 아이들의 모습을 보며 자신을 성찰해야 하고 이를 바탕으로 우리가 소중히 여기는 가치를 다시 한 번 점검해야 합니다. 물질과 돈만 있다고 해서 훌륭하고 모범적인 사람이 되는 것이 아니며 의미 있는 삶을 살 수 있는 것도 아니라는 것을 생각할 수 있도록 가르쳐야 합니다. 더불어 자신은 무엇을 가장 소중하게 생각하며 살고 있는지 되돌아보아야 합니다. 그리고 아이들과 함께 어떤 것이 가장 가치 있는 삶인지에 대해 함께 얘기해 보아야 할 것입니다.

천예준(중학교 2학년, 남)

예준이는 또래 남학생들에 비해 성숙한 생각과 말투를 가진 사려 깊은 아이입니다. 반장으로서 학급 안에서 함부로 행동하는 친구들을 어떻게 대해야 할지 고민하고 있지요. 미래에 대한 계획도 없이 오늘만 사는 것처럼 보이는 친구들을 보면 한심하다는 생각이 들면서도 이것이 자신의 편견인지를 성찰합니다. 최근 벌어지는 또래들의 각종 말썽 문제와 관련된 기사를 보면서 '정의와 도덕성'을 가장 크게 고민하고 있기도 합니다. 예준이는 학원 외에도 독서실을 이용하는 편이며 스스로 공부한 것을 정리할 줄 아는 학생입니다. 노트 필기를 하면서 스스로 정리하지 않으면 배운 내용이 기억에 남지 않는 것 같기 때문입니다.

앞서 일진들의 사례를 통해 일진들이 명품을 선호한다는 것을 알 수 있었는데요. 비단 일진들에게만 그러한 현상이 나타나는 것은 아니었습니다. 많은 중학생들이 명품을 선호하고 있었고 이로써 자신을 과시하고 싶어 했습니다. 그들은 자신을 드러내고 싶어 하는 한편 자신의 많은 정보가 노출되는 것을 꺼려하여 SNS에서 자신을 감추는 여러 가지 전략을 구사하기도 했습니다. 중학생들의 명품 선호 현상과 자기 감추기에 대해 살펴보도록 할까요?

5. 과시적인 아이들

커피를 마시며 여가를 즐기는 문화가 유행하면서 예전보다 카페가 많이 생겼습니다. 여러분은 카페를 선택할 때 1순위 고려 대상이 무엇인가요? 맛이 중요하다고 하는 사람도 있고 인테리어가 중요하다는 사람도 있습니다. 당연히 맛도 좋으면서 멋지고 아름다운 카페가 있다면 금상첨화겠죠. 카페 인테리어 이야기를 하는 이유는 외적인 개성 표현도 사람의 마음을 사로잡을 수 있는 중요한 요소라는 얘기를 하고 싶어서입니다.

아름다운 비주얼과 멋진 외모는 카페뿐만 아니라 사람에게도 매우 중요합니다. 매력적으로 보이는 패션과 헤어스타일은 타인에게 호감을 줍니다. 이 때문에 사람들은 외모에 신경을 많이 쓰며, 특히 청소년기에는 더욱 외모 치장에 많은 시간을 보냅니다. 멋진 옷과 개성 넘치는 헤어스타일로 남들과는 다르게 자신의 개성을 표현하고 싶기 때문이죠. 최신 유행하는 옷, 신발, 가방, 헤어스타일 등으로 친구들과 정서를 공유하며 최대한 자신을 멋지게 표현하고 싶어 합니다. 그러나 이런 개성 표현이 지나쳐 자신의 나이나 피부에 맞지 않게 명품으로 치장하거나 짙은 화장을 하면 어색해 보일 때가 많습니다. 청소년들에게 왜 그렇게 화장을 하고 명품을 구입하는지 이유를 물어봤습니다. 많은 학생들이 자신이 친구들보다 더 외면적으로 멋진 사람이 되고 싶기 때문이라고 응답하였습니다.

　대부분의 사람들은 자신을 아름답고 멋진 모습으로 표현하기를 원합니다. 그런데 중학생 시기에 유독 과시적인 표현이 더 강하게 나타나는 이유는 무엇일까요? 그 이유는 중학생 시기는 부모님의 품을 떠나 독립적인 자아가 형성되면서 자신은 남들과는 다른 특별한 존재라고 생각하는 시기이기 때문입니다. 이 때문에 자신을 평범한 사람과는 다른 특별한 모습으로 표현하고자 하는 강력한 욕구를 분출하는 것입니다. 많은 학생들이 요즘 유행하는 머리 스타일이나 패션에 관심이 많고, 여학생들이 등교하느라 바쁜 아침에도 공들여 정성스럽게 화장을 하는 것도 이 때문입니다.

　중학교 시기에는 내적 계발보다는 외적인 표현에 관심이 많은 시기입니다. 저도 기성세대의 중학생 시절을 생각해 보면 친구들이 입고 있는 청바지, 메이커 신발, 최신 헤어스타일 등에 관심이 많았고 멋쟁이 친구들과 비슷하게 보이기 위해 그 당시 유행하는 브랜드를 많이 구입했습니다. 요즘은 예전보다 유행하는 브랜드가 많이 달라지긴 했지만, 학생들이 브랜드에 관심을 갖는 것은 변하지 않았습니다.

풀메를 하지 않으면 밖에 못 나가요

네안데르탈인들도 화장을 했다고 할 만큼 화장의 역사는 오래됐습니다. 지금도 화장 도구와 기술이 계속 발전하고 있지요. 예전엔 화장이 여성들만의 전유물이었다면, 요즘은 남성들도 많이 하고 있습니다. 그렇다면 사람들은 왜 화장을 할까요? 화장은 단순히 외모의 아름다움만을 추구하는 수단이 아니라 자신을 표현하고자 하는 욕구가 강력하게 반영된 행위일지도 모른다는 생각이 듭니다. 청소년기의 특징과 관련지어 보면 화장은 다른 사람과 나를 구별하여 표현하고 싶은 욕구를 만족시켜 줄 수 있습니다. 즉 남들과는 다른 나 자신의 개성을 잘 표현할 수 있다는 말이죠. 그래서 학생들이 남들보다 개성 있게 보이고 싶어서 화장을 하고 유행하는 스타일에 관심이 많은 것입니다.

  여학생들에게 화장을 시작하게 된 계기를 물어보니, 많은 학생들이 또래 친구들과 화장에 대해 얘기를 나누면서 자연스럽게 배웠다고 말했습니다. 초등학교 고학년 때부터 화장을 시작하는 경우도 있지만 대부분이 중학교 1학년 때부터 시작하였습니다. 중학교 2학년 때부터는 한 반에 대여섯 명 정도를 제외하고 모두가 화장을 하였고, 풀메이크업을 하고 다니는 학생도 많았습니다. 풀메이크업이란 기초화장부터 색조화장까지 화장의 모든 단계를 하나도 빠뜨리지 않고 꼼꼼하게 마무리한 화장을 말합니다. 학생들은 풀메이크업을 줄여서 풀메라고 불렀습니다. 연주도 외출을 하려면 풀메를 하는 건 당연하다며 그 이유에 대해 알려 주었습니다.

연구자: 그럼 아침마다 화장을 다 하고 오는 거야?

정연주: 네. 화장을 안 하면 밖에 못 나가요.

연구자: 왜?

정연주: 거울을 딱 봤을 때도 화장을 한 모습이 더 나아 보여요. 예뻐진다 기보다는 깔끔해진다고 해야 하나? 좀 더 나이 들면 여드름도 나고 얼굴 변화도 있어서 피부가 얼룩덜룩하고 그러잖아요. 그래서 그 상태로 나가면 좀 그렇죠. 가뜩이나 초등학교 때부터 친구들이 까맣다고 놀려서요. 저는 그게 기분이 안 좋았거든요. 아빠가 하는 말이 저는 태어날 때도 까맣게 태어나서 원숭이가 태어난 줄 알았대요. 털도 진짜 많은 채로 태어나서 원숭이인 줄 알았다고.

연구자: 그런 점이 연주에게는 상처가 되었겠구나.

정연주: 콤플렉스 같은 거였어요. 그런데 풀메를 하면 콤플렉스를 감출 수 있으니까.

이렇듯 연주에게 화장은 자신의 외모적 콤플렉스를 감추고 자신의 약점을 보완하는 수단이었습니다. 연주는 화장에 대해 실제 모습보다 더 이쁜 모습으로 꾸미는 과정이라 설명했습니다.

한편 마을학교의 이도윤 선생님은 중학생들이 튀는 화장을 하는 또 다른 이유로 그들의 비현실성을 꼽았습니다. 현실과는 다른 비현실적 이상이 화장으로 표현된다는 것입니다. 실제로 중학생과 고등학생의 화장법을 비교해 보면 중학생들의 화장이 현실을 고려하지 않고 자신의 모습을 최대한 '튀게' 표현하는 데 집중하고 있다면, 고등학생들의 화장은 어느 정도 현실감을 갖추고 평범함을 추구하여 최대한 '튀지 않으려' 합니다. 이러한 심리는 미국의 사회심리학자인 로젠버그(Rosenberg)의 자아 이론에 적용하면 쉽게 이해할 수 있습니다. 로젠버그는 개인의 자아를 고정적이지 않은 역동적인 것으로 보았고 세 가지로 나누어 설명했습니다. 첫째는 '현실 속의 자아'로 스스로가 보는 나를 말합니다. 둘째는 '욕망하는 자아'로 자신이 되고 싶은 자아입니다. 셋째는 '표현하는 자아'로 다른 사람에게 보여 주고 싶은 자아입니다. 따라서 자아 이론으로 바라본 '튀는 화장'은 그들의 욕망하는 자아를 표현한 것이라 할 수 있습니다. 때문에 화장을 튀게 할수록 '욕망하는 자아'와 '현실 속의 자아' 간에 괴리가 크다는 것을 알 수 있지요. 중학생 시기가 다른 청소년 시기보다 비현실적인 생각을 많이 하는 시점임을 중학생들의 행동으로 미루어 짐작할 수 있습니다.

많은 여학생들이 화장을 하는 이유는 개인적인 차원에서 자신을 더 멋진 모습으로 가꾸기 위한 것도 있지만, 외모도 여성의 능력이라는 우리 사회의 암묵적 가치관이 청소년들에게까지 내면화되었기 때문입니다. 기존에는 인종·성·종교에 따라 사람을 차별했다면 이제는 얼굴을 평가하는 '얼평'과 몸을 평가하는 '몸평'이 난무하고 있습니다. 화장을 하지 않은 민얼굴, 즉 생얼로 외출을 하면 '무슨 근자감*이냐?'라는 말을 들을 정도이니까요. 이처럼 외모지상주의적 언행이 판을 치고 있는 상황에서 여학생들은 자신을 보호하기 위해서는 화장을 할 수밖에 없다고 생각하게 됩니다.

---

* 근자감이란 '근거 없는 자신감'의 줄임말이다.

명품은 나를 멋지고 강한 존재로 만들어 줘요

요즘은 명품 구매도 재테크의 한 방법입니다. 그만큼 유명한 명품에 사람들이 열광하고 있다는 것이죠. 명품 소비가 끊임없이 증가하는 사회 현상을 보면서 청소년들은 무슨 생각을 하고 있을까요? 사회의 다양한 현상들이 청소년들에게 그대로 반영되는 것으로 미루어 볼 때 아마 청소년들도 경제적 여력만 된다면 누구나 부러워하는 명품 하나쯤 갖기를 원할 수도 있겠습니다.

학생들의 명품 선호 현상은 화장과 마찬가지로 남들과 다른 특별한 존재로 최대한 튀려고 하는 사춘기 청소년기의 비현실적 면모를 단편적으로 보여 주는 것이라 할 수 있습니다. 몇 년 전까지만 해도 노스페이스나 나이키 등은 학생들이 주로 원하는 명품이었지만 요즘은 명품 반열에 들지 못합니다. 오히려 60만 원대의 브랜드 스니커즈, 글로벌 브랜드인 구찌, 버버리 등의 명품을 착용하는 학생들이 늘고 있었지요. 이러한 경향은 특히 일진들에게서 두드러지게 나타나고 있으며, 그런 명품을 하나라도 갖고 있지 않으면 일진 무리에서 퇴출당한다고 합니다. 그래서 어떤 학생은 엄마의 입생로랑 가방을 훔쳐서 학교에 메고 오기도 했습니다.

이런 애들(일진들)은 보통 지갑부터 구찌, 버버리 이런 거예요. 만약 그런 게 하나라도 없으면 무리에서 퇴출당해요. 패딩이나 이런 것도 아이더 같은 걸로 입어야 하죠. 아니면 엄마 거 훔치는 애들도 있어요. 어떤 애는 입생로랑 가방 훔쳐서 학교에 메고 왔어요. 일진이 되려면 돈이 많아야 돼

요. (정연주 학생, 중2)

  명품에 관심이 있는 것은 일반적인 아이들도 마찬가지였습니다. 학생들에게 왜 명품을 사냐고 물었더니 "명품을 들고 있으면 뭔가 멋져 보이잖아요"라며 폼나는 것 때문에 명품을 산다고 대답하기도 했습니다. 비교적 공부를 열심히 하는 편인 빛나도 명품에 대한 열광과 동경으로 명품과 짝퉁을 구별하고, 평범해 보이는 티셔츠가 어떤 명품 브랜드인지를 맞추는 '명품 전문성'까지 갖추고 있었습니다. 빛나가 명품에 열광하고 브랜드에 대한 민감성을 갖추게 된 것은 그런 삶을 동경하기 때문입니다. 빛나가 꿈꾸는 세상은 명품을 소유하고 비싼 아파트에 살면서 남들에게 자신을 과시하는 삶이거든요. 명품을 착용하면 자신도 아이돌이나 셀럽 같은 존재가 될 수 있다고 생각하고 있습니다.

정빛나: 의사가 되면 용산에 있는 아파트도 살 수 있을 거 아니에요.

연구자: 용산에 있는 아파트는 왜 사려고 해? 왜 하필 용산이야?

정빛나: 멋있잖아요. 용산에 아파트가 그렇게 비싸다면서요. 찾아봤는데 용산에 있는 아파트는 정말….

연구자: 직접 가서 봤어?

정빛나: 아니요. 네이버에 검색해 보니 시세가 엄청 높은 거예요. 정확하게 기억하진 않는데 십억이 넘더라고요. 그래서 내가 성공을 하면 꼭 저기 살아야겠다 싶었죠.

이처럼 중학생들까지 명품에 관심을 갖게 된 데는 글로벌 명품 브랜드의 공격적인 마케팅과 광고의 영향도 크다고 할 수 있습니다. 남들과는 다른 모습을 보여 주고 싶은 청소년 시기의 욕망과 그것을 이용한 자본주의 마케팅 때문에 10대들 사이에서 명품 선호 현상이 나타나고 있는 것입니다. 요즘은 메타버스 플랫폼과 명품을 결합한 새로운 마케팅도 생겨나고 있습니다. 가상공간에서 시간을 보내고 노는데 익숙한 10~20대를 공략하기에 안성맞춤 전략인 것이죠. 실제로 만져볼 수도, 착용해 볼 수도 없는 제품이지만 거래가 잘 된다고 합니다. 명품 브랜드들이 메타버스라는 새로운 온라인 공간에 눈을 뜬 것 같습니다.

청소년들의 명품 구매 사례를 살펴보면, 단가가 낮은 생필품이나 식품 등의 품목에는 돈을 아끼고 그 아낀 돈을 모아서 자신이 선호하는 고가의 명품을 구매하곤 했습니다. 일부의 경우는 편의점 아르바이트를 해서라도 명품을 사고자 하였지요. 부모가 명품을 사줄 때는 친구들 사이에서 기죽지 말라며 어쩔 수 없이 사 주는 경우였습니다. 명품을 소유하고 있는 학생들에게 그 이유를 물어보니, 가정형편이 어려워도 또래 집단에서 인정받고 차별화된 존재로 보이기 위해 명품을 구입한다는 답변이 많았습니다. 우리가 만난 황유진 선생님은 가정형편이 어려운 상황에서도 친구들 사이에서 기죽지 말라고 명품 옷을 사 준 어느 할머니의 얘기를 들려주었습니다.

형편이 어려운 한 학생이 고가의 명품 옷을 입고 있었어요. 우리는 그 학생의 집이 경제적으로 어렵고, 할머니와 사는 것을 알고 있었어요. 우연한 계기에 그 명품 옷에 대해 물었더니 할머니가 사 주셨다고 하더라고요. 그래서 할머니가 너한테 신경 많이 쓰시네, 할머니께 감사 인사는 했냐고 물었어요. 그때 이런 생각을 했죠. 할머니가 고가의 옷을 선뜻 사 주시지는 않았을 거라고. 애가 친구들이 명품 입는 분위기에 휩쓸려서 자기도 입고 싶으니까 사 달라고 졸랐겠죠. 그래서 할머니가 무리를 해서 사 주신 거 같아요. 집안 형편이 어려워도 기죽지 않도록 할머니께서 힘들게 사 주신 거예요. (황유진 정보 교사)

학생들의 명품 선호 현상은 실제 자신보다 더 멋지고 과시적으로 보이려는 허세와 플렉스 문화에 기초한 것으로 보입니다. 이는 SNS를 통해 더 증폭되고 있지요. 늘 손에 쥐고 있는 스마트폰의 SNS를 이용해서 자신의 허세와 플렉스를 평소 모습인 것처럼 과장해서 드러내는 것입니다. 그로 인해 시공간의 제약을 받지 않고 언제 어디서나 욕망하는 자아를 과시적으로 표현할 수 있게 되었습니다.

SNS로 자랑하고 싶지만, 부메랑으로 돌아올까 무서워요

요즘 중학생들이 SNS로 명품을 인증하여 자신을 과시하려는 것처럼, 지금은 자기 홍보의 시대입니다. 카카오톡 프로필이나 인스타그램을 통해 자신의 현재 기분이나 자랑하고 싶은 모습 등을 타인들에게 보여 주면서 자연스럽게 자신을 홍보하고 있는 것이죠. 특히 청소년기에는 남들과는 다른 개성 있는 모습을 추구하고 싶은 욕구가 강한 시기입니다. 때문에 많은 학생들이 이쁘게 보정된 사진, 유명한 장소를 방문한 인증 사진 등 알리고 싶은 자랑거리를 SNS에 올려서 자신의 개성을 표현하고 있습니다.

이러한 행동들은 친구들과 자신의 일상을 자연스럽게 공유할 수 있는 수단이 되어 친구 간에 정서적 친밀감을 높이는 긍정적인 요인이 됩니다. 그런데 SNS는 친구만 보는 것이 아니라 전혀 모르는 타인들도 볼 수 있기 때문에 자신이 전혀 예상치 못한 상황이 발생할 수 있습니다. 여기서는 자기홍보의 이면도 살펴보고자 합니다.

간혹 과거에는 문제가 되지 않았던 일들이 현재의 시점에서 봤을 때 문제가 되어 논란이 되는 때가 있습니다. 유명 연예인 또는 스포츠 스타의 학교폭력 가해자 논란 뉴스가 대표적인 사례입니다. SNS를 통해 이들이 학창 시절에 금품을 갈취했거나 학교폭력 가해자였다는 사실이 드러난 것이죠. 유명한 스타라도 학교폭력 가해자라는 의혹이 불거지면 대중으로부터 강한 비난을 피할 수 없었습니다. 출연하고 있는 프로그램에서 퇴출당하고 광고 모델 활동도 중단되었습니다. 이처럼 개인이 고발과 폭로를 통해 대중의 사회적 동조를 만들어 내는 사례가 발생하자, 언론에서는 현재 사회의 단면을 보여 준다며 우리 사회를 '폭로 사회'라 명명하기도 했습니다.

우리가 만난 중학생들도 어느 유명 연예인이 과거 부적절한 언행 때문에 나락으로 추락하는 것을 목격하면서 SNS가 폭로 사회의 도구가 될 수 있다는 것을 잘 인지하고 있었습니다. 한편으로는 자신의 SNS에 악플이 달리고 신상이 밝혀질 경우 발생할 수 있는 불이익에 대해서도 막연한 두려움을 가지고 있었지요. 이와 같이 SNS에 자기 개성을 표현하고 싶은 마음과 더불어 자신에게 잘못된 부메랑으로 돌아올 수 있다는 양가적 마음 때문에 중학생들은 일상 기록물을 올리면서도 금방 삭제하는 방식으로 SNS를 운

영했습니다.

SNS의 사진과 댓글을 매일 지워요

학생들은 폭로 사회에서 살아남기 위한 전략으로 인터넷상에서 문제가 될 만한 과거 언행이 담긴 게시글이나 정보를 자체 검열하는 경향을 보였습니다. 연주가 페이스북 프로필에 표시되는 친구들의 댓글과 사진을 매일 지운 것도 그런 경우입니다. 어느 순간부터는 인스타그램이나 페이스북에 사진을 공개적으로 올리는 것이 위험하다는 생각이 들어 요즘은 인스타그램에서도 '내 스토리' 기능을 주로 사용하고 있습니다.

> 인스타그램에 댓글 다는 게 있어요. 어릴 때부터 친구인 지우가 매일 댓글을 써 줘요. 메시지나 전화 통화로 하기 힘든 말 같은 거요. 보통 이런 글을 공개로 하면 기록이 이렇게 계속 딱딱딱 떠요. 그런데 저는 약간 결벽증 같은 게 있어서 이것들을 항상 다 지워요. 그리고 댓글을 잘 모르는 사람들이 보거나, 잘 모르는 사람이 친구들과 대화한 내용을 보는 것이 부담스럽기도 해서 확인하자마자 지워요. 오늘도 지우가 댓글을 엄청 많이 써 주었는데 하나만 남겨 놓고 지웠거든요. 그리고 저는 이렇게 제 프로필 사진도 매번 지우는 편이에요. (정연주 학생, 중2)

연주가 공개되면 곤란해질 내용을 일상적으로 검열했다면, 하준이는 초등학생 때 올린 페이스북 사진이 너무 유치해서 다른 친구들의 놀림감이 될 수 있는 흑역사로 남을까 봐 사진을 지웠습니다. 사실 초등학생 때의 어리숙하고 앳된 모습 자체가 문제 될 일은 없을 것 같은데, 하준이는 왜 어린 시절의 사진을 지우는 걸까요? 하준이는 권투를 배우며 몸을 만들고 있는, '강한 남자'를 지향하는 남학생입니다. 하준이의 입장에서는 자신의 어린 시절 모습이 '약한 아이'로 보이기 때문에 그 모습이 싫습니다. 과거에는 자기 얼굴에 자신감을 갖고 게시했던 셀카 사진이 중학생이 된 현재의 시점에서는 너무 유치하다는 생각이 들었던 것이지요.

즉 과거의 맥락에서는 자연스럽고 당연했던 행동이 현재나 미래의 시점에서는 전혀 다른 맥락으로 해석되거나 오해를 불러일으킬 수 있다는 것을 본능적으로 체득한 겁니다. 그래서 하준이를 비롯한 많은 중학생들은 현재 자신의 언행이 미래에 어떤 일에 휘말려 논란이 되거나 비웃음을 당할까 우려하여 SNS상에 남은 자신의 행적을 과도하게 삭제하고 있습니다. 이처럼 자신의 SNS를 체계적으로 세척하는 행동을 화이트월링(Whitewalling)이라고 합니다. 이는 '담벼락'이라고 불리는 페이스북 첫 페이지가 텅텅 비어 흰색 배경이 드러난다는 의미입니다.

최하준: 예전에는 저도 많이 올렸었거든요. 그런데 그게 지금은 흑역사가
　　　 됐어요.
연구자: 어디에 올려?
최하준: 페이스북에요.
연구자: 예전 사진들이 나중에 흑역사가 돼?
최하준: 네, 그래서 맨날 지우고 있어요.

연구자: 지금의 네가 더 낫다고 생각하는구나.

최하준: 아니요.

연구자: 그런데 왜 흑역사야?

최하준: 그런 게 있으면 애들이 놀릴 것 같아서 그냥 지우고 있어요.

일상이 데이터로 남는 사회에서 살아남기 위한 전략

일상의 모든 정보가 영속적으로 존재하는 4차 산업 사회에서 학생들이 자신을 감추는 것은 자신의 사생활을 지키기 위한 필사적인 노력이며 어쩔수 없는 선택으로 보입니다. 이처럼 자신을 감추는 것을 '자기 감추기'라고 부를 수 있을 겁니다. 소셜미디어에 한 번 게시된 정보는 영속적이기 때문에 과거에 올린 게시글이나 사진이 논란을 만들지 않도록 그 가능성을 미리 차단하는 것이죠. 즉 자기 감추기를 통해 자신의 이미지를 관리하는 것이라 할 수 있습니다.

자기 감추기는 SNS에 자기 이야기를 공유하는 걸 즐기면서도 '개인정보'만은 철저히 지키려는 속성 때문에 나타납니다. 자신의 정보가 인터넷에서 유통될 위험성을 알고 있기 때문에 자기 노출에 대해서 민감한 것이죠. 이들은 단순히 현재라는 시점에서 자신을 보호하는 것이 아니라 미래에 논란이 될 여지를 없애면서 과거와 현재, 현재와 미래 사이의 갭을 메우고 있는 것입니다.

현실 속의 자아보다 더 멋진 욕망하는 자아의 모습을 보이기 위해 드러내는 '자기 표현'과 '자기 감추기'는 상반된 현상으로 보일 수 있습니다. 그러나 상반된 것처럼 보이는 현상의 이면에는 공통적인 속성이 자리 잡고 있습니다. 바로 두 현상이 '이미지 관리'의 차원에서 진행된다는 것입니다. 이미지 관리는 미국의 사회학자 어빙 고프먼(Erving Goffman)이 정의한 용어로 어떤 목표나 원하는 목적을 성취하기 위해 자신의 이미지를 디자인하는 것을 의미합니다. 다른 사람에게 스스로의 모습이 어떻게 보일지 짐작하고 설계하는 일은 그룹에 잘 적응하고 주변 친구들에게 큰 영향력을 미칠 수 있는 '인싸'의 필수 조건일지도 모르겠습니다.

중학생들이 '이미지 관리' 차원에서 자기 감추기를 하는 또 다른 이유는 우리의 일상이 영속적으로 기록되어 자신의 발목을 붙잡을 수도 있는 '감시 사회'이기 때문입니다. 100만 팔로워를 자랑하는 인플루언서 A씨가 층간 소음과 장난감 '먹튀' 논란으로 활동을 중단했던 사례를 예로 들 수 있습니다. 당시 A씨는 장난감 값을 지불하지 않고 먹튀했다는 폭로에 대해 기억나지 않다고 변명하였다가 SNS에 문제의 장난감 사진을 게시했던 과거가 드러나 비난을 받았습니다. 자기를 과시하기 위해 SNS에 올린 정보가 자신의 발목을 잡은 것이지요. 이는 우리 사회가 감시하고 폭로하는 사회임을 보여 주는 사례입니다. 오늘날 SNS는 감시와 폭로 사회의 중요한 도구로 사용되고 있었습니다. 우리가 늘 가지고 다니는 스마트폰 때문에 우리의 정보는 수시로 인터넷 공간을 떠돕니다. 다른 사람의 일거수일투족을 쉽게 접하고, 접한 내용을 다른 곳에 공유할 수도 있습니다.

푸코는 『감시와 처벌』에서 현대의 권력이 벤담이 고안한 파놉티콘(Panopticon) 구조와 닮아 있어서 사람들이 늘 누군가로부터 감시당할지 모른다는 두려움 때문에 규율에 맞게 행동을 제어한다고 하였습니다. 푸코는 이를 미시물리학(Microphysique)이라고 명명하였고, 사람들이 누군가 자신을 지켜보고 있다는 의식에서 생각과 행동을 결정하는 경향이라 일컬었습니다.Foucault, 2016 현재 사람들의 의식을 지배하는 파놉티콘은 대표적으로 CCTV와 스마트폰이라고 할 수 있습니다. 과거의 파놉티콘이 중앙의 감시탑으로 고정되어 있다면, 현대 사회는 중앙이 분산되어 있고 매일 나에 대한 수많은 정보가 공중에 떠다닙니다. 휴대폰 전원을 켜는 순간 나의 위치 데이터가 생성되고 통화와 문자 내역이 데이터화됩니다. 내가 SNS에 올리는 사진과 해시태그, 좋아요, 댓글 등 일상의 모든 흔적이 빅데이터가 되어 온라인 공간에 영속적으로 남게 됩니다. 즉 내가 생성하는 빅데이터들이 나를 감시하고 옭아매는 족쇄가 되는 것이지요. 따라서 이러한 감시 사회, 폭로 사회 속에서 중학생들이 '자기 감추기'를 체득하고 내면화하여 자신을 보호하는 것은 어쩌면 생존하기 위한 전략인지도 모르겠습니다.

24시간 후 사라지는 '내 스토리'

감시되고 폭로되는 사회에서 살아남기 위한 전략으로 중학생들은 한 번 공개된 후 자동으로 삭제되는 '스냅챗'이나 인스타그램의 '내 스토리' 기능을 사용하고 있습니다. 인스타그램의 '내 스토리'를 사용하는 이유를 들어 보니, 자신의 일상이 남들에게 잠깐 보이고 없어지기를 바라기 때문이라 합니다. 자기 표현과 자랑을 하고는 싶지만, 모르는 사람에게 공개되거나 디지털 공간에 영속적으로 남는 것이 부담스러워 휘발성 기능을 사용하는 것이지요.

인스타에 스토리라는 기능이 있거든요. 게시글이 24시간 동안만 있는 거예요. 게시물로 계속 남겨 놓고 싶진 않은 간단한 것들을 여기에 올려요. 오늘 뭐 먹었는지 같은 자질구레한 것들. 게시물에 올리지 않고 스토리로 올리는 이유는 모든 것을 다 보여 주고 싶기는 하지만 짧게 보여 주고 사라지기를 바라기 때문인 것 같아요. (박수지 청년)

온라인 공간의 게시를 통해 노출을 하면서도 동시에 빨리 휘발되기를 바라는 모순적인 행동의 이면에는 자기 표현을 하면서도 사적 공간과 사생활을 지키고 싶어 하는 바람이 깔려 있습니다. 즉 자기 표현을 한다고 하여 자신의 모든 것을 모든 사람에게 다 털어놓지 않듯이, 자기 표현을 하면서도 동시에 사생활을 지키고 싶어 하는 욕구가 '자기 감추기'로 나타난 겁니다. 하린이의 얘기를 들어 보면 '인스타그램의 내 스토리'를 사용하는 이유를 잘 알 수 있습니다.

박하린: 셀카 사진을 인스타그램에 올리면 모르는 사람으로부터 "예쁘세
　　　　요" 이런 문자가 와요.
연구자: 그럼 어떤 생각이 들어?
박하린: 무서워서 답장은 안 해요. 모르는 사람이니까.
연구자: 사진을 스토리에 올리는 이유는 뭐야?
박하린: 게시글을 올리면 계속 남아 있잖아요. 모르는 사람이 들어와서
　　　　게시글을 볼 수도 있으니까. 그래서 사진을 하루 동안만 공유하고
　　　　싶을 때 친구들만 볼 수 있도록 '내 스토리'에 올려요.

이렇듯 사진과 동영상이 공개된 후 자동으로 삭제되거나 24시간 후에 사라지는 기능을 사용하는 것은 중학생들이 지속적으로 감시받고 있는 세상에서 자신의 사생활을 보호하기 위한 전략입니다. 이제 중학생들에게 사진이나 동영상은 영속적 기록의 도구가 아니라 일시적인 생산과 공유의 도구라는 것으로 이해해야 할 것입니다.

우리만의 공간으로 망명하기

중학생들은 잘 알지 못하는 타인으로부터 안전하기 위해 자기를 감추지만, 부모나 다른 어른들의 감시로부터 자유로워지기 위해 자기를 감추기도 합니다. 그래서 부모에게 공개하거나 들키고 싶지 않은 비밀, 사적인 정보를 노출하지 않기 위해 자신들만의 소통 채널을 찾아다니며 어른들과 자신들의 공간을 구분하고 있습니다. 어른들과 함께 하는 공간에서는 자신들의 정보를 철저히 차단하여 정보 노출을 선택적으로 조절하는 것이지요.

연주는 어른들이 많이 사용하는 카카오톡에는 자신들의 현재 상태나 정보를 노출시키지 않습니다. 그러나 중학생들이 많이 사용하는 페이스북 메신저 프로필에는 남자친구 사진을 올렸습니다. 카카오톡에서는 부모의 감시와 통제의 눈길로부터 자기 감추기로 스스로를 보호하고, 페이스북에서는 친구들과 사적인 공간을 공유하고 있는 것이지요. 연주는 중학생들이 연애할 때 카카오톡과는 다르게 사용하는 페이스북의 기능을 자세하게 말해 주었습니다.

만약에 제가 연애를 한다면, 카톡 프로필 사진에 '연애 중' 같은 거 띄우고 싶은데 못 하잖아요. 만약에 띄워 놓으면 엄마가 "너 남친 생겼니?" 이러니까요. 엄마와 아빠한테는 연애하는 것 숨기고 싶거든요. 어른들은 페이스북 잘 안 하잖아요. 그리고 메신저는 더더욱 안 하고. 그래서 모두가 페이스북에 여자친구랑 찍은 사진, 남자친구랑 찍은 사진을 다 올려놔요. 카톡에는 '연애 중' 이런 말보다는 그냥 하트로 해 놓는데, 페이스북은 어른들이 못 보니까 '연애 중' 이런 말을 띄워 놓을 수 있죠. (정연주 학생, 중2)

한편 중학생들의 자기 감추기는 기록만 남기지 않으면 문제가 없다고 생각하는 현상으로 나타나기도 합니다. 예컨대 몇몇 학생들은 사이버상의 욕설이나 험담, 허위사실 유포나 따돌림 같은 사이버불링에 대해서 기록이나 흔적만 남기지 않으면 괜찮다는 비윤리적인 태도를 보였습니다. 선생님이 "사이버불링으로 친구를 괴롭히면 안 돼"라고 얘기하더라도 일부 학생들은 '사이버 공간에서도 친구를 괴롭히거나 피해를 주는 행동을 하면 안 돼'로 받아들이는 게 아니라 '기록을 남기면 안 돼'로 받아들이는 것입니다.

이러한 경향은 디지털 공간의 익명성 때문에 더 증폭되어 나타나고 있습니다. 특히 상대방에게 익명으로 질문을 할 수 있는 에스크에서는 타인에게 욕하기, 성적 수치심 주기, 집단으로 따돌리기 등의 문제점이 다른 SNS보다 더 많이 발생하고 있습니다. 에스크가 익명성을 기반으로 운영하더라도 타인에게 피해를 주는 언행은 하지 않도록 주의해야 할 것입니다.

정연주: 요즘에는 에스크란 게 있어요. 비공개 익명으로 하는 거지만, 경찰서에 가면 작성자가 누구인지 알 수 있어요. 문제가 생기면 경찰서에 가서 아이디를 조회하는 애들도 많아요.

연구자: 지금도 애들이 에스크를 많이 써?

정연주: 엄청 많이 해요. 인터넷으로 들어가서 나한테 궁금한 게 있는지 또는 나한테 할 말 있냐고 질문글을 올려요. 그럼 다른 애들이 익명으로 글을 달아 줘요. 궁금했던 걸 물어보는 애들도 있지만 이때다 싶어 욕하는 애들도 많아요. 익명이다 보니 그런 애들이 꼭 있어요. 그렇지만 여기는 보안이 철저해서 누가 썼는지 당장에는 알 수 없어요. 익명이라는 건 엄청 위험한 것 같아요.

연구자: 왜 위험한 거 같아?

정연주: 누가 했는지 모르더라도 상처를 받잖아요. 익명이면 자기가 한 일을 아무도 모르니까 함부로 막말하고.

　

중학생들이 자기 감추기를 하는 가장 큰 이유는 어른들의 감시와 통제로부터 차단된 자기들만의 사적인 공간과 사생활을 지키기 위함입니다.

그렇다면 우리 아이들에게 SNS는 어떤 의미일까요? 아마도 친구를 만날 수 있는 놀이터가 아닐까 싶습니다. 친구와 만나기 위해서는 SNS를 할 수밖에 없고, SNS에는 그들끼리만 이해하고 공유하고 싶은 비밀스러운 영역이 존재할 테니까요. 자신만 아는 사적인 개인 공간이 있어야 온전히 스스로에게 집중할 시간을 가질 수 있겠지요. 부모들은 이를 인정해야 합니다. 부모가 자녀의 SNS 비밀 공간을 이해하고 공감해 준다면 그들은 비로소 자신의 있는 그대로의 모습을 보이며 부모님과 일상을 공유하려 할 것입니다. 요즘 아이들은 SNS를 통해 세상과 소통하며 성장하고 있습니다. 부모가 SNS를 금지하거나 과도하게 간섭한다면, 자녀는 디지털 문맹이 될 수도 있습니다. 따라서 SNS 사용을 금지하는 것보다는 과도하게 사용하지 않도록 조절하는 능력을 키워야 합니다.

정빛나(중학교 1학년, 여)

이제 막 중학교에 진학한 빛나는 자신이 학교에서 '인싸'라고 과감하게 이야기할 줄 아는 아이입니다. 다른 친구들이 자신과 친구가 되고 싶어 하는 사실을 아는 듯 모르는 듯 즐기고 있습니다. 비록 코로나19로 학교에 가지 못한 채 새로운 학교생활을 시작했지만, 단체 카톡방을 활용하여 다양한 주제로 친구들과 소통하며 어울리고 있지요. 경기도의 작은 시골 마을에서 학년별 한 학급인 학교에 다니고 있지만 방과 후에는 분당, 주말에는 서울 목동에 있는 학원으로 자녀를 보내는 열혈 엄마를 두고 있습니다. 언젠가 용산의 비싼 아파트에 살면서 명품을 소유해 보고 싶고, 돈을 많이 벌 수 있는 피부과 의사가 되고 싶다고 생각합니다.

최하준(중학교 2학년, 남)

하준이는 또래보다 작은 편으로 중학교 1학년 때 처음 맞춘 교복이 여전히 조금 큰 듯해 보였습니다. 하지만 '강한 남자'에 대한 로망은 누구보다 큰 것 같습니다. 그래서 하준이는 친구들과 '권투'를 배우기도 하고, 몸을 멋지게 만들고 싶다는 생각도 합니다. 하준이는 유튜버들을 보면서 '남자다움'을 생각하기도 하고, '인생 한 방'을 꿈꾸기도 합니다. 공부에는 별다른 취미가 없고, 체육 외에는 재미있는 과목도 없습니다. 하준이에게 학교는 너무 답답한 곳입니다. 학생이 배우고 싶은 것을 자유롭게 선택할 수 있으면 좋겠다는 생각을 합니다. 하지만 하준이는 자신이 마음만 먹으면 공부를 잘 할 수 있을 것이라는 자신감은 있습니다.

중학생들이 명품을 선호하는 것은 자신을 과시하기 위함이기도 하지만 '환상적인 나'를 꿈꾸기 때문이기도 한데요. 그 환상이 중학생들에게 어떤 식으로 나타나는지 알아보도록 합시다. 한편 이들이 환상에서 빠져나왔을 때 제일 먼저 맞닥뜨리게 될 현실은 '공부'라고 할 수 있지요. 이들이 공부라는 현실을 마주하면서 그것을 어떻게 생각하고 있는지도 살펴보겠습니다.

6. 환상과 현실의 경계에서 자신을 찾는 아이들

누구나 한 번쯤은 현실을 벗어나 자신이 동경하는 세계를 그리며 환상 속에 머물고 싶을 때가 있지요? 이때 환상은 답답한 현실을 잠시나마 잊을 수 있게 하는 도피처로서의 역할을 합니다. 또한 현실적 제약을 벗어나 자신의 욕망을 투영하는 장이기도 하지요. 비현실적인 소망을 담고 있다는 점에서 헛된 생각이나 공상으로 여겨지기도 합니다. 이러한 환상이 자기(Self)에 대한 인식과 연결될 때 이를 이상적 자기(Ideal Self)라고 합니다. 심리학자들은 이상적 자기와 현실적 자기가 일치하지 않으면 개인의 부정적인 정서로 이어져 정서적 안녕을 위협할 것이라고 말합니다. 특히 청소년기는 자아상을 형성해 나가는 시기로 이상적 자기와 현실적 자기 사이에서 자신이 누구인지 탐색해 가는 일이 무엇보다 중요합니다. 우리가 만난 중학생들도 현실 같은 환상, 환상 같은 현실 그 사이에서 자신의 정체성을 탐색하고 실험해 가며 자신을 인식해 가고 있었습니다.

Flex한 삶을 꿈꾸다

중학교 2학년인 하준이와 빛나는 사는 곳도 성별도 다르지만, 돈을 많이 버는 직업을 동경하는 친구들입니다. 하준이는 자신이 구독하고 있는 유튜브 채널 운영자가 최근 비싼 외제차를 산 영상을 보면서 자신도 유튜버가 되어 돈을 많이 벌고 싶다고 꿈꾸게 되었습니다. 멋진 외제차를 타고 여행을 다니며 '플렉스(Flex)'하는 삶을 꿈꿉니다. 하준이와 비슷하게 빛나도 한 번쯤은 드라마에서 나올 법한 부자로 살아 보고 싶다는 마음을 내비치며 "머리부터 발끝까지 명품으로 휘감고 원하는 대로 자유롭게 돈을 쓰는 삶이 멋지지 않냐"라고 되묻습니다. 이들은 얼핏 보면 현실을 고려하지 않고 헛된 생각을 가진 것처럼 보이기도 합니다. 현실적인 가능성을 타진하기보다는 화려하고 멋있어 보이는 '환상'을 좇는 것 같기 때문이죠.

몸에 걸친 것이 5천만 원짜리이고, 옷은 오프화이트에 신발은 발렌시아가, 가방이 에르메스면 얼마나 멋있어요. 지나가다가 이렇게 지갑을 열면 수표가 있고, 꺼내는 수표마다 100만 원짜리, 300만 원짜리이고. 드라마에서 보는 그런 삶 있잖아요. 한 번쯤은 저런 삶을 살아 보는 것도 나쁘지 않을 것 같다는 생각을 해요. (정빛나 학생, 중1)

그러나 이 환상은 우리가 어린아이일 적에 갖던 환상과는 차이가 있습니다. 유아기나 초등학생 시기를 지나며 아이들은 수십 가지의 다양한 장래 희망을 갖습니다. 어느 날은 대통령이 된다고 했다가 어느 날에는 과학자가 되고 싶다고 합니다. 심지어 하루에도 꿈이 여러 번 바뀌는 경우도 있습니다. 어린 시절 우리의 장래희망은 적성이나 흥미, 현실 등을 고려하지 않은 그야말로 '환상'에 가깝습니다. 이런 점에서 진로발달학자인 긴즈버그(Ginsburg)도 11세까지의 시기를 진로 발달에 있어 '환상기'라고 명명하기도 했지요. 그는 이 시기에는 자신의 능력이나 현실에 대한 고려보다는 놀이 활동으로서 다양한 직업에 접근한다고 하였습니다.

'환상기'를 벗어나 청소년기에 진입하게 되면 보다 다양한 현실적인 요소는 물론 자기 삶의 가치나 목표를 함께 고려하게 됩니다. 이런 점에서 하준이와 빛나가 돈을 많이 버는 직업을 갖고 싶어 하는 것은 비록 구체성이 떨어지긴 하더라도 그저 막연하고 허황된 '환상'이라기보다는 삶의 가치와 지향점 등이 반영된 것이라 볼 수 있을 것입니다. 그런데 이들이 추구하는 삶은 '돈을 많이 벌고 축적하여 부자가 되는 것'이라기보다는 '멋지고, 폼나게 살고 싶다는' 그들의 소망이 반영되어 있었습니다. 그리고 그것은 바로 오늘날 MZ세대들이 '플렉스 문화' 같은 소비 중심의 삶을 추구하는 것과 무관하지 않아 보입니다. 플렉스는 사전적 의미로 '(준비운동으로) 몸을 풀다'라는 뜻을 지니고 있지만, 최근에는 자신의 성공이나 부를 뽐내거나 과시한다는 뜻으로 사용되고 있습니다. 10대, 20대의 젊은 층 사이에서는 아르바이트나 용돈을 모아 명품을 구입한 뒤 SNS에 인증샷을 올려 플렉스를 '인증'하는 것이 하나의 유행처럼 굳어진 듯했습니다. 이들은 '오늘의 플렉스', '오늘도 플렉스했다' 등의 말과 함께 플렉스한 사진을 업로드하였습니다. 중학생들의 '환상' 속에는 젊은 세대의 플렉스 문화가 반영되어 있었고, 이러한 문화는 주로 미디어를 통해 광범위한 영향을 미치고 있었습니다.

빨리 어른이 되고 싶어요

중학생이 갖는 또 다른 환상 중 하나는 바로 '어른들의 세계'에 대한 환상입니다. 금지된 선악과가 먹음직도 하고 보암직도 하고 지혜롭게 할 만큼 탐스럽게 보였던 것처럼 인간은 금지된 것에 대한 내재된 욕망이 있는 것 같습니다. 어른들에 비해 금지된 것이 많은 어린 시절에는 어른들의 삶을 동경하며 어른들이 하는 것을 다 해 보고 싶어 합니다. 아주 어린 아이들도 엄마가 화장하는 모습을 지켜보다가 어느 날 조용히 립스틱을 온 얼굴에 바르고 나오기도 하고, 또각또각 소리가 나는 하이힐을 신겠다며 고집을 피우기도 합니다. 몸과 마음이 많이 자라 10대가 된 중학생도 여전히 자신들의 세계와 구별되는 어른들의 세계를 동경하고 있었습니다. 시간이 지나면 자연스럽게 '성인'이 되겠지만, 현재 그들은 아이와 성인 사이의 '긴 세대'로서 어른들의 세계로 들어가기를 꿈꾸고 있었습니다.

> 저는 자취를 해서 제 집에 맥주랑 소주랑 넣어 놓는 냉장고를… 찬장에 과자랑 다 넣고, 직접 인테리어를 해서 살고 싶어요. (정연주 학생, 중2)

연주는 언젠가 보았던 드라마의 한 장면을 떠올리며 냉장고 가득 '맥주와 소주'를 가득 채우고 부모로부터 독립해서 살아갈 '자유의 날'을 꿈꾸고 있습니다. 그런데 연주가 보기에 소위 노는 아이들에게는 술이나 담배가 더 이상 금지된 영역이 아닙니다.

노는 애들은 빨리 어른이 되고 싶어 하는 애들 같아요. 빨리 어른처럼 화장하고 옷을 입고 싶어 하니까요. 술, 담배 하는 사람들도 보통 다 어른이잖아요. 그런데 노는 애들은 벌써부터 술, 담배를 해요. 얘네들이 하는 얘기를 들어 보면 자취하고 싶다는 말이거든요. 그런데 그런 것도 다 어른이 되어야 할 수 있는 거잖아요. (정연주 학생, 중2)

이처럼 노는 아이들은 금지된 '어른들의 세계'에 침투하는 일탈을 시도하곤 합니다. 실제 어른들이 하는 행동을 따라 하려는 경우도 있지만, 대부분의 중학생들은 어른들의 세계를 호기심 어린 눈으로 바라보며 성인이 된 자신을 '상상'합니다. 공주 옷을 입으면 공주가 되고, 엄마의 구두를 신으면 엄마가 된다고 생각했던 유아기의 환상과는 달리 이제 독립된 성인으로서의 자신을 그림으로 그려 보는 것이지요. 중학생들이 갖고 있는 환상, 플렉스하는 삶과 어른들의 세계에 대한 상상의 기저에는 그들 자신이 세상의 '주인공'이라는 인식이 깔려 있습니다.

나만이 주인공인 무대에 서다

중학생 무리가 우르르 몰려다니며 세상의 중심이 마치 자신들인 것처럼 큰 소리로 말하거나 행동하는 것을 볼 때가 있습니다. 사람들의 시선이 자연스럽게 그들을 향하지만 그들은 아랑곳하지 않습니다. 그런 모습을 볼 때면 '북한도 무서워한다던 중2'라는 우스갯소리가 자연스레 떠오르기도 합니다. 중학생들은 도대체 왜 이렇게 관심을 끄는 행동이나 튀는 행동을 해서 주목을 받고 싶어 하는 것일까요?

라온이는 스스로를 '관종'이라고 표현합니다. 관종은 타인에게 관심을 받고 싶어 하는 사람을 의미하며 보통 그런 사람을 비하하는 부정적인 의미로 사용됩니다. 그런데 라온이가 스스로를 '관종'으로 표현한 것이 꽤나 흥미로웠습니다. 라온이는 자신의 존재감을 드러내기 위해 더 튀는 행동을 하고 괜히 더 오버한다는 점에서 자신을 '관종'으로 표현했습니다. 사실 '관종'은 연령에 상관 없이 나타날 수 있는 개인적인 특성이지만, 중학생들에게서 '관종'의 모습을 심심치 않게 찾을 수 있는 것은 바로 이 시기가 '상상적 청중'을 늘 의식하며, 자신은 특별하고 독특한 존재라는 '개인적 우화'를 가지고 있기 때문입니다.

이라온: 저도 약간 관종이에요.
연구자: 아, 너도 관종이야? 그러면 너는 어떤 행동을 해?
이라온: 그냥 일부러 크게 얘기한다거나.
연구자: 목소리 크게? 어디서? 친구들끼리?
이라온: 친구들끼리 다 있을 때. 일부러 크게 이야기하고.
연구자: 주목받고 싶고 그런 거야?
이라온: 튀려고 그러고, 괜히 오버하거나 이런 것을 좀 해서.

오래전 엘킨드(Elkind)가 처음 제안한 '상상적 청중'과 '개인적 우화'는 반세기가 지난 지금도 청소년을 이해하는 데 유용한 개념입니다. '상상적 청중'이란 자신의 행동이 타인의 주목을 받고 있다고 믿는 인지적 경향성을 말하며, '개인적 우화'란 자신의 경험은 너무나 독특하기 때문에 타인은 결코 자신을 이해할 수 없다고 믿는 경향성을 말합니다.

이렇듯 청소년 시기에는 자기 자신에 대해 현실에 근거한 인식보다 실제와 다른 자신만의 '상상'이나 '왜곡된 인식'에 기반하여 인식하게 된다는 것입니다. 이러한 비현실적 자기 인식은 점차 현실적으로 변화하지만, 청소년기에는 항상 타인의 관심이 자신을 향해 있으며 다른 사람들에 비해 자신이 더욱 특별하다고 여기는 특성이 존재합니다. 그렇지만 이것이 단지 오프라인 공간에서만 나타나는 것은 아닙니다. 앞서 살펴보았던 것이 오프라인 버전이었다면, 이제 온라인 버전에 대해서 살펴보겠습니다.

SNS를 통해 만들어 가는 나

중학생들에게 상상 속 청중이나 개인적 우화와 같은 경향은 또래와의 일상적인 생활에서 나타나기도 하지만, 그들의 일상이 된 온라인 공간에서도 동일하게 나타나고 있습니다. 이는 오늘날 오프라인 세계와 온라인 세계가 더욱 밀접하게 연결되면서 온라인 공간이 청소년들의 정체성 실험을 위한 중요한 장소라는 점을 보여 줍니다. 그런 점에서 SNS에서의 친구 수나 '좋아요' 수는 정체성을 드러내는 중요한 요소 중 하나였습니다. 남들에게 자신의 인기를 증명할 수 있는, 눈에 보이는 수치였기 때문입니다. 한 중학교 선생님은 SNS에서의 친구 수가 중학생들에게는 곧 그들의 자존감처럼 보인다고 했습니다. 실제로 연주의 이야기를 들으니 정말 그런 것 같습니다. 연주는 SNS에서 친구가 많거나 팔로우 수가 높으면 마치 자신이 온 세상의

'주인공'이 된 것 같은 느낌이 든다고 합니다. 우리가 만난 중학생들 대부분은 SNS와 같은 온라인 공간에서의 관계와 오프라인 공간에서의 관계가 중첩되어 있었습니다. 하지만 연주의 경우처럼 오프라인 공간에선 굉장히 소극적이고 내성적이지만 온라인 공간에서는 '핵인싸'인 경우도 드물게 존재했지요.

> 연구자: 팔로우를 많이 받는 게 좋은 거야?
>
> 정연주: 그렇죠. 많이 받으면 약간 인싸된 느낌?
>
> 연구자: 그런 걸로 아는 거구나.
>
> 정연주: 그래서 페이스북에도 친하지도 않은데 친구 요청 다 받아요. 모두 친구로 추가하고.
>
> 연구자: 그랬을 때 내가 뭔가 주인공이 된 거 같고, 인싸가 된 느낌이라서 그렇게 하는 거구나.
>
> 정연주: 네 맞아요. 왜냐하면 많은 사람들이 나를 알고 있으니까. 이름이라도 알면 다 받아요. 프로필 사진을 올렸을 때 '좋아요'나 '댓글' 수가 많아지면 인싸가 된 거죠. 페이스북 스타인 사람들의 경우엔 프로필 사진을 한 번만 바꿔도 사람들이 '좋아요'를 600개씩 눌러 줘요.

SNS는 그 특성상 개인이 자신의 어떤 측면을 드러낼 것인가에 대해 선택지가 많이 존재합니다. SNS를 통해 자신의 사진을 업로드하거나 관심사를 표현하기도 하며, 자신에 대한 타인들의 반응을 탐색하거나 실험하기도 합니다. 따라서 SNS에서 드러나는 이미지가 현실의 자기 모습과 유사한 면이 있더라도 실제 정황과는 어느 정도 차이를 보이는 것입니다. 실제로 대부분의 아이들은 사진을 올릴 때 있는 그대로의 모습을 올리기보다는 편집된 가공물을 올립니다. 연주는 SNS에 있는 사진을 함부로 믿으면 안 된다고 하였습니다. SNS에 올라온 사진들은 대체로 실물과 차이가 큰 데다 평소와 다른 말투로 인상관리를 하는 아이들이 많기 때문이었지요.

> 정연주: (사진 보정을 해제하면) 얼굴 크기가 이렇게 커져 있고, 실제로 보면 화장도 다 번져 있어요. SNS나 이런 데에 사진을 올릴 때는 잘 나온 사진만 올리니까.
>
> 연구자: 외모 말고는?
>
> 정연주: 성격? 성격 같은 것도 다르죠. SNS 게시글에 욕을 올리지는 않으니까. 그런데 실제로 만나 보면 욕을 하는 게 일상이고⋯.

한편 SNS에 셀카를 찍어 올리거나 자기에 대해 표현하는 것은 청소년들이 자신의 정체성을 드러내는 하나의 방법이 되기도 하지만, 자칫 과해진다면 역효과를 불러일으키게 됩니다. SNS에서의 비교를 통해 부정적인 외모상 혹은 신체상을 가질 수 있기 때문입니다. 현실과 이상에 대한 괴리가 커져 '이상'에 지나치게 몰두하거나 집착하게 되면 이는 왜곡된 자기 인식으로 이어지게 됩니다.

아이들이 자주 쓰는 말 중에 '개말라', '프로아나*'라는 표현이 있어요. 몸

이 마른 것을 강조하는 건데 아이들이 엄청 되고 싶어 하는 신체상이에
요. 몸무게가 평균인 아이들, 딱 봐도 정말 마른 아이들도 "30kg대 몸무
게를 원한다. 24kg을 원한다"라고 얘기한대요. 저희 학교에서는 그렇게까
지 마른 친구는 못 봤지만, 아이들 대부분이 급식을 잘 안 먹는 편이에요.
학교 급식이 맛있게 나오는 편인데도 아이들은 급식 대신 군것질을 하거
나 살찐다면서 아예 먹지 않아요. 저도 작년 이맘때 미디어에서 '프로아
나'라는 단어를 알았어요. 미디어가 발달하면서 아이들이 아이돌을 접하
는 게 쉬워졌잖아요. SNS만 들어가면 아이돌이 컴백을 준비하기 위해 일
주일에 얼음 하나만 먹고 살을 뺐다는, 극단적인 다이어트를 했다는 이야
기를 바로 접해요. 미디어를 쉽게 접하는 만큼 아이들이 그것에 영향을
받는 것 같아요. (이혜수 상담사)

중학생들이 왜곡된 자기 인식을 형성하는 데에는 미디어의 영향 또한 큽
니다. TV에 나오는 아이돌의 모습을 본 여학생들은 아이돌처럼 마른 몸이
되고 싶어 극단적인 다이어트를 하였고, 근육질의 영화배우와 연예인을 본
남학생들은 무리한 운동을 해서라도 근육을 만들고자 하였습니다.

---

* 프로아나는 '찬성'을 뜻하는 Pro와 '거식증'을 뜻하는 Anorexia의 Ana를 합성한 단어이다. 이는
깡마른 몸매에 지나치게 집착한 나머지 거식증에 걸리기를 희망하여 치료를 거부하는 사람들을
가리킨다(출처: 나무위키).

'공부'라는 현실을 마주하다

앞서 중학생들의 환상적 자아에 관해 살펴보았지만, 모든 중학생들이 환상 속에만 사는 것은 아닙니다. 많은 경우 중학생들은 공부를 해야 하는 현실 속에서 자신의 정체성을 '공부하는 학생'으로 받아들이고 있었습니다. 4차 산업혁명 시대가 도래하면서 인공지능이 그동안 인간이 하던 많은 일들을 대신할 것이라는 예측은 이제 우리의 현실이 되었습니다. 이제 많은 사람들이 '미래 교육'에 관심을 갖고 변화하는 시대에 적합한 교육을 고민하며 그 영역도 교육 방법과 교육 과정, 교실 환경 등에 이르기까지 다양합니다. 코로나19로 온라인 교육이 확대되면서 학교 교육의 필요성이나 미래 학교의 모습 등에 대한 논의도 이어지고 있습니다. 하지만 아무리 세상이 변했다고 해도 학생에게 중요한 것이 '공부'라는 현실은 쉽게 변하지 않는 것 같습니다. 오늘날에도 여전히 학생들은 공부 잘하는 아이를 부러워합니다. 공부 잘하는 아이는 가정과 학교, 사회에서 인정을 받기 때문이죠. 그러고 보면 학생들은 환상 속에서 자신이 누구인지 탐색하면서도 변함없이 현실에 발이 묶여 있는 것 같습니다.

'공부(工夫)'의 사전적 의미는 학문이나 기술을 배우고 익힘을 의미합니다. 그러나 우리나라의 현실에서 '공부'란 학교 공부로 그 의미가 매우 축소되어 있습니다. 우리나라에서 공부는 시험과 직결되며 시험은 곧 대입으로 연결됩니다. 고등학교 때까지는 '대학'을 '종착역'으로 여기며 공부하지만, 우리는 모두 알고 있습니다. 그것은 1차전에 불과하다는 것을요. 1차전을 무사히 치르고 나면 우리는 이제 그보다 더 어려운 2차전을 준비해야 합니다. 1차전인 대학 입시는 이어지는 2차, 3차의 전쟁을 보다 수월하게 치르기 위한 관문이자 보다 유리한 위치를 점하기 위한 첫걸음인 것입니다. 이런 탓에 우리나라에서 '공부를 잘 하는 것'은 한 개인이 가진 여러 능력 중 하나라기보다는 모든 학생에게 요구되는 의무로 여겨집니다. 그동안 이러한 현실을 변화시키고자 하는 사회적인 노력이 없었던 것은 아닙니다. 학생들의 다양한 재능을 살려 적합한 진로를 모색할 수 있도록 교육 방향을 설정하였고, 자유학년제와 고교학점제 등의 교육 정책들을 만들기도 했습니다. 하지만 이런 정책적 시도에도 불구하고 사회의 변화는 무척이나 더딘 것처럼 보이는 것이 사실입니다. 왜 그럴까요? 여기에 대해서는 '한국'의 사회적 맥락과 특수성을 생각하지 않을 수 없습니다. 한국 사회는 학벌이 곧 자본이 되는 사회로, 이러한 경향이 사회 전반에 팽배하여 학부모, 학생 할 것 없이 모든 사회 구성원들의 공부와 관련된 인식과 행위에 영향을 미칩니다. 우리는 중학생들을 만나며 이러한 사회적 통념이 중학생들의 현실에 깊이 침투해 있다는 것을 발견하였습니다.

시험을 보면 '현타'가 와요

노을이가 보기에 중학교 2학년쯤 되니 이제야 친구들이 정신을 차리는 것 같습니다. 1학년 때는 아무 생각 없이 놀기만 했던 친구들인데, 중학교 2학년이 되어 시험을 한번 치더니 정신이 번쩍 드는가 봅니다. 자유학년제의 실시로 이제 중학교 1학년 때는 시험을 보지 않습니다. 중학교 2학년 때 보는 중간고사가 첫 시험인 셈입니다. 노을이는 첫 시험을 보고 나니 '현타(현실자각타임)'가 왔다고 했습니다.

이노을: 중2 때는 정신 차린 애들도 꽤 있어요. 공부하려고.
연구자: 그래?
이노을: 막상 시험이 다가오니 애들도 어쩔 수가 없나 봐요. 그런 본능 같
        은 게 있는 것처럼 '아, 공부를 해야겠다' 하면서 일진 무리에서
        나간 애들도 꽤 있어요.
연구자: 중2가 되면 정신이 드는구나.
이노을: 시험을 딱 인지하는 순간요.
연구자: 중1 때는 시험이 없으니까.
이노을: 네. 그래서 중2 때 와서 자각을 하게 되는 거죠. 현타가 와요.

시험이 무조건 나쁜 것만은 아닙니다. 시험은 학습한 것을 제대로 이해
하고 있는지 평가하고, 그것을 토대로 학습 성장을 이룰 수 있는 기회이기
도 하니까요. 하지만 시험의 이러한 순기능에도 불구하고 시험을 떠올리면
시험 불안, 시험 스트레스 같은 부정적인 단어들이 더욱 쉽게 떠오르는 것
은 왜일까요? 우리나라에서는 수능이라는 한 번의 시험이 개인의 성공을
결정한다고 해도 과언이 아닙니다. 유네스코의 한 보고서에 의하면 한국을
비롯한 아시아 국가들에게 '시험'은 사회적 계층 이동을 위한 도구로서 강
력한 힘을 갖고 있다고 합니다. 그래서 우리나라에서는 '시험'에 대한 부담
이 어느 사회보다 클 수밖에 없는 것이지요. 다시 오늘날 중학교 상황으로
돌아와 볼까요? 시험이 없는 중학교 1학년은 다른 학년에 비해 자신의 미

래를 긍정적으로 바라봅니다. 하지만 중학교 2학년이 되면서 학생들에게는 '학업 성적'에 관한 자기 인식이 생기게 됩니다. 시험과 함께 중학교 2학년 때부터 현실에 대한 자각이 이루어지기 시작하는 것이죠. 그리고 중학교 3학년이 되면 학업과 진로에 대한 고민은 고등학교 입시와 직접적으로 연결되어 더욱 현실감 있게 다가옵니다. 그 시기에 이르면 성적은 심각한 스트레스의 원인이 되기도 하고 지금까지의 학업 생활에 대한 후회로 이어지기도 합니다. 중학교 3학년이 된 라온이도 예외는 아니었습니다.

3학년이 돼서 내신을 받았을 때 충격이 컸어요. 내가 지금까지 공부를 얼마나 안 했나 이런 생각이 들어서요. 너무 공부를 안 했구나, 이런 후회도 됐어요. 왜 안 했지? 어떻게 이리 쉬운 것도 안 할 수가 있지? 수행평가 같은 게 작년에는 되게 비중이 높았거든요. 내신 100% 중에 기말고사 비중이 30%이고, 수행평가 비중이 70%라서 수행평가를 열심히 했어야 했는데. (이라온 학생, 중3)

앞서 살펴본 것처럼 중학생들은 연예인이나 유튜버 등과 같은 직업에 대한 환상을 갖고 있지만, 한편으로 현실 세계에서 가장 중요하며 기본이 되는 것은 '공부'라는 인식을 하고 있습니다. 노을이에게 공부는 무엇을 하든 기본이 되는 '베이스'입니다. 유튜버가 되더라도 공부를 한 사람과 하지 않은 사람, 지식이 풍부한 사람과 그렇지 않은 사람은 분명 차이가 있다는 것이지요.

이노을: 공부는 베이스가 되어야 해요.

연구자: 어떤 베이스?

이노을: 다른 걸 하고 싶어도 먼저 공부를 베이스로 깔고 있어야지. 공부 없이 그냥 그걸 하는 건 아닌 것 같아요.

연구자: 주변 유튜버 중에도 중학생이 있잖아.

이노을: 그치만 솔직히 유튜브를 해도 공부를 베이스로 깐 사람과 깔지 않은 사람의 차이가 크잖아요.

연구자: 어떤 차이가 있는 것 같아?

이노을: 예를 들어 두 사람이 유튜버로 성공했다고 해 봐요. 한 사람은 공부를 깔고 성공했고, 다른 사람은 안 깔고 성공했어요. 그런데 만약 두 사람 사이에 안 좋은 일이 생긴다면 사람들은 누구의 손을 들어 줄까요? 제 생각에는 공부하고 지식이 있는… 좀 배운 사람의 손을 들어 줄 것 같거든요.

아이들은 저마다 다른 관심사와 재능을 가지고 있습니다. 그러한 재능을 발견하고 살리기 위해서는 그에 걸맞는 교육이 필요하겠지만, 그것이 전적으로 교육에만 달려 있는 문제는 아닐 것입니다. 사회의 전반적인 인식이 바뀌지 않는 이상 학생들이 다양한 길을 모색하기는 어려울 것이기 때문입니다. 무엇을 하든 '공부'를 베이스에 두어야 한다는 아이들의 생각에는 공부에 대한 사회의 인식이 투영되어 있습니다. 이 같은 사회적인 인식이 변화하지 않는다면, 다양한 재능의 필요성과 중요성이 강조될수록 학업 성적이 우수한 소수의 학생들만이 주목받을 것입니다. 대부분의 학생들은 낙오자가 되어 주변부로 밀려나게 될 것이고요.

'학업'으로 재편되는 또래 관계와 정체성

중학생들은 '학업'에 있어서는 친구를 '경쟁자'로 인식하기도 했습니다. 공부를 중요하게 생각하지 않고 노는 친구들을 보면 어떤 생각이 드냐는 질문에 가온이는 예상치 못한 대답을 하였습니다. 공부 안 하는 친구들이 한심하다거나 걱정된다 등의 답변이 아니었습니다. 가온이는 "경쟁자가 없어서 행복하다"라고 답했습니다. 이러한 점은 성적으로 서열이 정해지는 학업 위주의 풍토 속에서 친구를 경쟁자로 인식하고 있는 모습을 여실히 드러내고 있는 것이라 할 수 있습니다.

> 민가온: 스포츠 관련된 예체능 쪽에 있는 애들 중에서도 공부 잘하는 애가 있어요. 물론 아예 안 하는 애도 있고요. 노는 애들을 보면 꿈이 딱히 있지도 않고 "내일모레 죽을지도 모르는데 그냥 살자" 하는 친구가 좀 있더라고요.
>
> 연구자: 그런 애들 보면 어떤 생각이 들어?
>
> 민가온: 딱히 아무 생각도 안 들어요. 경쟁자가 없어서 행복하고.
>
> 연구자: 경쟁자가 없어서 행복해?
>
> 민가온: 네. 경쟁자가 줄잖아요. 그렇게 되면 제 점수가 오를 수 있으니 저는 좋죠. 그 애들도 행복하고 저도 행복하고.

한편 1학년 때 일진 무리와 어울려 지냈던 노을이는 2학년이 되면서 자연스럽게 일진 무리에서 나오게 되었는데요. 이러한 점 역시 2학년 때 현타가 오면서 공부를 해야 한다는 현실에 대한 인식과 관련이 있습니다. 노을이는 자신이 가야 할 길은 그들이 가는 길과 다르다고 말했습니다. '공부하는 사람'이라는 자기 인식이 또래 관계를 재편하기도 한다는 것을 알 수 있는 부분이지요. 스스로를 '공부할 사람'이라고 생각하는 정체성에 대한 인식이 공부를 하는 그룹과 하지 않는 그룹을 구분해 내고, 다시 이러한 구분이 공부하려는 학생들의 학업 중심의 정체성을 더욱 강화합니다.

이노을: 걔네들은 그냥 걔네들 갈 길 가고.
연구자: 쟤네들(일진들)은 '그런가 보다' 하고?
연구자: 일진 무리 중에서 공부 잘하는 애들도 있어?
이노을: 없어요. 없어요. 없어요. 그런 애들은 저절로 무리에서 나오게 돼요.

중학생들의 학업을 중심으로 한 현실에 대한 인식은 '공부'가 중심인 사회적 기준을 내면화한 결과와 무관하지 않을 것입니다. 이러한 사회적 기준은 주로 부모 또는 선생님을 통해 아이들에게 직접적으로 전달되어 그들의 의식 형성에 영향을 미치게 됩니다. 공부를 잘해야만 인정을 받는 오늘날, 많은 선생님들이 아이들의 '자존감'에 대한 우려를 표하기도 했습니다. 모든 것을 '성적' 중심으로 사고하는 것은 학생들의 전인적 성장을 가로막을 뿐만 아니라 생활과 사고를 협소하게 만들 것입니다. 이러한 현실 속에서 아이들이 선택할 수 있는 길은 많지 않아 보이는 것이 사실입니다. 현실에서

'승자'가 되거나 아니면 환상에 머무르거나 둘 중 하나를 택해야 하지요. 그러니 우리는 더더욱 학생들이 환상과 현실의 경계를 넘나들며 자신의 정체성을 마음껏 탐색할 수 있는 기회를 주어야 할 것입니다. 성적에 따라 아이들의 가치가 결정되어 성적이 우수한 학생들만이 주인공이 되는 학교가 아니라 아이들 한 명 한 명이 각자 가진 개성과 재능으로 함께 성장할 수 있는 학교가 되도록 현실을 변화시키기 위한 모두의 노력이 필요합니다.

살펴본 것처럼 청소년기의 '상상 속 청중'이나 '개인적 우화'와 같은 것들은 문제적인 것이 아니라 발달 단계에서 나타나는 자연스러운 현상이라고 할 수 있습니다. 하지만 이러한 환상이 지나치면 자신에 대한 '왜곡'이 일어나기도 하고, 자신을 있는 그대로 수용하지 못하여 자존감이 낮아질 수 있습니다. 따라서 중학생들이 환상 속 이상적인 자기에 대해 여러 가지 가능성을 실험해 보면서 점차 현실 속 자신의 정체성을 확립해 갈 수 있도록 실험의 과정을 기다려 줄 필요가 있습니다.

어릴 적 읽었던 동화 중 '행복의 파랑새'를 찾아 긴 여정을 떠난 틸틸과 미틸의 이야기 『파랑새』를 기억하시나요? 결국 그들은 오랫동안 찾아 헤맨 파랑새가 그들의 방에 있다는 것을 깨닫게 되죠. 이야기는 먼 미래의 행복 같은 환상을 추구하기보다는 현실 속에서 행복을 찾으라는 교훈을 줍니다. 그러나 우리가 동화의 결론과 함께 기억해야 할 것은 주인공들의 깨달음은 파랑새를 찾아 떠난 여행길에서 '추억의 나라', '밤의 궁전', '행복의 궁전' 등의 여러 세계를 경험한 뒤 스스로 얻게 된 것이라는 사실입니다. 따라서 중학생들이 자신의 파랑새를 찾아 떠난 길에서 스스로 답을 찾을 수 있도록 기다리되 그 과정을 따뜻하게 응원해 줄 수 있어야 할 것입니다.

민가온(중학교 2학년, 여)

법조인이 되고 싶은 가온이는 누구보다 열심히 공부합니다. 학원에 의지하기보다는 스스로 공부하는 것을 선호하는 편이죠. 그렇다고 가온이가 공부만 하는 것은 아닙니다. 게임이나 그림 그리기에도 많은 관심이 있습니다. 가끔은 '코스프레'를 하기도 하는데, 자신이 좋아하는 활동을 하면서 학업으로 인한 스트레스를 풀기도 합니다. 그런데 캐릭터를 좋아하거나 코스프레를 한다는 사실을 친구들에게 알리고 싶지는 않습니다. 친구들이 자신을 '오타쿠'라고 생각할 것 같기 때문입니다. 가온이는 이제 중학교 3학년이 될 생각을 하니 앞으로는 코스프레 같은 공부에 방해가 되는 활동은 모두 끊어야 하지 않을까 고민이 많습니다.

환상 같은 현실, 현실 같은 환상 속에서 환상과 현실의 경계에서 자신을 찾아가는 중학생들의 모습을 살펴보았는데요. 이제 디지털 네이티브로 불리는 중학생들이 얼마나 스마트한지 알아보도록 할까요? 단지 기성세대와 다른 스마트 기기 구사 능력을 가졌다고 해서 똑똑하다고 할 수 있는지, 공부를 할 때도 이러한 스마트함이 드러나는지 살펴보겠습니다.

7. 똑똑한 디지털 네이티브인 아이들

요즘 아이들과 중학생들은 무척 똑똑합니다. 어른들이 잘 다루지 못하는 디지털 기기도 척척 활용합니다. 만 3세 정도 되는 아이들이 스마트폰을 능수능란하게 사용하는 모습을 보면 역시 이 아이들은 우리와 다른 스마트폰 세대라는 것을 여실히 느끼게 됩니다. 한 연구*에 의하면 아이가 만 1세에 스마트폰을 접하는 경우는 무려 45.1%였고, 만 2세의 경우도 20.2%나 됩니다. 중학생들이 유·초등 시기부터 스마트폰을 접한 세대라서 디지털 기기 활용 능력이 뛰어나다 보니 오히려 이전 세대가 요즘 아이들에게 디지털 기기 활용 방법에 대해 하나부터 열까지 배워야 할 정도입니다. 아이들은 어쩌면 그렇게 새로 나온 스마트폰이나 노트북도 매뉴얼 없이 잘 사용할까요? 경기도에서 기술 과목을 가르치는 한 선생님은 학교에서 메이커

---

* 오주현·박용완, 2019.

교육을 잘하는 비결로 교사의 '내려놓음'을 제시했습니다. 선생님이기 때문에 모든 것을 알고 아이들에게 모든 것을 가르쳐야 한다는 마음을 내려놓으라는 것이죠. 디지털 기기 활용은 아이들이 훨씬 더 잘하기 때문에 아이들과 같이 프로젝트를 만들어 간다는 마음으로 임할 것을 강조하였습니다.

디지털 기기 사용뿐만이 아닙니다. 요즘 아이들은 왜 이리 모르는 것이 없을까요? 교사나 어른들이 아이들보다 뛰어난 것이 있다면 아이들보다 더 오래 살면서 축적한 지식과 정보 때문인데 요즘 아이들에게는 이러한 지혜도 통하지 않습니다. 유튜브나 SNS를 통해 수많은 정보를 얻을 수 있기 때문입니다. 어떤 영역에 있어서는 이들이 전문가처럼 더 잘 아는 영역도 있습니다. 그래서 흔히 말하는 어른들의 '말빨'이 먹히지 않습니다. "너희들이 세상을 덜 살아서 잘 몰라서 그런가 본데"라고 말할 수도 없습니다.

아이들이 이처럼 똑똑한 것은 태어날 때부터 디지털 환경을 접하고 그 안에서 성장한 디지털 네이티브, 즉 디지털 원주민이기 때문입니다. 이들을 디지털 원주민이라고 부르는 것은 디지털 기기를 포함한 디지털 공간에서 이질감 없이 녹아들어 마치 모국어처럼 자유자재로 디지털 기기를 활용하기 때문입니다. 반면 이전 세대는 디지털 기술을 배우고 활용하면서 살아가지만 디지털 네이티브처럼 자유자재로 디지털 기기를 구사하기 힘듭니다. 마치 다른 문화권으로 이주해서 살아가는 것 같다고 해서 이전 세대를 디지털 이주민이라고 부르는 것이지요. 원주민과 이주민이라는 용어를 통해서도 알 수 있듯이 이전 세대와 디지털 세대는 디지털 환경에서 살아가는 모습이 다릅니다. 특히 이전 세대인 디지털 이주민의 눈에는 어려운 디지털 기기를 잘 사용하는 디지털 원주민이 매우 똑똑해 보입니다. 탭스콧이라는 학자가 디지털 네이티브 세대*를 역사상 가장 '똑똑한 세대'라고 말한 것도 그런 의미일 것입니다.Tapscott, 2009

그런데 정말 학자들이 말하는 것처럼 디지털 네이티브인 중학생들은 똑똑할까요? 디지털 기기를 능수능란하게 잘 활용하고 기가(GIGA)급 속도로 정보를 검색한다고 해서 이전 세대보다 더 현명하고 지혜로우며 학습에 있어서도 뛰어난 역량을 보여 주는 걸까요? 일곱 번째 장에서는 과연 중학생들이 똑똑한 것인지, 아니면 어른들이 걱정하는 것처럼 스마트폰과 게임에 중독되어 판단력을 잃고 멍해지는 것은 아닌지 살펴보려고 합니다. 우선 중학생들은 학습과 관련해서 스마트폰을 어떻게 활용하고 있을까요?

애플리케이션만 있으면 혼자서도 공부해요

요즘 중학생들도 학원을 다니고 인강(인터넷 강의)을 들으며 공부를 하고 있는 것은 이전과 다를 바 없습니다. 다만 특이한 부분이 있다면 콴다**와 같은 학습 관련 애플리케이션을 활용하고 있다는 것이었습니다. 물론 콴다가 학원이나 온라인 강의를 완전히 대체할 수 있는 것은 아니지만 학원을 다니지 않더라도 공부를 하고자 하는 학생이라면 스마트폰을 통해 손쉽게 학업에 관한 정보를 구할 수 있습니다. '콴다'는 학생들이 문제를 풀다가 모르

---

* 디지털 네이티브는 '디지털 역량'을 갖춘 사람으로서 수평적 사회 구조 추구, 참여적 가치와 개인적 가치의 동시적 추구, 개방과 협업 등과 같은 특징을 가진다.
** 콴다는 문제풀이 스마트폰 학습 애플리케이션으로 스마트폰을 문제를 찍어서 올리면 문제풀이가 제공된다.

는 문제가 나오면 그 문제를 찍어서 올리는 애플리케이션을 말합니다. 가온이와 새론이는 콴다를 이렇게 설명합니다.

콴다에 제가 모르는 수학 문제를 찍어서 올리면 관련된 문제나 똑같은 문제가 떠요. 그 풀이 방식을 보고 어떻게 푸는지를 이해한 다음에 제가 문제를 풀어 보는 거예요. (민가온 학생, 중2)

문제집 풀다가 어려운 거 있으면 콴다라는 애플리케이션으로 다른 사람들이 풀이해 주는 걸 보고 도움받을 때가 있어요. 사람마다 푸는 방법이 달라서 한 번에 이해되지 않을 때도 있지만, 그래도 계속 붙들고 있으면 이해하게 되는 것 같아요. (김새론 학생, 중2)

모르는 문제를 찍어서 올리면 관련된 문제나 비슷한 문제가 뜨게 되고 그 문제에 대한 해답이 주어지는 거죠. 학생들은 문제풀이 방식을 보고 어려운 문제도 풀 수 있게 되는 겁니다. 리안이는 콴다를 "딱 쳐 보기만 해도 답이 나오는 애플리케이션"이라고 말했는데 마치 콴다를 도깨비방망이처럼 생각하는 것 같았습니다. 도깨비방망이처럼 어려울 때 해결책을 뚝딱하고 제시해 주는 콴다를 신뢰하고 있었지요. 이러한 점에서 중학생들이 사용하는 학습 사이트나 애플리케이션 등은 궁금한 것이 있을 때 즉각적으로 학습에 도움을 주는 든든한 학습 도우미 역할을 하고 있다고 할 수 있습니다.

요즘에는 딱 쳐 보기만 해도 연관 검색어가 떠서 알 수 있고, 모르는 문제

가 나오면 콴다로 사진을 찍어요. 그럼 이렇게 답이 나오고 그래서… (이리안 학생, 중2)

　물론 부작용도 있습니다. 일부 학생들은 학원 숙제를 하지 못했을 때 문제에 대한 답을 즉시 알려 주는 콴다를 사용하여 숙제를 베끼는 용도로 이용하였으니까요. 그렇지만 새론이와 가온이처럼 학원에 다니지 않고 혼자 공부를 하는 아이들에게는 모르는 문제가 있을 때 풀이 과정을 확인하여 개념을 이해하는 데 도움이 됩니다. 때문에 콴다는 잘만 활용한다면 학생들이 스스로 공부할 수 있도록 도와주는, 자기주도학습을 지원하는 도구라고 할 수 있을 겁니다.

　요즘 중학생들의 공부 방법 중 또 다른 특징은 유튜브를 활용한다는 점입니다. 이전 세대가 모르는 내용을 접할 때 다음이나 네이버 등 인터넷 포털사이트를 찾아본다면, 중학생들은 유튜브에서 관련 영상을 검색한 후 시청합니다. 공부를 할 때도 유튜브를 통해 관련 내용을 찾아 공부하지요. 빛나는 개인적으로 하기 힘든 과학 실험에 관한 영상을 유튜브에서 검색해서 시청하는 경우가 많습니다. 수업 시간에는 진도 때문에 건너뛰게 되는 과학 실험 영상을 유튜브로 시청하게 되면 학습 내용을 훨씬 더 잘 이해할 수 있었습니다. 또 과학 수업 시간에 나오는 광물 이름이 생소하고 외우기 힘들면 수업과 관련된 유튜브 영상을 미리 찾아보면서 학교에서 배울 단원에 대한 배경지식을 쌓기도 하였습니다. 유튜브를 통해 일종의 예습을 하는 것이지요.

연구자: 과학 실험 하는 거 그냥 영상으로만 봐도 도움이 돼?

정빛나: 머리에 잘 들어오지는 않지만 그래도 영상 중에 신기한 것도 많아서 보고 있어요.

연구자: 공부에 도움이 되는 것 같아?

정빛나: 네. 배경지식을 쌓아 주는 느낌이 들어요. 솔직히 광물 이름 같은 건 외우기 어렵잖아요. 그런데 영상을 보고 수업 시간에 비슷한 내용을 들으면 왠지 알 것 같은 기분이 들어요. 조금 자신감 생겨서 발표도 하게 되고. 이렇듯 좋게 이어지는 것 같긴 해요.

어떤 학생들은 유튜브나 SNS와 같은 '정보의 바다'에서 학교 공부뿐만 아니라 자신의 관심 분야에 대한 정보를 접하면서 전문적인 수준의 지식이나 정보를 습득하였습니다. 어느 분야에 꽂히게 되면 트위터나 유튜브 등에서 관련 정보를 귀신처럼 찾아내고 공유하기도 했습니다. 일례로 요즘 많은 학생들의 관심을 받고 있는 젠더 주제인 성소수자에 대해서도, 학생들이 직접 게시글을 올려 성소수자의 유형과 구체적인 차이가 무엇인지 이야기를 나눈다고 합니다. SNS를 통해 무수한 정보를 접하고 폭넓게 그 정보를 수용하다 보니 자신이 관심을 가진 영역에 대해서는 일반적인 지식을 넘어 보다 심층적인 지식까지도 섭렵하게 되는 것입니다. 그래서 준전문가가 될 수 있는 가능성이 열리기도 합니다.

아이들은 정보를 금방금방 찾아내요. 어느 주제 하나 꽂히면 거의 전문가급으로 정보를 수집해요. 트위터 같은 SNS를 보면 퀴어에 대해 정리해서

글을 올린 사람들이 많아요. 퀴어의 유형 같은 것을 정리해서 올리거나 퀴어와 관련해서 본인은 어떤 사람인지에 대해 정의해서 업로드했더라고요. 여기서 놀라운 건 글을 올린 사람들 중에는 13살, 14살 아이들도 있다는 거예요. (박수지 청년)

이처럼 중학생들은 무한한 정보를 공유하고 있는 온라인 세계 속에서 자신에게 필요한 지식을 선택적으로 찾고 활용하고 있습니다. 이를 통해 교과 지식의 배경이 되는 보다 폭넓은 정보와 지식을 얻기도 하였지요. 확실히 교과서나 문제집 이외에는 학습을 지원하기 위한 별다른 보조적인 자원이 없던 이전 세대와는 달리 요즘 중학생들에게는 유튜브나 콴다같이 자신이 찾고자 하는 의지만 있다면 무한한 지식과 정보를 제공해 주는 디지털 플랫폼이 든든하게 존재합니다. 빛나가 유튜브에서 교과와 관련된 내용을 검색하고 배경지식을 쌓을수록 수업에 대한 자신감과 흥미가 생긴다고 말하는 것도 디지털 플랫폼이 중학생들의 학습 도우미 역할을 톡톡히 하고 있기 때문이라고 할 수 있지 않을까요?

궁금한 것은 DM으로 직접 물어봐요

중학생들이 스마트폰이나 디지털 기기를 '똑똑하게' 활용하는 분야 중의 하나는 진로 찾기입니다. 이전 세대에서는 지금처럼 직업이 세분화되지 않았고 미래 직업과 진로에 대해서도 막연한 생각을 가지고 있었습니다. 반면 요즘 중학생들의 진로 고민은 이전 세대보다 더욱 구체적으로 이루어집니다. 환경도 변화되었습니다. 직업이 점점 더 분화되고 있으며* 4차 산업혁명 시대로 진입하면서 빅데이터 전문가, 인공지능 엔지니어 등과 같이 새롭게 생겨난 직업도 늘고 있습니다. 이러한 변화 속에서 학생들이 희망하는 직업도 다양해지고 있습니다. 한 조사**에 의하면 학생들이 희망하는 직업 상위 10위 안으로 소프트웨어 개발자, 뷰티디자이너, 웹툰 작가, 크리에이터 등의 새로운 직업이 속속 등장하고 있다고 합니다. 과거에 없던 직업이 새로 생기기도 하고, 과거에는 선호되지 못한 직업이 인기 직업으로 부상하였습니다. 직업이 세분화되고 진로와 직업에 대한 관심이 높아지면서 중학생들도 자신이 미래에 어떤 직업을 가질 것인지에 대해 구체적으로 고민하고 주체적으로 정보를 찾는 것이지요. 그렇다면 중학생들은 어떻게 직업에 관한 정보를 얻을까요?

부모님이나 선생님을 통해 직업에 대한 정보를 얻었던 과거와 달리 중학생들은 유튜브나 SNS를 통하여 자신의 관심 분야에 대한 정보를 얻고 있습니다. 교육부에서 실시한 조사에서도 중·고등학생 4명 중 1명이 유튜브를 통해 진로 정보를 얻는다는 결과가 나왔습니다.교육부·한국직업능력개발원, 2022 그들은 직업과 관련된 정보를 탐색할 뿐만 아니라 관심 있는 직업을 가진 사람에게 SNS상에서 직접 DM을 보내 대화를 시도하는 똑똑함과 담대함을 보이기도 했습니다. 의사가 되고 싶은 다솜이는 우연히 보게 된 심장 사진을 통해 인체에 관심을 갖게 되었고, 인터넷 검색과 유튜브를 통해 더 많은

---

* 한국고용정보원이 발간한 한국직업사전 제5판에는 총 1만 6,891개의 직업이 등재되어 있다. 지난 2012년 발간되었던 제4판에 비해 5,236개의 직업이 더 생긴 것이다.
** 교육부·한국직업능력개발원, 2022.

정보를 얻었습니다. 뮤지컬 배우를 꿈꾸던 학생은 좋아하는 배우를 팔로우하여 메시지를 보냈고, 관심 있는 분야의 유튜브를 구독하던 학생은 유튜버와 댓글로 소통하였습니다. 이런 일들이 중학생들 사이에선 비일비재하게 일어났습니다. 사진작가가 되고 싶은 연주는 SNS를 통해 한 사진작가에게 자신의 관심사와 진로에 대한 이야기를 하면서 직업 관련 멘토링을 받기도 했습니다.

저는 사진작가가 되는 것이 꿈이에요. 그래서 학교 진로 수업에서 알게 된 사진작가 분과 계속 소통하고 있어요. 인스타그램에서 계속 소통하면서 제가 찍은 사진을 그분과 공유하고 사진 찍는 방법에 대해서도 여쭤 봐요. (정연주 학생, 중2)

이처럼 중학생들은 유튜브와 대중매체를 통해 자신의 관심 분야를 찾았고, 관심 분야가 구체화되면 SNS를 활용해 적극적으로 탐색하였습니다. 디지털 공간은 그야말로 진로에 대한 정보를 제공해 주는 장소였고, 학생들은 그 공간에서 꿈을 키우고 있었지요. 디지털 공간을 통해 학생들은 평소에는 만나기 어려운 전문가들을 만나 정보를 얻을 수 있었습니다. 이 점에서 SNS와 유튜브가 진로 직업 관련 플랫폼 역할 또한 수행하고 있음을 실감하였습니다.

온라인 세계에서 중학생들은 일방적으로 정보를 수용하는 것을 넘어 보다 적극적으로 정보를 가진 사람들과 상호작용을 시도하였습니다. 학생들은 일찍이 전문적인 정보와 피드백을 얻을 수 있는 방법을 알고 실천하였던 것이죠.

이제 중학생들의 디지털 생활과 관련해서 빼놓을 수 없는 게임 이야기를 해 볼까요? 중학생들에게 게임은 삶의 이유이기도 한 것 같습니다. 우리가 만난 학생 중 몇몇은 게임을 단순 취미 활동 이상으로 좋아했고, 프로게이머나 프로그래머같이 게임과 관련된 직업을 갖고 싶어 했습니다. 대부분의 부모들은 자녀들이 게임하는 것에 대해 우려하여 그것을 제지하려고 하지만, 아이들에게 게임은 단순한 '놀이' 이상의 것이었으며 게임을 통해서 길러지는 능력도 있었습니다. 공부와는 담을 쌓은 하준이는 게임을 할 때 '피지컬'과 더불어 머리를 쓰는 '뇌지컬'*이 필요하다고 말했습니다. 즉 아무 생각 없이 손만 움직이는 건 아니라는 겁니다.

> 뇌로 생각하고 바로 손으로 옮겨야 해요. 그러니까 일반적으로 게임을 하는 학생들은 그냥 손만 계속 움직이고 생각은 안 하거든요. 그래서 뇌로 생각한 것이 바로 손으로 옮겨질 수 있도록 계속 연습해야 해요. (최하준 학생, 중2)

게임이 단순히 시간 죽이기용 콘텐츠가 아니라 판단력을 키우고 순발력을 길러 주는 높은 수준의 콘텐츠라는 것이죠. 또 이런 능력을 기르기 위해서는 나름의 연습과 훈련이 필요하다는 점을 강조했습니다.

게임의 종류에 따라 차이는 있겠지만, 게임의 긍정적 효과에 관한 연구

---

* 뇌지컬이란 게임을 할 때 필요한 판단력과 같은 능력을 의미하는 신조어이다.

들은 실제로 게임이 문제해결력과 창의력 등을 높여 주기도 하며 공간 지각능력을 향상시킨다고 합니다.Uhls, 2016 또 게임의 긍정적인 속성으로 공동체성을 기를 수 있다는 점을 들 수 있는데요. 대부분의 온라인 게임은 '혼자' 하는 것이 아니라 친구들과 팀을 이루어 협업하는 과정에서 진행됩니다. 그 과정에서 의사소통을 하면서 문제해결을 하며 협력하는 역량 등이 길러지는 것이죠. 학생들의 온라인 활동을 부정적으로 바라보는 어른들의 시각과 달리 실제로 중학생들은 SNS나 게임, 유튜브 등의 온라인 활동을 통해 정보를 탐색하고 활용하는 능력, 인지 능력 등 '똑똑함'이 한층 더 강화될 가능성이 있음을 보여 주었습니다.

지금까지 중학생들이 유튜브나 SNS를 통해서 자신에게 필요한 공부 영상을 찾아서 똑똑하게 혼공하는 모습, 관심이 있거나 궁금한 분야에 대해 적극적으로 정보를 탐색하는 모습을 살펴보았습니다. 역시 탭스콧이 말한 대로 중학생들은 똑똑한 것 같습니다. 하지만 디지털 환경에 잘 적응하는 것만으로 똑똑하다고 할 수 있을까요? 이제 디지털 네이티브의 다른 면모를 빛나의 이야기를 통해 알아보도록 하겠습니다.

웹툰과 영상으로 머리는 순한 뇌가 되어 가는 중이에요

빛나는 초등학교 때까지만 해도 책을 참 열심히 읽는 편이었습니다. 유치원 선생님이었던 엄마가 어릴 때부터 책을 정성스레 추천해 주시기도 했고, 도서관도 열심히 다녔습니다. 하지만 중학교에 진학하여 스마트폰을 사용하게 되면서 독서량이 확연하게 줄었습니다. 책 대신에 스마트폰을 쥐고 웹툰과 유튜브 영상, 페이스북 와치에 올라오는 짧은 TV 하이라이트 영상을 보는 시간이 늘어나게 된 것입니다. 영상 몇 개만 봐도 시간이 순삭*되는 느낌이었습니다. 빛나는 영상을 보는 것이 재미있기는 하지만 마음 한편으로는 찜찜한 생각이 들었습니다. 왜냐하면 빛나가 생각하기에도 영상은 '생각할 시간을 짧게 만드는 것' 같고 스스로 생각해서 알아낼 수 있는 과정 자체를 건너뛰게 하는 것 같았기 때문입니다. 굳이 생각하지 않아도 검색하면 다 나오니까 편하긴 한데, 아무래도 뇌가 단순해지는 느낌이었습니다. 빛나는 머리가 단순해지는 것을 '순뇌', 즉 순한 뇌가 된다고 표현했습니다. 머리에 지식과 정보가 없어서 순하다는 것을 의미하는 것이죠.

솔직히 영상은 이미 제가 생각을 하기도 전에 이게 뭔지 알려 주는 느낌이 들어요. 영상을 보면 내가 스스로 생각을 해서 알아낼 수 있는 기회를 뺏고 생각할 시간을 더 줄이는 것 같아요. 생각을 덜하게 되면 뇌가 단순해지는 것 같아요. 머리가 순뇌가 되는 느낌이에요. (정빛나 학생, 중1)

『유튜브는 책을 집어삼킬 것인가』김성우·엄기호, 2020라는 책에서는 지금을 '읽기'에서 '보기'로 전환된 시대라고 언급합니다. '읽기'에서 '보기'로 전환되면 몸의 변화까지 생겨서 사용하는 신체 움직임과 감각이 달라진다고 합니다. 타임라인과 카드 뉴스, 네이버 지식인이나 블로그 포스트, 위키피디아 등과 같이 요약된 정보 위주로 보게 되면 지식을 받아들이는 호흡이 짧

---

* 순삭이란 요즘 학생들이 사용하는 말로 시간이 빨리 지나가서 삭제된다는 뜻이다.

아지게 된다는 것이죠. 우리가 만난 중학교 2학년 노을이가 자주 보는 '페이스북 와치'도 각종 TV 방송의 하이라이트 영상으로 구성되어 있습니다. 짧게 요약된 영상을 선호하다 보니 긴 글을 읽지 못하고 지나치게 주관적으로 편집된 정보만을 인식하는 것입니다. 짧은 호흡 위주의 디지털 환경에서 아이들은 깊이 있는 사고를 하지 못하고 순한 뇌가 되어 가고 있습니다. 순한 뇌를 가진 요즘 중학생들은 생각하는 것도 귀찮아합니다. 황유진 선생님은 "중학생들이 정보를 접하면 자신의 관점에서 무엇을 받아들이고 버려야 하는지에 대해 정리하고 구조화하는 것이 아니라 수동적으로 받아들여 직관적으로 판단하는 수준에 머물러 있다"라고 말합니다. 정보에 대해 '생각하기'보다 그저 '흘려보내고' 있다는 겁니다.

연구자: 유튜브 동영상 같은 게 페북 와치에도 많이 올라와 있어?
이노을: 네. 그냥 유튜브와 똑같은데 더 정리되어 있다고 해야 하나. 길게 끌지 않고 중요한 부분만 정리해서 보여 줘요.
연구자: 그럼 너는 유튜브보다는 페북 와치를 많이 보겠구나.
이노을: 네.
연구자: 페이스북 하나로 모든 걸 해결할 수 있어 좋은가 보구나.

중학생 자녀를 기르는 김민주 학부모도 유사한 얘기를 들려주었습니다. 코로나19 확산으로 전면 비대면 수업이 이루어진 2020년, 가정에서 영상으로 수업을 듣는 자녀들을 보노라면 그들은 영상 매체를 통해 선생님의 설명을 이해하기보다는 그냥 듣는 것에만 머무르는 것 같습니다.

암기 과목도 말 그대로 외워야지 내 지식이 되는 거잖아요. 그리고 선생님이 용어를 설명해 주시는 것을 들으면서 이해를 하고 이해한 용어를 책이나 신문, 글을 통해서 접하면서 확실히 알게 되는 거죠. 그런데 아이들이 책을 읽나요? 안 읽잖아요. 그렇다고 대화상에서 그 단어를 쓰나요? 다 단답형에 줄임말로 쓰는데? 그러니까 한 번 용어에 대해 들었고 들은 것 같은데 그게 또 정확히 또 무슨 뜻인지도 모르는 거예요. 왜냐하면 자주 쓰지를 않으니까. 그리고 자기가 그 당시에는 이해했지만, 그것을 다른 데에 접목해서 적용해 보지 않았기 때문에 아이들이 모르는 거예요. (김민주 학부모)

생각하는 과정을 통해 정보를 비판적으로 취사선택하며 읽는 것이 아니라 멍하니 보기만 하면서 '읽기'에서 '보기'로 전환되고 있는 것입니다. 이렇게 '보기'만 하면 처음에는 많이 들어서 이해한 것 같지만 나중에 떠올려 보았을 때 하나도 모르는 사태가 발생하게 됩니다. 예를 들면 국어 과목에서 어떤 단어를 배우거나 사회 과목에서 어떤 개념을 배워도 멍하니 듣고 보면서 정보를 흘려보내기만 하면 듣는 당시에는 이해하는 것 같아도 자신의 언어로 설명하지 못합니다. 완전히 이해하지 못하는 것이죠. 정보를 한 귀로 듣고 다른 귀로 흘려보낼 뿐, 정보를 뇌에서 천천히 되새김하면서 자기 지식으로 만드는 과정이 부족하니까요. 학습심리학에서도 감각적 정보에만 의지한 학습은 장기 기억으로까지 이어지지 못하고 쉽게 망각된다고 합니다. 학습 내용에 주의를 기울이고 스스로 정리하며 메타인지*를 활용할 줄 알아야 효과적인 학습이 이루어진다는 것이지요.

빠르고 짧게, 막간을 이용한 디지털 기기 사용

앞서 중학생들이 순뇌가 되어 가는 이유는 디지털 환경이 '읽기'에서 '보기'로 전환되면서 짧은 호흡 위주의 정보를 습득하는 방식으로 변화되고 있기 때문이라고 했습니다. 그렇다면 디지털 환경 자체가 짧은 호흡으로 돌아가는 이유는 무엇일까요?

디지털상에서 우리는 대개 상대의 말에 재빨리 반응하도록 유도됩니다. 짧은 시간 안에 '빨리빨리' 반응하며 정보를 처리해야 합니다. 디지털 시대로 전환되면서 일상의 모든 호흡이 빨라졌습니다. 중학생들도 예외가 아닙니다. 요즘 중학생들을 보면 정말 너무 바빠 보입니다. 학교 갔다 오면 학원에 가야 하고 학원에서 돌아오면 새벽 늦게까지 학원 숙제와 학교 숙제를 합니다. 이렇게 바쁘게 살다 보니 여유 있게 즐길 수 있는 여가 시간을 꿈꾸는 것은 언감생심이고 막간의 시간을 이용해서 잠깐잠깐 여유를 즐길 수밖에 없습니다. 하교 후 학원에 가기 위해 버스 정류장에서 버스를 기다릴 때나 저녁을 먹고 숙제를 시작하기 직전같이 소위 '빈틈'의 시간을 활용하여 유튜브 영상이나 웹툰을 보고 친구들과 전화나 카톡을 주고받을 수밖에 없습니다. 때문에 그 시간 동안 주고받을 수 있는 대화는 주로 짧고 즉각적인 응답이 가능한 문자를 나열하는 것에 그치게 되지요.

김민주 학부모가 보기에 중학생 자녀의 문자 메시지 대화 중 제일 이해가 안 되는 것은 'ㅋ', 'ㅋ', 'ㅋ'를 수직으로 하나씩 써서 보내는 모습이었습니

---

* 메타인지(Metacognition)는 자신의 인지 과정에 대해 한 차원 높은 시각에서 관찰, 발견, 통제하는 정신작용을 말한다.

다. 메시지창에 '크크크'를 쓰는 것이 아니라 한 번에 한 자씩 '크'를 써서 보내는 것이었죠. 김민주 학부모가 보기에는 도저히 이해할 수 없는 모습이었고 '의미 없는 대화'만 연속적으로 주고받는 것처럼 보였습니다.

여자애들이건 남자애들이건 페메나 카톡의 시작은 비슷해요. 뭔가 물어보거나 목적이 있을 때 "뭐해? 심심해. 너 어디? 나 학원." 이렇게 단답으로 말하잖아요. 그러고는 사진 하나 올려 놓고 "야, 뭐 지려", "아유 야 치워" 이러고. 의미 없는 대화의 연속인 거예요. 우리가 '크크크'를 옆에 붙여서 쓴다면 얘네는 '크, 크, 크(수직으로 하나씩)' 이렇게 채팅해요. 목적이 있을 때 대화하면 짧고 급하게 글을 쓰죠. 빨리빨리 답을 해 줘야 하니까. 그런데 그게 아닌 경우엔 시간 때우기인 거예요. (김민주 학부모)

중학생들이 주고받는 대화는 상대의 상황이나 맥락, 전달할 메시지의 의미 등을 크게 고려하여 표현하는 말이라기보다는 그저 '툭 말 걸기' 식에 가까워 보입니다. 어쩌면 그냥 '지금-여기' 나의 자리 너머에 있는 '거기' 친구의 존재를 인식하는 것 자체가 목적인 듯도 합니다. 하루하루를 바쁘게 살아가는 중학생들은 잠깐씩 시간을 내어 맥락 없는 대화를 짧게 주고받습니다. 그렇게 해서라도 다른 공간에 있는 친구와 '함께 있음'을 확인하고자 합니다. 친구의 존재를 확인하고 싶어 한다는 것은 달리 말하면 자신의 존재를 친구들로부터 확인받고 싶은 것인지도 모릅니다. 어쩌면 무의미한 나열 같은 짧고 맥락 없는 중학생들의 문자는 바쁘게 돌아가는 세상에서 자신의 존재를 확인하고자 하는 일종의 생존 전략은 아닐까요?

더 주입식이 되어 버린 온라인 수업

중학생들이 짧고 집약적인 영상을 선호한다면 수업을 영상으로 하는 것도 좋아할까요? 영상을 통해 보다 효과적인 학습 성과를 기대할 수 있을까요? 코로나19 확산으로 전면 비대면 수업이 강화된 상황은 아쉽게도 예상 밖의 대답을 안겨 주었습니다. 디지털 세대로서 중학생들의 '멍청함'이 드러난 것입니다. 멀티태스킹에는 능하지만 지성의 폭을 넓히는 방법으로 디지털 기기를 활용하지 못하는 한계가 온라인 수업을 통해 드러났습니다.

특히 사교육을 전혀 받지 않고 학교 수업에만 의존하여 공부해 오던 2학년 노을이는 영상으로 하는 수업에서 '공부하는 것 같지도 않다'는 생각만 강하게 들었다고 합니다. 영상이라고는 페이스북 와치의 짧은 하이라이트 영상만을 주로 이용해 왔던 터라 비교적 긴 영상으로 제공되는 수업은 이해하기도 힘들고 집중도 잘 되지 않았습니다. 단순히 영상을 보는 것만으로는 공부한다는 느낌이 들지 않아 수업에 집중할 생각이 들기는커녕 오히려 귀찮게 느껴졌습니다. 또한 학교 오프라인 수업과 달리 영상 수업은 선생님과 쌍방향 소통이 즉각적으로 이루어지지 않기 때문에 수업 도중 궁금한 것을 물어서 바로 해결할 수도 없었습니다. 그러다 보니 공부에 집중하기도 힘들었고 학습 동기가 지속되기 어려웠습니다. 학교에 가더라도 선생님이 온라인 수업으로 이해를 다 하고 왔다고 생각하고 수업을 이어가거나 평가를 하게 되어 학습 결손이 누적될 수밖에 없는 상황을 경험하였습니다.

솔직히 온라인으로 하면 공부하는 거 같지 않잖아요. 영상만 틀어 주고 이걸로 어떻게 공부를 하라는 건지 솔직히 이해가 잘 안 가거든요. 그래서 온라인 말고 오프라인 수업 때 학교에 가서 쌤한테 다 일일이 물어보는데, 사실 그것도 좀 번거롭죠. 귀찮아서 미루다가 결국 질문을 못 할 때도 있고요. 온라인으로 하면 할 마음이 안 나요. 영상은 공부하는 것 같지 않아요. (이노을 학생, 중2)

경기도에서 영어를 가르치는 한 중학교 선생님 또한 요즘 중학생들의 영어공부 방법이 낯설기만 합니다. 자신의 자녀를 포함한 요즘 중학생들은 영어공부를 할 때 단어를 쓰거나 읽는 등 적극적으로 학습하려 하지 않고 멍하니 영상만 보는 것으로 내용을 완전히 이해했다고 착각한다는 겁니다.

김민주 학부모 역시 온라인 학습에 대해 우려하는 모습이었습니다. 온라인 학습이 '눈으로 한 번 훑고 끝나는' 중학생들의 학습법을 강화할 뿐만 아니라 오히려 이전보다 더 '100% 주입식 교육'을 부채질할 것이라고 보았기 때문입니다. 학생들의 온라인 학습 방식이 '읽기'에서 '보기'로 변질되어 가는 만큼 그들이 정보를 받아들이는 태도 또한 점차 수동적으로 변할 거란 지적이었습니다.

요즘은 거의 인터넷이잖아요. 아이들은 눈으로 보는 것만 믿어요. 눈으로 보고 한 번 훑었으면 그날 공부는 끝난 거예요. 프린트물도 그냥 보고 끝내요. 옛날에는 저희에게 프린트가 없었어요. 다 필기했으니까. 이렇게 움직여서 받아 적는 게 단순한 글쓰기가 아니라 몸으로도 익히는 거거든요. 그런데 그 과정이 생략되고 그저 눈으로만 프린트물을 보기 때문에 주입

식 교육이라고 말하는 거죠. 저는 지금이 100% 주입식 교육이라고 생각해요. (김민주 학부모)

필터 버블, 자유가 있는 듯하나 자유가 없는 디지털 세계의 착각

무엇보다도 중학생들의 명청함이 가장 재미있게 드러나는 부분은 바로 '가짜뉴스'에 대한 태도에서 찾아볼 수 있었습니다. 중학생들은 주로 유튜브의 1인 미디어나 인사이트 같은 특정 플랫폼의 연예인 소식 등을 즐겨 보았는데, 즐기는 것을 넘어서 그들이 전달하는 정보를 비판적으로 받아들이지 않고 맹신하고 있었습니다.

연구자: 뉴스를 주로 무엇을 통해서 봐?
정빛나: 페이스북을 통해서도 보고. 네이버에는 실시간 검색어가 있으니 실검 통해서도 보고 그래요. 트위터에도 실시간 트렌드가 있는데 거기에서는 한 30%, 40%가 일본에 관한 거라든지 아니면 N번방 관련 보도 같은 정치적인 내용이에요. 거기에서 또 뉴스 링크를 타고 들어가서 보기도 하고요.

학생들이 가짜뉴스를 맹신할 수밖에 없는 것은 무엇 때문일까요? 디지털 미디어는 아이들에게 세상을 보는 '창'으로서의 역할을 합니다. 중학생들은 TV나 인터넷 신문보다는 SNS를 통해 다양한 기사와 관련된 사회적 이슈를 접하고 있었습니다. 빛나도 페이스북이나 네이버의 실시간 검색어, 트위터의 실시간 트렌드 등을 통해서 사회적 이슈가 되는 뉴스를 봅니다. 그런데 이렇게 실시간 검색어로만 소식을 접하게 되면 뉴스를 전하는 플랫폼의 편향적인 관점을 인지하지 못하고 뉴스를 비판적으로 받아들이기 어렵습니다. 물론 노을이처럼 학생들에게는 자신이 접하는 모든 정보를 무조건적으로 수용하지 않는 비판적 사고 능력이 있기는 합니다. 노을이는 미디어의 정보가 완전히 신뢰할 만한 것은 아니라고 하면서 예능에도 대본이 있는 것처럼 미디어의 모든 정보들도 비슷한 사정일 거라 말했습니다.

> 이노을: 방송도 믿을 게 못 돼요. 예능도 다 대본이 있잖아요. 그런 것처럼
> 모든 정보를 재미로만 봐요.
> 연구자: 그걸 100% 믿지는 않는구나?
> 이노을: 네. 믿지는 않아요.

성인들도 판별하기 어려운 가짜뉴스를 중학생들이 잘 걸러 내기란 쉽지 않습니다. 가짜뉴스가 너무 교묘하게 작성되어서 자신이 접하는 정보가 가짜뉴스라는 것을 알아차리기 어려운 것이죠. 그럼에도 불구하고 우리가 만난 중학생들은 자신들이 가짜뉴스가 허구라는 것을 판별할 수 있을 정도의 판단력을 가지고 있다고 확신하는 분위기입니다. 또 시우와 하준이는 가짜뉴스를 걸러 주는 SNS의 기능을 나름대로 신뢰하기도 하였습니다. 인사이트라는 사이트에서 특정 연예인의 열애설에 대한 잘못된 정보를 올리면 페이스북에 그 사실이 가짜뉴스라는 것을 알려 준다는 것이죠. 웬만한 가짜뉴스는 SNS에서 자체적으로 걸러 주니까 정보를 어느 정도 믿어도 된다고

안심하는 것 같았습니다.

> 연구자: 인사이트라는 데가 있어?
>
> 이시우: 네.
>
> 연구자: 기사 대부분이 가짜 내용이야?
>
> 이시우: 네.
>
> 연구자: 그게 가짜인지를 어떻게 알아?
>
> 최하준: 페북에 떠요. '가짜뉴스 주소들' 이러면서.
>
> 연구자: 페북에 뜬 내용은 믿을 수 있어?
>
> 최하준: 네.
>
> 이시우: 웬만한 건 다 믿을 만해요.
>
> 최하준: 그런 게시글엔 보통 댓글 수천 개가 달리거든요. 거짓말은 바로 알 수 있어요. 만약 인사이트가 누구랑 누구 열애설을 올리면 연예인 측에서 해명이 나오는데, 늘 인사이트 내용과 반대예요. 그 사실이 페북에도 뜨고요.

하지만 플랫폼의 성격상 편향성을 가지게 마련이며 플랫폼 자체가 중립적이고 객관적으로 정보를 거르기는 어렵습니다. 또 뉴스나 정보를 접하는 개인의 편향성으로 인해서 특정 성향의 뉴스를 보면서 그 정보 속에 갇혀 버릴 수도 있습니다. 사용자에게 필터링된 정보만 보게 되면서 "역시 내가 생각하는 것이 맞구나"라고 확신을 하게 되는 것이죠. 왜곡된 시선으로 세상을 보지만 그에 맞는 정보가 필터링되면서 자신의 왜곡된 관점이 옳다고 생각하는 확증편향*에 빠지게 되는 것입니다. 이것을 필터 버블(Filter Bubble) 현상이라고 합니다. 사용자에게 맞게 필터링된 정보만으로 마치 거품처럼 사용자를 가둬 버린 현상을 말합니다. '페이스북을 통한 뉴스 읽기라는 연구'에서도 이용자가 자신과 다른 정치적 이념의 뉴스를 볼 확률은 갈수록 낮아진다는 결과를 발표했는데,Bakshy 외, 2015 이 역시 필터 버블 현상이라고 할 수 있습니다. 특히 페이스북이나 유튜브 등의 플랫폼에서 알고리즘이 작용하게 되면서 이러한 필터 버블 현상은 더욱 증폭됩니다. 진보(또는 보수) 성향의 플랫폼 이용자는 자신의 진보적인(또는 보수적인) 정치 성향에 적합한 뉴스를 검색하게 되고 플랫폼에서는 알고리즘을 통해 이용자의 성향에 적합한 뉴스가 주로 제공됩니다. 이러한 뉴스를 보면서 이용자는 자신의 관점에 대해 더욱 확신하게 되는 것이죠.

　이러한 필터 버블은 페이스북 뉴스의 말을 그대로 옮기는 2학년 남학생 시우의 모습에서도 여실히 드러났습니다. 시우는 문재인 전 대통령이 북한에 마스크를 보내 주는 것에 대해 우리나라에는 아무런 이득도 없는 손해라며 '호구'의 또 다른 표현인 '흑우'라고 표현하였습니다. 또 성추행 사건 이후 사망한 전 서울시장의 장례식에 세금 10억이 들었다는 소식을 유튜브에서 본 후 분노하면서 SNS에서 전달되는 뉴스의 기조를 그대로 따라가는 모습을 보였습니다. 가짜뉴스에 매우 분노하면서도 한편으로는 자신이 가짜뉴스의 거품 안에 갇혀 있을 수 있다는 생각까지는 미처 하지 못하는 것입니다.

---

* 확증편향은 자신의 가치관, 신념, 판단 따위에 부합하는 정보만 주목하고 그 외의 정보는 무시하는 사고방식을 말한다.

이시우: 국회의원 중에서 뽑고 싶은 사람은 없지만, ○○○이 됐으면 좋겠는데.

연구자: ○○○이 했으면 좋겠어?

이시우: 네.

연구자: ○○○이 대통령이 됐으면 좋겠어?

이시우: 네.

연구자: 정치 관련 정보는 어떻게 알게 된 거야? 무엇을 보고 판단해?

이시우: 뉴스랑 페이스북이요.

마을학교 이도윤 선생님은 이러한 중학생들의 모습을 자신이 원하는 것만 택해서 '장바구니'에 넣는 편협한 세계관을 형성하는 과정이라고 보았습니다. 동시에 굉장히 자유가 있는 것 같지만 자유가 없는 디지털 세대의 한계라고 지적하였지요. 중학생들이 유튜브에서 방영되는 내용을 무비판적으로 수용하는 현상에는 중학생들이 즐겨 보는 유명 1인 미디어 BJ들이 '권위를 가진 것 같은 발언자의 형식'을 이용한다는 점도 있습니다. 과학적인 논문을 쓰듯이 통계 자료를 인용하면서 가짜뉴스를 보급하니 그 통계 자료의 출처가 불분명하더라도 중학생들은 그것을 객관적인 데이터로 믿게 되는 것입니다.

중학생들은 스스로 어떤 콘텐츠를 생산하기보다 다른 사람이 게시한 정보를 별 생각 없이 받아들입니다. 또 이왕이면 스스로 정보를 찾아다닐 필요 없이 한 플랫폼 안에서 모든 관심사가 다 해결될 수 있는 곳을 정해 편하게 정착합니다. 중학생들에게 허락된 휴식 시간이 얼마 없기 때문입니다.

잠깐의 빈틈을 최대한 활용하기 위해 짧고 집약적인 정보를 얼른 소비하고 친구들과 적게라도 대화를 나누는 것이지요. 이처럼 디지털 기기를 사용하게 되면 멀티태스킹에 능하고 일을 빠른 속도로 처리할 수 있지만, 받아들인 정보를 천천히 곱씹으며 발효시키고 자신의 것으로 만들어 지성의 폭을 넓히기는 힘듭니다. 바우어라인이라는 학자가 책 제목에서도 말하듯이 디지털 세대를 『가장 멍청한 세대(The dumbest generation)』라고 부르는 이유입니다. Bauerlein, 2014

삶을 위한 디지털 리터러시를 위하여

황유진 선생님은 중학생들이 컴퓨터를 잘하는 것이 아니라 자신이 사용하는 애플리케이션, SNS나 게임을 잘하는 것일 뿐 그 이상의 능력을 가진 것은 아니라고 단호히 지적하였습니다. 그렇지만 중학생들이 디지털 네이티브로서 그 어느 세대보다도 디지털 기기에 매우 친숙한 것은 분명합니다. 앞서 살펴본 것처럼 중학생들은 디지털 환경에서 똑똑하게 적응하면서 똑똑하게 혼공하고 진로를 찾으며 현명하게 세상을 살아가는 방법을 익혀 가고 있었습니다. 더불어 미디어 환경의 위험 요소에 대해 파악하고 이를 극복하기 위한 적절한 미디어 사용 방법도 아는 현명함을 보였습니다. 보이드라는 학자가 디지털 네이티브들이 온라인에서 사람을 덜 믿고 경험을 통해 위험성을 깨닫게 된다고 한 것과 일맥상통하는 것이죠. Boyd, 2014 즉 이들은 일방적으로 미디어를 소비하는 것이 아니라 디지털 세계에서의 삶에서도 나름대로의 기준을 가지고 살아가고 있다는 것입니다. 오프라인 친구와 온라인 친구가 거의 동일한 하린이는 SNS에서 모르는 사람들이 말을 거는 것에 대해 경계하고 있었습니다. 또한 SNS를 통해 자신의 디지털 흔적이 남지 않도록 주의하고 있었지요. 반면에 노을이는 하린이와 달리 모르는 아이들과도 온라인상에서 친구가 되었습니다. 하지만 프로필에 공개된 연령과 학교 등의 정보를 살핀 뒤 친구를 맺었으며 또래 커뮤니티에서 소위 '위험한 인물'로 알려진 프로필에 대한 정보를 자주 찾아본다고 했습니다.

> 이노을: 페북에 엄청 정보가 많잖아요. 그러면 그렇게 떠요. 이 사람 조심
> 해라. 이런 식으로 떠요.
> 연구자: 사칭하는 사람들 말이야?
> 이노을: 네. 사건 같은 것도 다 떠요. 맨날 06, 07 사건 이런 식으로 다 뜨
> 거든요. 사건과 관련해서 개인 프로필 다 뜨고 '누구누구 조심하
> 세요' 이렇게 떠요.

또한 대부분의 아이들은 다양한 SNS를 활용하고 있었는데, SNS의 특징과 기능에 따라 각기 다른 방식으로 SNS를 활용하고 있었습니다. 빛나의 경우 트위터는 좋아하는 아이돌에 대한 사진을 볼 때, 유튜브는 자신이 좋아하는 콘텐츠를 볼 때, 텍스트보다 이미지나 영상이 주로 게시되는 인스타그램에서는 자신이 보고 싶은 사진이나 영상 등을 선택적으로 보기도 합니다. 이처럼 목적에 따라 디지털 콘텐츠를 차별화해서 활용하고 디지털 세계에 걸맞은 능력을 체득하는 모습은 중학생들의 '똑똑함'을 드러내는 요소라 할 수 있습니다.

저는 어떻게 하냐면 유튜브에서는 그냥 좋아하는 거 다 구독해 놓고, 트위터에서는 아이돌 것만 딱 팔로우해 놓았어요. 그리고 페이스북에서는 예능이나 드라마를 팔로우했고 음식 만드는 것도 팔로우해서 타임라인에 그런 영상만 뜨게 했어요. 인스타그램에서는 돋보기 버튼 눌러서 보고 싶은 영상 보거나 꿀팁 모아 둔 게시글을 봐요. 그런 식으로 SNS에 시간을 쓰는 편이죠. (정빛나 학생, 중2)

중학생들이 짧은 동영상을 보면서 순뇌가 되어 가고 가짜뉴스를 맹신하고 있지만 그러한 부족함은 충분히 극복할 수 있습니다. 지적 발달 과정은 '내가 무엇을 알 수 있는가, 내가 무엇을 찾아낼 수 있는가'에서 '기존의 지식을 엮어서 무엇을 만들어 내는가, 무엇을 나의 지식과 지혜로 새롭게 버무려 발효해 내는가'로 진행된다고 합니다.김성우·엄기호, 2020 따라서 중학생들에게 비판적으로 정보 수용하기와 세상 읽기, 자신의 관점으로 세상 바라보고 행동하기 등을 체득하도록 가르쳐야 하는 것이죠.

더불어 중학생들이 디지털 세계에서 살아가면서 체득한 '똑똑한' 능력 자체를 불필요한 것으로 치부해서는 안 된다는 것도 명심할 필요가 있습니다. 디지털 세상에서 성장하지 않은 '디지털 이민자(Digital Immigrants)'인 어른들의 눈에는 중학생들의 능력이 '능력'으로 보이지 않는 경우가 많습니다. 왜냐하면 미디어 환경에 대한 이해의 부족으로 인해 우려가 앞서기도 하고, 미디어 활용이 학업에 방해가 된다는 생각이 크기 때문입니다. 이전 세대들이 해 왔던 전통적인 방식처럼 자녀들도 열심히 책을 읽고 공부하는 것에 온전히 전념하기를 바라는 거지요.

하지만 디지털 네이티브로서 중학생들이 갖는 '능력'은 오늘날 디지털 시대에 필수적으로 함양해야 하는 능력입니다. 중학생들은 디지털 세계에서 살아가는 법을 배우느라 시행착오를 겪으며 고군분투하고 있습니다. 좌충우돌하면서 디지털 시대에 필요한 역량을 키우고 있지요. 이전 세대에 필요했던 능력과 디지털 시대에 요구되는 능력은 다를 수밖에 없습니다. 때문에 기성세대들은 디지털 전환이 일어나고 있는 세상의 변화에 대해 이해해야 하고, 미디어와 디지털 기기 활용이 그들의 삶에 어떤 의미를 주는지 살필 필요가 있습니다.

한 가지 더 주목해야 할 점은 디지털 네이티브라고 해도 '디지털 리터러시'는 개인차가 매우 크다는 것입니다. 어떤 부모는 미디어나 디지털 기기 사용 자체를 금기시하기도 하고, 어떤 부모는 미디어나 디지털 기기 사용에 대한 개입이나 교육 없이 학생들에게 전권을 주면서 방임하기도 합니다. 미디어 사용을 차단하는 것과 미디어 사용에 대해 어떠한 개입도 하지 않는 양극단의 방법 모두 적절하다고는 할 수 없습니다. 미디어 사용을 완전히 금지하게 되면 아이는 변화된 세상에서 적응하기 힘들 뿐 아니라 미래 사회에서 요구되는 역량을 키우지 못할 것입니다. 반면 미디어나 디지털 기기를 남용하도록 자녀를 방임하게 되면 교육적 콘텐츠를 판별하고 선택하며 활용하는 법, 디지털 기기를 현명하고 절도 있게 사용하는 방법 등 자기관리 능력을 키우지 못할 것입니다.

디지털 기기 사용을 완전히 차단하거나 100% 허용하는 것이 정답이 아니라면 어떻게 해야 할까요? 그것은 부모나 교사가 선택하는 것이 아니라 학생 스스로가 디지털 기기 사용에 대한 내용, 방법, 범위 등에 대해 선택할 수 있도록 하는 것입니다. 즉 학생이 디지털 기기 사용에 대한 주도권을 갖고 스스로 판단하고 선택하도록 하는 것입니다. 그에 대한 책임을 질 수 있도록 말이지요. 부모가 자녀와 함께 디지털 사용에 관해 논의한 후 사용규칙과 범위를 함께 정하고 행동해 본다면 어떨까요? 일정 기간이 지난 후 얼마나 지켰는지를 평가하는 것입니다. 만약 자녀를 믿을 수 있다면 자율적인 범위와 권한을 점차 늘려 주는 것이지요.

학생들에게 디지털 기기 사용에 대한 주도권을 부여한 다음에는 학생들에게 디지털 리터러시 교육을 실시하고 디지털 콘텐츠를 판별하고 선택하고 활용하는 법, 시간을 정해 놓고 디지털 기기를 활용하는 절제력, 디지털 세상에서도 오프라인 세상과 똑같이 지켜야 할 책임과 배려 등 디지털 세계의 윤리 등에 대해서 습득하도록 하여야 합니다. 오프라인 세상과 마찬가지로 디지털 세상에서의 윤리 또한 중요하다는 것을 강조하여 책임과 배려, 공감 등의 가치를 내면화하도록 안내할 필요가 있습니다.

이리안(중학교 2학년, 여)

리안이는 또래보다 키가 많이 큰 편입니다. 큰 키로 어디를 가든 주목받지만, 주목받는 것을 즐기기도 합니다. 그래서인지 리안이는 요즘 모델이나 연예인이 되고 싶다는 생각을 하기도 합니다. 관심사가 워낙 다양해서 하고 싶은 일도 배우고 싶은 것도 많습니다. 공부도 나름대로 열심히 하지만, 좋아하는 아이돌 덕질에도 누구보다 열심인 아이입니다. 공부할 때는 학습을 도와주는 애플리케이션을 적극적으로 활용하고, 아이돌 덕질을 하면서 알게 된 온라인 친구와 함께 콘서트를 가기도 하는 모습은 디지털 네이티브로서의 면모를 잘 보여 주고 있지요.

조다솜(중학교 2학년, 여)

다솜이는 평소 내향적인 성격으로 학급에서도 조용히 지내는 편입니다. 책 읽는 것을 좋아하고, 좋아하는 분야에 대해서 깊이 탐구하는 것을 좋아합니다. 다솜이는 어릴 적 우연히 보게 되었던 심장 사진을 통해 인체에 관심을 갖게 되었고 의사가 되고자 하는 꿈도 갖게 되었습니다. 다솜이는 중학교 여학생들이 기본으로 생각하는 화장도 하지 않고, 외모에 큰 관심이 없는 편입니다. 또래 친구들과 관심사를 공유하지 않다 보니 친구들과 대화하는 것이 그다지 즐겁지 않습니다. 그래서 다솜이는 자신과 관심 분야가 비슷한 소수의 친구들과 친하게 지내고 있습니다.

중학생들을 가장 잘 묘사할 수 있는 특징은 반항일 것입니다. 디지털 네이티브로서 중학생들은 어떤 형태로 반항을 표출할까요? SNS의 영향을 많이 받는 만큼 이전 세대와는 다른 형태로 감정을 표출하였습니다. 물론 반항하는 학생들만 있지는 않았어요. 무기력하고 수동적인 학생들 또한 심심찮게 만날 수 있었습니다. 중학생들에게 나타나는 수동성은 어떤 식으로 드러나며, 능동성은 어떤 때에 발휘될까요? 이제 중학생들의 수동성과 주도성에 대해 살펴보도록 하겠습니다.

8. 무기력하고 수동적인 아이들

    사춘기에 접어든 아이들을 떠올려 보세요. 고분고분하던 아이가 부모의 말에 반기를 들고 대들기 시작할 때 부모들은 내 아이의 달라진 모습에 당황합니다. 달라진 눈빛과 반항적인 태도에 부모들은 어찌할 바를 모릅니다. 하지만 당황스러운 것은 부모만이 아닙니다. 부모의 말 한마디에 쉽게 짜증을 내고 제발 좀 그냥 내버려 두라며 부모에게 큰소리를 치는 자신의 모습이 당황스러운 건 아이 역시 마찬가지입니다.

    잘 알려진 것처럼 사춘기는 일반적으로 아동기를 벗어나 성인이 되는 과정에서 변화가 나타나는 시기를 의미하며, 개인에 따라 차이는 있지만 대개 초등학교 3, 4학년 정도부터 시작됩니다. 사춘기 시기의 짜증, 반항, 허세 등과 같은 여러 특징은 중학생 시기에 가장 복합적으로 나타납니다. 그중에서도 '반항'은 정도의 차이는 있지만 중학생 아이들에게 흔히 발견되는 것으로 어른들의 시각으로 봤을 때 그것은 늘 '문제적'으로 인식되는 경향이 있습니다. '반항적인 아이'라고 하면 어떤 이미지가 떠오르나요? 불만이 가득한 얼굴로 어른에게 소리 높이며 맞서는 아이의 모습이 떠오르지는 않나요? 만약 우리 아이들이 그런 모습을 보인다면, "내가 너를 어떻게 키웠는데…"라며 드라마에서 자주 들어 본 적 있는 대사를 읊조리게 될지도 모르겠습니다.

그런데 중학생 아이들 중에는 거친 표현을 하며 적극적으로 반항하는 모습을 보이지 않더라도 부모와 대화를 하지 않거나 무시하는 등 다양한 방식으로 부모나 어른들의 뜻에 소극적으로 반항하는 경우가 있습니다. 생각해 보면 우리는 모두 부모님의 말보다 자신의 생각과 친구들의 생각이 더 중요해지는 시기를 거쳐 왔습니다. '반항'은 권위에 대한 도전으로 여겨질 수도 있지만, 아이들이 자신만의 생각과 세계를 확립해 가고 있다는 것을 보여 주는 것이기도 합니다. 우리가 사춘기 아이들의 반항을 이와 같이 이해한다면 반항이 때로 부모님과 자녀 사이 또는 선생님과 학생 사이를 불편하게 만들고 더 나아가 아프게 할지라도 그 과정을 성장통 삼아 함께 자랄 수 있는 기회가 되지 않을까 싶습니다.

사람들은 흔히 중학생을 '반항의 아이콘'이라고 생각하곤 합니다. 어른에게 맞서고 대들며 반항하는 모습을 쉽게 떠올리지만, 중학생들마다 반항의 강도와 표면적으로 드러나는 모습은 각양각색입니다. 또한 요즘에는 오히려 무기력하고 수동적인 모습을 보이는 중학생들도 많이 있습니다. 실제로 중학생들을 위한 진로 교육 프로그램을 운영하는 한 학부모는 중학생들의 모습을 '무기력의 블랙홀' 같다고 묘사했습니다.

심심해하기는 하는데 그렇다고 자기가 좋아하는 걸 찾진 않아요. 찾지 않고 그냥 계속 늘어져 있어요. 늘어진 게 꼭 블랙홀 같아요. 무언가를 하는 게 귀찮으니까 정체되어 있다가…. 타성에 젖어서 가만히 있다 보니 거기서 더 게을러지고, 게을러지고, 게을러지고. 하던 것만 하고. (김민주 학부모)

우리는 다양한 중학생들을 만나면서 부모에게 소리를 지르며 대들었다는 아이도 만났고, 좀처럼 입을 열지 않고 에너지가 0에 수렴할 듯 무기력해 보이는 아이도 만났습니다. '반항'이라는 키워드로 이야기를 시작했지만, 이번 장에서는 중학생들의 수동적이고 능동적인 태도가 어떤 이유로 발현되는지 그들의 삶의 맥락 안에서 이해해 보고자 합니다.

『무기력의 비밀』이라는 책에서는 학교에서 자는 아이, 스마트폰만 보는 아이, 모든 일에 의욕이 없는 아이들에 대해 이야기합니다. 김현수, 2016 이 책의 저자이자 정신과 의사인 김현수 작가는 이런 아이들의 무기력함을 '소리 없는 외침'이라고 말하며 이들의 무기력함에 주목해야 한다고 합니다. 중학생들의 무기력하고 수동적인 모습은 현상적으로는 반항과 차이가 있지만, 소극적 반항의 다른 이름이기도 한 것 같습니다. 그렇다면 중학생들에게는 왜 이러한 수동적인 태도와 무기력함이 나타나는 것일까요?

엄마한테 확인해 봐야 해요

대부분의 중학생들이 그러하듯 올해 중학교 2학년이 된 세찬이 역시 학교 수업을 마치면 학원에 갑니다. 어떤 날은 유난히 더 피곤해서 집에서 좀 쉬고 싶다는 마음이 턱 끝까지 차오릅니다. 하지만 그럴 때마다 아빠의 얼굴이 떠올라서 원망스럽습니다. 쉬고 싶은 마음을 애써 누르며 학원에 갈 때는 어느 때보다 더 발걸음이 무겁습니다. 세찬이의 하루는 보통 학원 수업을 마치고 집에 돌아와 학원 숙제까지 다 끝내야지만 마무리되었습니다. 세찬이의 아빠는 숙제를 점검할 정도로 세찬이의 학습에 적극적인 편입니다. 모든 학부모들이 세찬이의 아빠처럼 자녀들의 학습에 직접 관여하고 관심을 보이는 것은 아니지만, 학원 스케줄을 관리하거나 기사나 매니저 역할을 자처하는 것을 어렵지 않게 목격하곤 합니다.

세찬이만이 아니라 많은 중학생들이 학부모의 '관리'에 의한 삶을 살아가고 있지요. 이러한 일상 속에서 아이들이 주도적으로 시간을 활용할 수 있도록 허락된 시간은 그리 많지 않은 것 같습니다. 2021년 청소년 통계*에 따르면 우리나라 중학생들의 53.6%가 하루 중 3시간 미만의 여가 시간을 갖고, 고등학생들의 65.5%가 3시간 미만의 여가 시간을 갖는다고 합니다. 여가 시간을 마음껏 누릴 여유도 없이 학교에 가두고 학원에 가두니 아이들이 점차 수동적이고 무기력한 태도와 자세를 취하게 되는 것은 당연한 결과가 아닐까 싶습니다.

아이들의 모든 스케줄을 부모님이 잡고 있는 거죠. 아이들의 카톡방을 열어 보면 "뭐할까? 언제 모일래? 언제 시간 돼?", "엄마한테 확인해 봐야

---

* 통계청, 2021.

돼요. 학원 스케줄 조정해야 돼요.”가 대부분이에요. 이렇게 엄마와 이야기하는 거예요. (김민주 학부모)

그렇다면 우리 아이들은 왜 이런 환경 속에서 살아가게 된 것일까요? 중학생 시기는 입시 경쟁에 본격적으로 뛰어들게 되는 시기입니다. 중학생들에게 '학업'은 삶의 중요한 영역을 차지하고 있습니다. 본격적으로 '입시'로 향하는 단 하나의 길 위에 올라선 아이들은 성적에 의해 평가되고 경쟁 속에 몰리게 됩니다. 길 위에 선 아이들은 낙오자가 되지 않기 위해 부단히 애를 쓰지요. 가만히 있으면 뒤처지게 되므로 한 발이라도 더 앞서 나가려고 합니다. 안타깝게도 경쟁에서 뒤처지거나 길에서 벗어난 아이들은 소위 문제아 내지는 위기 청소년으로 명명되어 교정의 대상이 되기도 합니다. 시험을 통한 신분 상승이 더 이상 유효하지 않음에도 불구하고, 한국에서는 시험을 통한 출세라는 문법이 여전히 작동하고 있는 것 같습니다. 부모와 아이들이 저마다 '입시'라는 목표를 향해 달리도록 부추깁니다. 주변 아이들보다 더 빠르게 목표에 도달해야 한다고 느끼게 하여 선행 학습의 늪에 빠져들게 하는 것이지요.

중학교 1학년은 자유학년제의 시행으로 시험의 부담으로부터 비교적 자유로운 시기입니다. 하지만 이 자유는 학교 안에서만 고스란히 누릴 수 있는 자유인 것 같습니다. 정책의 의도와 모순되게 자유학년제의 시행으로 선행 학습 목적의 사교육이 확대되었다는 연구 결과가 있습니다. 학교 안에서는 비교적 자유롭지만 학교 밖에서는 치열하게 움직여야 하지요. 이렇게 학교 안과 밖의 교육 방식이 다르니 그에 따라 학생들의 삶의 양식도 달라지게 되는 것입니다. 실제로 우리가 만난 중학생들도 시험과는 별개로 학원에서 선행 학습을 하고 있었습니다. 학원에서의 선행 학습은 대개 학교 수업보다 일 년 정도 앞서가며 반복적으로 이루어지고 있었지만, 경우에 따라서는 2, 3년을 훌쩍 뛰어넘는 경우도 있었습니다.

연구자: 선행 학습도 해?

정연주: 선행을 하기는 하는데, 선행만으로 그치지 않고 거기서 수준을 높여 가며 공부해요. 그래서 지금은 3학년 학습 진도만 여덟 번 하고 있어요.

중학교 1학년인 빛나는 고등학교 1학년 수학을 배웁니다. 중학교 2학년도, 중학교 3학년도 아닌 고등학교 1학년 수학이라니…. 빛나는 다른 친구들보다 훨씬 더 앞서간다는 것에 내심 자부심을 느끼기도 합니다. 그런데 문제는 바로 학교입니다. 빛나는 학교에서 배우는 내용은 재미도 없고 수준도 너무 낮게 느껴져 자세가 자연스럽게 흐트러진다며 학교 수업의 어려움을 호소합니다. 이처럼 과도한 선행 학습으로 인해 학생들은 학교 수업에 흥미를 느끼지 못하게 되고 공부는 학교가 아닌 학원에서 하는 것으로 인식하게 됩니다.

연구자: 선행 학습을 하면 중학교 1학년 수업이 너무 쉬울 거 아니에요. 학원에서는 고등학교 1학년 거를 하니까.

정빛나: 맞아요. 솔직히 너무 쉬워서 처음에는 수업에 집중이 하나도 안

됐어요. 다 아는 내용이니까. 그러다 슬슬 졸리면 몸이 절로 엎드려지잖아요. 머리카락 만지면서 딴청 피우게 되잖아요.

EBS에서 방영한 〈다시, 학교〉라는 다큐 프로그램에서 한 아이가 공부는 학원에서 하고 학교는 부족한 잠을 보충하는 시간이라고 담담하게 이야기했던 장면이 떠오릅니다. 그런데 이런 폐해를 모르는 사람이 있을까요? 모두가 이미 알고 있지만, 선행 학습은 끊임없이 이어지고 있습니다. 이런 점에서 선행 학습을 벗어나려 할수록 더 깊이 빠지는 '늪'이나 멈출 수 없이 '달리는 기차'로 표현하는 것은 정말 그럴듯한 비유인 것 같습니다. 앞서 언급했던 빛나와 같이 선행 학습을 한 많은 아이들은 선행 학습을 하면 마음이 편하다고 대답합니다. 선행 학습을 하지 않으면 경쟁적인 학업 문화에서 자신이 뒤처지게 될 것이라는 '불안'이 아이들 마음속에 존재하기 때문입니다. 한국 사회의 교육열을 추동하는 근원적인 기제가 불안이 아닐까 싶을 만큼 불안은 학생들뿐만 아니라 학부모에게도 깊이 침투해 있는 것 같습니다.

"선행 다 했잖아. 그러면 100점 맞아야 하는 거 아니야?"라고 물어보면 "걔가 그거를 어떻게 다 알아?"라고 엄마들도 그래요. 황당한 이야기지만 어쩔 수 없어요. 그럼에도 학원에 왜 보낼까 싶겠지만, 엄마들의 인식에도 선행 학습을 몇 번 돌려야 한다는 생각이 베이스로 깔려 있거든요. 초등학교 6학년 때 중학교 3학년 진도까지 공부해야 하고, 중학교 들어가서 선행 학습했던 것을 돌려야 안심인 거예요. 아무래도 중학교부터는 내신을 관리해야 했으니까요. 기본 내용을 다시 복습하면서 고등학교 진도를 동시에 나가는 거죠. (김민주 학부모)

중학생들은 학업에 있어 사회의 암묵적 신념이나 분위기 등에 많은 영향을 받고 있었습니다. 이러한 경쟁적인 학업 문화와 사교육 의존성은 중학생들에게 보이는 수동성을 이해하기 위한 중요한 맥락이라고 할 수 있을 것입니다.

'학원의 노예'가 된 아이들

노을이는 학급에서 학원에 다니지 않는 세 명의 학생 중 한 명이었습니다. 그녀가 보기에 학원에 다니는 아이들은 '학원의 노예' 같습니다. 왜 저 아이들은 학원에 잡혀 살면서 선생님이 하라는 대로만 하는 건지 노을이는 전혀 이해가 되지 않습니다. 아이들이 불쌍할 따름입니다. 노을이처럼 학원에 다니지 않는 학생들에게는 자율성이 부여되는 경우가 많습니다. 그들에게는 스스로 공부할 문제집을 선정하고 원하는 온라인 강의를 선택할 수 있는 자유가 있었습니다. 덕분에 스스로 공부하는 과정에서 자신만의 공부법을 터득할 수 있었지요. 이런 점에서 볼 때 중학생들이 보이는 수동성은 학업 위주의 삶과 타인에게 관리되는 일상에서 스스로 선택할 기회와 자유를 잃게 된 것과 무관하지 않아 보입니다.

연구자: 반 애들도 학원을 많이 다녀?

이노을: 네. 다 다녀요.

연구자: 거의 다 다니는구나.

이노을: 반 애들이 30명 있으면 3명 빼고 다 다녀요.

연구자: 그러면 애들이 학원에서 많이 배우고 올 텐데, 다들 수업 시간에 어때?

이노을: 엄청 많이 자요.

스스로 선택할 기회와 자유의 박탈은 학업에만 국한된 것은 아닙니다. 진로 선택에 있어서도 아이들은 자신의 직접적인 선택보다는 부모의 영향을 많이 받고 있었습니다. 예쁘게 꾸미는 것을 좋아하는 라온이는 한때 네일아티스트가 되고 싶었습니다. 지금도 네일 이야기를 하면 눈이 반짝이는 라온이는 왜 네일아티스트를 '한때의 꿈'으로 여기게 되었을까요? 라온이는 생각보다 담담하게 "엄마 말을 듣고요"라고 대답했습니다. 공부를 잘하면 직업을 선택할 수 있는 폭이 넓어진다는 엄마의 말을 수용하게 된 것이지요. 미래에 보다 폭넓은 직업 선택의 기회를 가지려면 현재에는 공부만 해야 한다는 부모님의 말이 마음에 오래 남았다고 합니다. '언제쯤 내가 좋아하는 일이나 하고 싶은 일을 마음껏 할 수 있을까? 그날이 오긴 할까?'라는 의심이 들기도 했지만, 결국 엄마의 말을 따르는 것이 가장 안전한 선택인 것 같았지요. 우리 아이들은 언제쯤 자신의 관심사나 흥미에 대해 진지하게 생각해 볼 수 있을까요?

연구자: 아까 손을 봤는데, 손톱 꾸미는 거에 관심이 많은가 보다.

이라온: 네. 원래 꿈도 이쪽으로 하려고 했어요.

연구자: 네일아티스트 쪽으로?

이라온: 네. 그런 걸로 하려고 했는데, 엄마랑 아빠가….

연구자: 안 된대?

이라온: 싫어하셔서 그냥 공부하기로 했어요. 그래서 지금은 꿈이 없어요.

연구자: 그냥 공부하기로 한 거야?

이라온: 공부하면 나중에 선택할 수 있는 폭이 넓어진다고 엄마가 그래서
   요. 그냥 공부하려고요.

　지금까지 중학생들의 수동적인 모습을 살펴보았습니다. 그들이 수동적인 모습은 그들이 처해 있는 입시 중심의 문화와 학업과 관련이 깊었습니다. 그러나 중학생들은 학업을 제외한 삶의 다른 영역에서는 나름대로 적극적이며 주도적인 면모를 보이기도 했는데요. 요즘 중학생들의 주도성은 이전 세대와 다르게 오프라인 공간에 한정되지 않고 주로 디지털 공간 속에서 나타났습니다.

　'주도성'은 사전적 의미로 '주도적 입장에 서는 성질이나 특성'을 의미하지만, 여기에서 말하는 주도성은 단순히 자발적으로 어떤 일을 해 나가는 것을 넘어 자신이 세운 삶의 방향에 따라 독립적이고 자율적으로 행동할 수 있는 하나의 역량을 가리킵니다. 이러한 주도성은 미래 교육의 중요한 키워드로서 오늘날 각광받고 있는데요. 미래 교육의 핵심 역량인 주도성을 길러 주어야 한다는 이야기를 하기에 앞서 아이들의 주도성이 어떻게 발현되고 또 주도성의 발현을 촉진하는 요인과 저해하는 요인이 무엇인지를 먼

저 살펴볼 필요가 있습니다.

　우리가 실제로 만난 중학생들도 학업적인 영역에서는 수동적인 태도를 취했지만, 게임을 하거나 SNS 활동을 하는 것과 같은 온라인 활동에서는 보다 주도적이고 적극적인 모습을 보였습니다. 왜 아이들은 온라인 공간에서 더 주도적인 모습을 보이는 것일까요? 이에 관해 고민하기 이전에 아이들이 주로 온라인 공간에서 무엇을 하며 어떤 이유로 그것을 하는지 귀를 기울여 보면 좋겠습니다.

그냥 그 자체가 좋은 것

빛나는 게임을 잘하지는 못합니다. 게임의 승패를 떠나 그냥 게임을 하는 것 자체를 좋아하고 즐길 뿐입니다. 게임뿐만 아니라 유튜브나 틱톡 등을 통해 짧은 영상을 시청하거나 웹드라마나 웹툰을 보는 것도 좋아합니다. 빛나는 스마트폰만 있다면 지겹지 않게 하루를 보낼 수 있습니다. 이처럼 온라인 공간에서의 활동들은 이들에게 하나의 '놀이'입니다. 역사학자 하위징아(Johan Huizinga)는 인간의 본질적인 특성을 '놀이'에서 찾았습니다. 유희하는 인간이라는 뜻의 호모 루덴스의 개념을 정립한 그는 놀이의 특징 중 하나로 '자발성'을 들었습니다. 누군가 시켜서 하는 일은 더 이상 놀이가 아닌 것입니다. 이러한 점에서 볼 때 어른들의 간섭이 배제된 '놀이'의 영역에서 아이들이 평소보다 더 주도적인 모습을 보인 것은 어찌 보면 당연한 일이었는지도 모릅니다.

정빛나: 그런데 저는요, 게임을 열심히 하는 편은 아니어서. 열심히 하기는
　　　　하는데 못하거든요.

연구자: 그래도 재밌어? 잘하지 못해도?

정빛나: 네.

연구자: 어떤 게 재밌어?

정빛나: 그냥… 어떤 게임이 재밌다기보다는 그냥 게임을 하는 것 자체가
　　　　너무 좋아요.

연구자: 그러니까 왜 좋아?

정빛나: 팀전으로 하면 우리 팀 대부분이 꼴찌를 했어도 다른 한 명이 1등
　　　　을 하면 상대 팀이 지거든요. 저는 1등을 할 일이 없어서 저 때문
　　　　에 팀이 지곤 해요. 그치만 그게 그렇게 기분 나쁘지 않아요. 게임
　　　　으로 손가락을 풀어 주는 것도 좀 좋고. 잠깐이라도 게임을 하면
　　　　머리가 좀 순화되는 느낌이에요.

　하지만 중학생들이 온라인 공간에서 놀기만 한다고 생각하는 것은 큰 오
산입니다. 온라인 공간에서 진로나 학업에 대한 주도성을 보이는 경우도
있으니까요. 법조인을 꿈꾸는 가온이는 혼자 공부하는 것이 좋습니다. 모
르는 수학 문제가 나올 때는 '콴다'를 켜 문제를 찍어 올립니다. 원소 주기율
표를 혼자 외우다 잘 외워지지 않을 때는 유튜브를 켭니다. 도움이 될 만한
영상을 찾다가 주기율표 속 원자들의 결합 원리에 대한 영상을 발견합니
다. 배경 설명을 듣고 나니 암기가 한결 수월해진 것 같아 뿌듯합니다. 이렇
듯 가온이는 혼자 학습할 때 다양한 애플리케이션의 도움을 받으며 자발적

으로 학습해 나가는 자기주도적인 학습자입니다. 물론 학습자의 주도성이라는 것이 단지 자신이 원하는 학습 콘텐츠를 찾고 선택하는 것만을 의미하지는 않을 것입니다. 하지만 주어진 교육 과정 속에서 정해진 수업 내용을 수동적으로 받아들이기만 하지 않고 자신에게 맞는 콘텐츠를 찾고 스스로 학습을 해 나간다는 점에서 보다 주도적이라고 할 수 있을 것입니다.

민가온: 유튜브에 '중학교 2학년 과학'이라고 검색하면요.
연구자: 유튜브에?
민가온: 네. 그러면 검색어와 비슷한 게 나와요. 그런 거를 다양하게 찾아서 들어 보면 학교 문제에 적용할 수 있을 때가 있어요. 그래서 가능하면 많이 듣고 문제를 푸는 편이에요. 또 제가 영어 듣기에 약한데 유튜브에 1시간짜리 듣기평가 영상이 있으면 그걸 듣고 공부하기도 해요.
연구자: 검색하면 결과가 여러 개 나오는데, 고르는 기준이 있어?
민가온: 조회 수가 높거나 조회 수는 낮더라도 10초, 20초 정도 들어 본 다음에 저한테 맞을 것 같으면 보고 아닌 것 같으면 꺼요.

또한 페이스북이나 인스타그램과 같은 SNS를 통해 이루어지는 또래와의 관계 및 소통에서도 중학생들의 주도성이 나타났습니다. 페이스북 친구가 2,000명이나 되는 노을이는 주로 SNS를 통해 놀 거리나 화장에 관한 정보같이 또래와의 관계 유지와 소통에 도움이 되는 콘텐츠를 접하고 있었습니다. 이성에 관심이 많은 중학생 시기인 만큼 SNS로 이성 친구들과 만나기도 했습니다. SNS에서 친구들과 무슨 대화를 하냐는 질문에 남자 여자 이야기밖에 안 한다는 노을이의 이야기는 이런 특징을 잘 반영하고 있습니다.

연구자: 주로 무슨 얘기해?

이노을: 남자, 여자 얘기밖에 안 해요. 같이 놀다가도 "여소받을래? 남소받을래?" 이래요. 중학교는 이런 게 거의 일상이거든요.

연구자: '여소받을래'가 뭐야?

이노을: 여자 소개받을래? 남자 소개받을래? 애들끼리 이렇게 소개해 주는 거죠.

연구자: 아, 서로서로 소개를 해 줘?

이노을: 네. 소개받는다고 하면 페북에 이름을 쳐서 페메로 인사해요. '손 흔들기' 기능으로. 그게 '나랑 인사할래? 친하게 지낼래?' 이런 의미거든요. 그래서 페메로 대화하다가 좀 잘 맞는다 싶으면 실제로도 만나 보고 그래요.

이처럼 중학생들은 오프라인에서는 적극적으로 행동하지 못해도, 온라인상에서는 취미나 학습, 또래 관계 등과 같은 다양한 활동을 주도적으로 해 나가고 있었습니다. 그만큼 오프라인 세계에는 중학생들이 주도적으로 행동할 수 있는 공간이 허락되지 않았음을 알 수 있었습니다.

우리만의 공간 속에서 자유로이 헤엄치기

온라인 공간은 어른들의 관리와 시선으로부터 벗어나 또래와 함께 소통할 수 있는 공간이며, 학교 수업이 끝나면 학원으로 가는 정해진 시간표 속에서 남아 있는 시간을 효율적으로 활용할 수 있는 공간입니다. 빛나는 학원 숙제를 하면서 잠시 쉴 때마다 게임을 하거나 SNS를 확인하곤 합니다. 그 시간은 빛나에게 잠시 숨을 돌리는 시간입니다.

> 30분, 40분 정도 공부를 해요. 모의고사 풀고 영어 문법 외우고 수학 문제 풀다가 중간에 10분 정도 쉬어요. 그때 게임을 한 판씩 하는데, 한 판당 3분 정도예요. 게임 한두 판 하고, 남은 시간 동안 카톡이나 페북 봐요. (정빛나 학생, 중1)

올해 고등학생이 된 하은이도 시간이 날 때마다 짧은 웹드라마나 웹툰을 봅니다. 하은이에게 이 시간은 하루 중 잠깐이지만, 없어서는 안 될 소중한 '휴식 시간'입니다. 이러한 점은 바쁜 일상을 살아가는 중학생들에게 디지털 기기는 곧 '놀이터'로서의 역할을 하고 있다는 것을 분명히 보여 줍니다.

> 이하은: 드라마 같은 경우는 정해진 시간에 TV로 봐야 하잖아요. 학원을 다니지 않는 애들은 드라마를 볼 수 있지만, 학원에 다니는 친구들은 저녁에도 바쁘니까 못 봐요. 대신에 웹드라마를 더 보는 것 같아요.

연구자: 그러네. 그런 드라마는 짧기도 하고 또 핸드폰으로 바로 볼 수 있
　　　으니까.
이하은: 네. 게다가 웹드라마는 책상에 앉아서 보거나 침대에 누워서 볼
　　　수 있잖아요.
연구자: 짧게 쉬기에는 그러는 게 편하니까.

　어린 시절 우리는 놀이터에서 자연스럽게 친구들을 만나 놀이의 기쁨을
경험했습니다. 하지만 언제부터인가 초등학생만 되어도 놀이터에서 친구
들을 만나기가 어려워졌습니다. 이제는 친구들을 만나려면 놀이터가 아닌
학원으로 가야 하는 것입니다. 황유진 선생님과 최연경 선생님이 이야기하
는 것처럼 온라인 공간은 바쁜 일상을 살아가는 아이들에게 '유일한 탈출
구'가 되어 주는 공간입니다. 중학생들은 디지털 세계에서 이곳저곳을 기
웃거리며 바쁜 일상 속에서 잠시나마 여유를 느끼고 있는 것일지도 모릅니
다. 이들은 '디지털 산책자'로서 답답한 현실에서 벗어나 디지털 공간으로
휴식을 취하러 가는 것입니다.

　특별한 취미가 없다면 미디어만큼 간편하게 스트레스를 풀 수 있는 도구
가 없는 거예요. 유튜브만 주야장천 보는 애가 있는가 하면 SNS에 집착
하는 애가 있고 게임에 매달리는 애가 있죠. 우리 어른들도 스트레스를
받으면 잠을 자거나 뭔가를 하나씩 하잖아요. 아이들에게도 그런 탈출구
하나가 있어야 하는데, 쉴 시간이 짧죠. 애들을 보면 주말에도 학원을 다
녀서 너무 바쁘잖아요. 짧은 사이에 쉴 수 있는 방법이 그런 것뿐인 거예

요. 애들이 나쁜 게 아닌 것 같아요. 애들도 사실은 자기만의 방법을 찾고 있는 거잖아요. 친구와 만나서 놀고 싶어도 시간을 내기가 어려우니 SNS로라도 자주 대화하려 하는 거고. 어떻게 보면 측은해요. (황유진 정보 교사)

한편 온라인 공간에서 자신만의 콘텐츠를 제작하여 '생산자'로서의 역할을 하는 경우도 있습니다. 초등학교 3학년 때부터 유튜브 활동을 시작한 어느 유튜버는 중학생의 일상을 담은 콘텐츠를 꾸준히 공유하여 100만 유튜버가 되었습니다. 이 유튜버는 또래의 호기심을 자극하거나 다양한 간접경험을 제공할 수 있는 콘텐츠를 주로 제작합니다. 그중에서도 '밤 12시 엄마 몰래 라면 끓여 먹기'라는 십분 남짓의 영상은 1,005만 회의 조회 수를 기록할 정도로 인기가 대단하지요. 이 유튜버가 처음 유튜브를 시작하게 된 계기는 바로 '게임'이었습니다. 게임에 대한 관심으로 시작된 취미 활동이 천만 유튜버가 되기까지의 숨은 공신은 바로 이 유튜버의 엄마였습니다. 좋은 경험이 되기를 바라는 마음에서 유튜브 활동을 허락하였고 최고의 지지자가 되어 주었습니다.

그러나 많은 경우 부모는 지지자가 되기보다는 감시자가 됩니다. 디지털 기기를 매개로 한 중학생들의 주도적인 활동은 스마트폰의 과다 사용이나 게임 중독 등을 우려하는 부모들에 의해 제지되기도 하였으며, 그로 인해 중학생 자녀와 부모 간의 갈등이 생기기도 하였습니다. 다시 말해 테크놀로지의 발달은 십대들의 자율성을 가속화하는 데 기여하기도 했지만, 가족 간 갈등의 원천이 되고 있기도 한 것입니다.

스마트폰 공기계를 구입한 하린이는 중학교 1학년 때까지는 스마트폰을 쓰지 않았다고 했습니다. 중학교 1학년 때까지는 스마트폰이 없는 친구들이 어느 정도 있었는데, 2학년이 되니 상황이 완전히 달라졌습니다. 스마트폰이 없는 친구는 반에서 한두 명뿐이었던 것입니다. 부모님의 말을 거역한 적 없던 하린이는 끈질긴 설득에도 스마트폰을 사 주지 않는 부모님 몰래 자신의 용돈으로 공기계를 구입하기로 마음먹었습니다. 설령 부모님이 알게 되신다고 해도 이제는 자신도 물러설 수 없다고 생각합니다.

박하린: 제가 중학교 1학년 때까지는 스마트폰이 없었어요. 부모님이 되게 싫어하셨거든요. 그런데 중학교 2학년 무렵엔 스마트폰이 너무 갖고 싶어서 공기계라도 사용하게 됐어요. 그래서 지금은 이렇게 두 개 있죠.

연구자: 용돈을 모아서 그 공기계를 산 거야?

박하린: 네.

세찬이도 컴퓨터 사용과 관련하여 아빠와 갈등이 생긴 적이 있습니다. 해야 할 숙제를 다 하고 컴퓨터를 막 켰을 뿐인데 아빠로부터 "공부는 안 하고 게임만 하냐"라는 비난의 말을 들었기 때문입니다. 억울한 일이 아닐 수 없죠. 중학생들은 온라인 활동이나 온라인 공간의 의미를 이해하지 못하고 행위 자체만을 통제하려는 부모님이 원망스럽기만 합니다.

저는 아빠에게 오해를 산 적 있어요. 아빠가 하라는 공부를 다 마치고 컴퓨터를 켰는데. 컴퓨터를 켠 지 10분도 안 돼서 아빠가 "공부는 안 하고 게임만 하냐"라고 하는 거예요. 그 말에 저도 욱해서 소리 지를 뻔했었어요. 아빠가 하라는 공부 다 하고 잠깐 쉬려고 했던 건데, 너무 뭐라 하니까. (박세찬 학생, 중2)

지금까지 살펴본 것과 같이 중학생들은 주로 온라인 공간 속에서 SNS이나 게임, 취미, 또래와의 소통 등과 같이 좋아하는 활동을 하면서 주도성을 발현하고 있었습니다. 하지만 그들만의 온라인 공간이나 활동이 부모나 어른들로부터 존중받지 못할 경우에는 다양한 방법으로 자신의 뜻을 표현하기도 하였습니다. '조용한 반항'이나 '소리 없는 외침' 같이 수동적인 모습으로 말이지요. 이는 중학생들의 디지털 기기 사용을 부정적인 시선으로만 바라보지 말고, 부모에 대한 의존으로부터 점차 자율적으로 독립해 가려는 중학생들의 자연스러운 욕구로 이해해야 함을 시사합니다. 중학생들에게 나타나는 수동성과 주도성은 진공 상태에서 나타나는 것이 아닙니다. 중학생들에게 도대체 왜 그러냐는 비난을 하기 이전에 어른들에게도 그 책임이 있음을 무겁게 받아들일 수 있어야 할 것입니다.

오늘날 중학생들은 어느 때보다 불확실성이 높은 시대를 살아가고 있습니다. 변화하기 쉽고 불확실한 세계를 살아가는 학생들에게는 자신만의 길을 선택하고 그 길을 묵묵히 걸어갈 수 있는 주도성이 어느 때보다 필요한 시점입니다. 주도성이 단지 자신의 흥미와 욕구만을 좇는 것으로 그치지 않고 타자와의 관계와 세계로 점차 확대된다면 더욱 좋겠지요. 하지만 그러한 고차원적인 의미의 주도성이 발현되기 위해서는 자신의 흥미와 관심사가 무엇인지 스스로 탐색하며 실험하는 일이 선행되어야 하며, 아이들의 주도성의 발현을 막는 어른들의 고정관념과 보호라는 이름의 억압이 사라져야 할 것입니다.

박세찬(중학교 2학년, 남)

세찬이는 고등학생인 누나와 공부를 강조하는 부모님과 함께 살면서 중학생인 자신도 공부를 열심히 해야 한다고 생각합니다. 하지만 공부를 좋아하는 다른 중학생처럼 공부가 즐거운 것은 아닙니다. 해야 하니 어쩔 수 없이 하는 것이지요. 특별히 관심이 있는 것이나 흥미를 느끼는 것도 없어 나중에 무엇을 하며 살아야 할지 모르겠습니다. 세찬이에게 학교는 공부를 위한 곳이 아닙니다. 학교는 그저 친구를 만나기 위한 공간이었고 도리어 학원이 공부를 하는 공간 같았습니다. 세찬이는 종종 스트레스를 풀기 위해 게임을 했습니다. 자신이 무엇을 좋아하는지 혹은 싫어하는지에 대한 진지한 고민은 없어 보입니다. 부모님의 학업에 대한 높은 관심과 관여에 수동적으로 자신을 맞추며 따라갈 뿐입니다.

박하린(중학교 2학년, 여)

하린이는 늦둥이로 태어나 위로 나이 차이가 많이 나는 오빠가 있습니다. 늦둥이로 태어난 덕분에 부모님의 사랑을 많이 받은 것이 사실이지만, 때로는 부모님이 너무 자신을 보호하려 한다는 생각이 들기도 합니다. 지금까지 하린이는 특별히 부모님의 뜻을 따르지 않거나 부모님 속을 썩인 적이 없었습니다만, 중학생이 되면서 상황이 달라지게 되었습니다. 바로 스마트폰 때문이었죠. 부모님은 여전히 스마트폰에 대해 부정적인 인식을 가지고 있습니다. 하린이는 중학교 2학년이 되면서 부모님 몰래 공기계를 구입하기도 했습니다. 이제는 부모님의 보호로부터 더 자유로워지고 싶은 마음입니다.

PART 2.

학습, 정체성,
관계로 보는 중학생

1. 학습, 행복을 위해 공부하고 싶은 중학생

요즘 중학생들에게 학습, 즉 공부와 성적은 어떤 의미일까요? 공부와 크게 상관 없어 보이는 크리에이터 같은 직업이 요즘 학생들이 선호하는 직업 순위에서 상위권을 차지하는 것을 보면 요즘 아이들에게 공부는 이전보다 중요성이 덜한 것은 아닌가 하는 생각이 듭니다. 예전에는 공부를 열심히 하는 모범생을 '범생'이라는 호칭으로 폄하하기는 했지만 그래도 공부 잘하는 아이들을 인정해 주는 분위기였죠. 하지만 요즘은 공부를 못 하는 아이들이 공부 잘하는 아이를 인정하거나 특별히 부러워하지는 않는 것 같습니다. 연주가 "공부 잘하는 애들은 딱 공부하는 애들 사이에서만 인싸인 거예요. 공부 잘해도 그냥 무시하죠. 공부만 하니까."라고 말하는 것을 보면, 공부 잘하는 아이는 오히려 무시의 대상이 되어가는 듯했습니다.

공부와 담을 쌓은 하준이는 성적이 하위권을 맴돌지만 주눅 들지 않고 당당하기만 합니다. 공부보다 외모가 더 중요한 세상이라고 생각하기 때문이지요. 학교 다닐 때 공부를 잘하지 못해도 엄청난 부를 축적하는 크리에 이터나 연예인을 보면 공부를 열심히 하지 않아도 된다고 생각했던 자신의 판단이 역시 틀리지 않았다고 느낍니다. 이전 세대가 행복이 성적순이라고 생각했다면, 지금의 중학생들은 성적보다는 외모나 부가 행복의 기준이 되고 있다고 느낍니다. 하준이가 공부를 열심히 할 필요가 없다고 생각하는 이유도 "인생은 한방"이기 때문입니다. 그러니 굳이 12년간 지루하고 답답하게 공부에만 올인하여 대학에 가고 직업을 구할 필요가 없는 것이지요. 모델이나 연예인이 되려면 키 크고 비율 좋고 잘생긴 것이 중요한 것처럼, 공부가 인생에 그리 큰 비중을 차지하지 않는다고 여기는 듯했습니다. 사실 틀린 말도 아니지요. 예전보다는 공부의 중요성이 많이 사라지고 있는 요즘이니까요.

박세찬: 어차피 성인이 되면 공부가 중요하잖아요. 멋있고 옷을 잘 입어도 연예인이 되려면 성적이 필요할 거예요. 옷을 잘 입고 멋있는 성인 이 되더라도 연예인을 하려면 성적이 있어야 하잖아요.

최하준: 그건 아니지.

박세찬: 외모가 아무리 잘나도 미래는 어떻게 될지 모르니까. 직업을 가지 려면 공부를 해 둬야 하는 거죠.

이시우: 그치만 요즘은 그런 거 필요 없잖아요. 그치?

연구자: 그러면 뭐가 필요해?

이시우: 예를 들어 모델이 되려면 머리가 좋을 필요가 없잖아요. 그냥 키 크고 비율 좋고 잘생기면 되죠.

최하준: 맞아요. 그리고 공부를 한다고 진로가 다 정해지는 건 아니니까.

박세찬: 거의 운으로 사는 직업 같은 게 아니면 공부를 하긴 해야지. 주식
　　　　같은 것도 이게 어디로 가야 잘 되는지 알아야 할 수 있으니까.

최하준: 인생은 한 방이야.

　물론 여전히 공부를 가장 중요한 과업으로 여겨 학습을 중심으로 생활이
이루어지는 중학생들도 있습니다. 판교에 사는 학부모로부터 들은 바로는,
분당이나 강남의 경우 학교 수업이 끝나자마자 엄마가 차에 태워 학원으로
실어 나르고 귀가한 후에도 공부 스케줄이 분(分) 단위로 빡빡하게 짜인 학
생이 많다고 합니다. 학생의 본분을 공부라고 생각하고 그 공부의 정점에
도달하기 위해 매진하는 학생들의 경우에는 예전보다 더 치열하게 공부하
고 있습니다. 엄청난 경쟁과 스트레스 속에서 쉴 틈 없는 요즘 학생들은 예
전 수준과는 비교가 되지 않을 정도로 많은 양의 공부를 합니다. 우리는 빡
빡한 공부 스케줄 대로 움직이면서 공부 이외에는 다른 것을 생각할 여력
이 없는 중학생도 만나고 싶었지만 안타깝게도 그들은 공부 시간을 허비한
다고 생각했는지 면담의 기회를 주지 않았습니다. 그래서 강남 대치동이나
분당의 학원을 다니며 머릿속에 공부밖에 없는 아이들의 얘기는 생생하게
실을 수 없었습니다. 이 점을 감안하고 중학생의 학습에 대한 부분을 읽어
주시기 바랍니다.

공부 무용론자, 공부 인생결정론자, 공부 필요론자

요즘 중학생들을 공부에 대한 인식을 중심으로 구분하면 크게 세 부류로 나눌 수 있습니다. 첫째는 하준이처럼 공부 무용론자(無用論者)들입니다. 인생은 한방인데 십수 년을 공부하는 데 시간을 허비하지 말고 한순간에 기회를 잡으면 된다는 아이들입니다. 미래는 성적에 의해 결정되지 않으니 학교 다닐 때 공부를 군이 열심히 하지 않아도 된다고 생각합니다. 둘째는 학교 성적이 인생을 결정한다고 생각하는 공부 인생결정론자입니다. 공부를 잘하면 미래가 보장되니까 학교 다닐 때는 공부 외에 다른 데에 눈을 돌리지 말자는 아이들입니다. 그들의 시간은 공부로만 점철되어 있습니다. 숨 쉬는 시간 빼고는 공부하는 기계처럼 공부만 합니다. 셋째는 이 양극단 가운데 어느 지점에 있는 아이들입니다. 공부가 자신의 미래를 100% 결정한다고 생각하지는 않지만, 그래도 공부는 필요하다고 생각하는 공부 필요론자들입니다. 요즘 같은 세상에서 공부가 예전처럼 중요하지는 않지만 그래도 공부는 해야 한다고 생각하는 것이죠. 세찬이가 바로 공부 필요론자인데요. 잘 생기고 키가 크기만 하면 연예인이 될 수 있다고 생각하는 하준이와 달리 세찬이는 연예인이 되더라도 공부는 필요하다고 주장합니다. 배우의 경우에도 대본을 외워야 하고 세상을 읽는 기본적인 상식이 필요할 테니까요. 한편으로는 연예인이 되었다고 해서 성공한다는 보장이 없기 때문에 미래에 대한 안전장치로 공부를 해야 합니다.

중학생을 대상으로 경기도교육연구원에서 실시한 설문조사* 결과를 봐도 중학생들 중에 공부 필요론자들이 꽤 많이 존재한다는 것을 알 수 있습니다. 행복한 삶을 살기 위해 학교 성적을 잘 받는 것이 중요하다고 생각하는 학생들이 57.7%였고 그렇지 않다고 응답한 학생들은 16.1%에 불과했기 때문입니다. 공부가 필요하다고 생각하거나 공부가 인생을 결정한다고 생각하게 되면 공부 잘하는 아이를 부러워하기 마련인데요. 실제로도 공부를 잘하는 아이가 부럽다고 대답한 학생이 65.1%나 되었습니다. 이 결과를 보면 요즘 중학생들도 행복한 삶의 전제조건을 학교 성적이라고 생각하며 공부가 필요하다고 여기는 것 같습니다. 중학생들 사이에서는 위의 세 부류 중 세 번째 부류, 즉 공부가 인생의 전부는 아니지만 필요하다고 생각하는 부류가 가장 많아 보였습니다.

　　행복하게 살려면 학교 성적을 잘 받아야 하지만 서열화된 결과를 통해 성적을 결정하는 현재의 교육 시스템 속에서는 모두가 1등이 될 수는 없습니다. 그래서 공부를 잘하지 못하는 아이들에게 공부를 잘하는 아이들은 부러운 존재입니다. 자신도 공부를 잘했으면 좋겠다는 바람을 빗대어 보면 부러운 존재인 것이죠. 그런데 '부럽다'는 말의 속내를 들여다보면 내심 공부 잘하는 아이들을 달가워하지 않는다는 걸 알 수 있습니다. 반에서 중간 정도 성적을 받는 하린이에게 공부 잘하는 아이들은 멋지고 부럽지만 한편으로는 재수가 없습니다. 나와 별반 다를 바 없는 것 같은데 공부를 잘하는 친구의 모습이 나에게 쓸쓸함과 좌절감을 안겨 주기 때문이지요. 행복한

---

*　조윤정 외, 2020.

삶의 전제조건이 학교 성적이라는 현실도 받아들여야 하니 속이 쓰립니다.

> 연구자: 하린이에게 공부 잘하는 애들은 어떤 이미지야?
>
> 박하린: 재수 없지만 멋있기도 하고 부럽기도 해요.
>
> 연구자: 너도 '공부 잘했으면 좋겠다' 이런 생각이 들어?
>
> 박하린: 네.
>
> 연구자: 어떤 때 좀 재수 없어?
>
> 박하린: 저랑 별로 다를 게 없어 보이는데, 쟤는 공부를 잘하고 나는 그렇지 않을 때.

스트레스 유발 인자인 공부

그래서 학업 및 공부 문제는 나에게 스트레스를 줍니다. 사실 지금의 중학생들에게도 자신의 정체성은 여전히 공부하는 사람입니다. 학생이라는 단어부터가 공부하는 사람을 의미하는 데다, 학교와 가정에서 학생들에게 기대하는 바 역시 공부를 하는 것이었으니까요. 자신의 주된 역할이 공부뿐이라는 점에서 학생들은 학업 문제로 스트레스를 받을 수밖에 없습니다. 더욱이 배움의 과정보다 결과로 평가받고 줄 세우는 교육 환경인 만큼 학생들이 느낄 압박감은 어마어마할 겁니다. 설문조사 결과에서도 절반에 가까운(49.7%) 학생들이 학업 및 공부 문제로 스트레스를 받고 있었습니다.조윤정 외, 2020 하지만 이렇게 공부 잘하는 아이를 부러워하고 학업 때문에 스트레스를 받고 있는 중학생들은 정작 자신이 왜 공부를 해야 하는지 알고 있을까요? 만약 하고 있는 일이 어렵고 힘들더라도 왜 하는지를 알고 이 공부를 통해 무엇을 할 수 있는지를 분명히 인식한다면 버텨 내고 이겨 낼 수 있을 텐데 말이죠. 그러나 중학생들이 과연 공부의 의미와 목적을 잘 알고 있을까요? 설문조사 결과에 의하면 공부의 의미와 목적을 알고 있다고 대답한 학생들은 54.4%뿐이었습니다. 절반 정도 되는 아이들은 공부의 의미와 목적을 잘 알지 못한다는 것이죠. 자신들이 해야 하는 주된 활동은 공부이지만, 그 공부의 의미와 목적을 잘 알지 못하는 아이들은 공부 때문에 스트레스를 받을 수밖에 없는 것입니다. 노을이는 공부의 의미와 목적은 잘 모르지만, 공부를 권장하는 현실인 만큼 공부 잘하는 아이들이 부럽기만 합니다. 하지만 좋은 성적이라는 달콤한 열매를 얻기 위한 노력의 '과정'은 싫었어요.

> 공부 잘하는 아이들이 부럽죠. 공부를 잘하니까. 그런데 그건 결과만 봤을 때고. 과정은 너무 힘드니까 저는 절대 하고 싶지는 않고. (이노을 학생, 중2)

그런데 현재 중학생들이 공부 문제로 스트레스를 받을 만큼 이들이 앞으로 살아갈 미래 세상에서도 성적이 그렇게 중요한 의미를 가지는 것일까요? 이들이 성인이 되어 살아갈 시대는 기성세대처럼 협의의 의미에서의 공부, 즉 학교 공부와 성적이 그렇게 중요한 역할을 하지는 않을 것입니다. 사회 변화 속도가 너무 빠르고 미래는 예측할 수 없기에 학교 공부보다는 바뀐 세상에서 잘 적응하고 새로운 가치를 만들어 갈 수 있는 역량을 쌓는 것이 더 중요합니다. 즉 광의의 개념에서의 '공부'가 중요한 것이죠.

미래학자 다니엘 핑크도 『새로운 미래가 온다』라는 책에서 정보화 시대는 가고 '하이컨셉(High Concept)', '하이터치(High Touch)'의 시대가 온다고 했습니다. Pink, 2022 '하이컨셉'은 예술적·감성적 아름다움을 창조하는 능력으로 트렌드와 기회를 감지하고 훌륭한 스토리를 만들어 내는 능력을 말합니다. '하이터치'는 공감을 이끌어 내는 능력으로서 인간관계의 미묘한 감정을 이해하고 한 사람의 개성에서 다른 사람을 즐겁게 해 주는 요소를 도출해 내는 능력을 의미합니다. 하이컨셉과 하이터치가 중요해지는 미래는 과거와 같이 지식과 정보가 중시되는 세상이 아닙니다. 다니엘 핑크는 하이컨셉, 하이터치의 시대에는 기존에 중시되던 좌뇌형 사고에서 벗어나서 자유롭게 우뇌형 사고를 할 수 있도록 연마해야 한다고 강조했습니다.

이처럼 세상이 바뀌어 가고 있는데 중학생들은 여전히 좌뇌형 사고 중심의 공부 때문에 스트레스를 받고 학교 성적을 행복한 삶을 결정짓는 중요한 요소로 생각하고 있습니다. 이러한 경향은 초중고의 장래희망 순위 결과*에서도 나타납니다. 초등학생의 장래희망 1순위는 운동선수였으며 2위와 3위는 의사와 교사였습니다. 한때 1순위를 차지했던 크리에이터는 4위에 올랐으며, 프로게이머(7위)도 10위권 내에 포함되어 있는 것을 보면 이들에게 여가 활동이나 취미 활동이 점점 중요해지는 세대라는 것을 알 수 있습니다. 반면 중학생들의 장래희망 순위를 보면 대체로 안정적인 직종을 선호한다는 것을 알 수 있으며 전통적으로 선호되는 직업이 상위권을 차지

---

* 교육부·한국직업능력개발원, 2022.

<표 1> 2021년 초중고 학생의 희망직업(장래희망) 상위 10위

(단위: %)

구분	초등학생		중학생		고등학생	
	직업명	비율	직업명	비율	직업명	비율
1	운동선수	8.5	교사	9.8	교사	8.7
2	의사	6.7	의사	5.9	간호사	5.3
3	교사	6.7	경찰관/수사관	4.3	군인	3.5
4	크리에이터	6.1	운동선수	4.1	컴퓨터공학자/ 소프트웨어개발자	3.4
5	경찰관/수사관	4.2	군인	4.0	경찰관/수사관	3.3
6	조리사(요리사)	4.1	공무원	3.1	공무원	3.2
7	프로게이머	3.7	조리사(요리사)	2.8	의사	2.8
8	배우/모델	3.3	컴퓨터공학자/ 소프트웨어개발자	2.7	생명과학자 및 연구원	2.8
9	가수/성악가	2.9	뷰티디자이너	2.6	경영자/CEO	2.7
10	법률전문가	2.7	경영자/CEO	2.2	의료·보건 관련직	2.3

하고 있습니다. 교사가 1위를 차지하며, 의사(2위), 경찰관·수사관(3위)이 뒤를 잇고 있습니다.

　이러한 조사 결과를 보면 진로에 대한 막연한 희망을 품은 초등학생과 달리, 중학생이 되면 미래나 진로에 대한 생각이 현실적으로 변화해 가는 것을 알 수 있습니다. 초등학생들이 현실에 대한 인식보다는 자신의 희망을 중심으로 진로나 직업에 대해 생각하는 반면, 중학생들은 자신에게 맞는 현실적인 진로를 끊임없이 모색하고 있는 것이죠. 앞서 중학생들 대부분이 '환상'을 좇다가 중학교 2학년 무렵 '현실'을 자각해 공부를 해야겠다고 생각하는 것과 통하는 얘기입니다.

그렇다면 왜 중학생이 되면 현실적인 생각을 하게 되는 걸까요? 그것은 아마도 중학생이 되면 대입을 눈앞에 둔 고등학생의 직전 단계로서 이 시기를 잘 보내어야 좋은 대학에 입학한다고 생각하기 때문입니다. 그래서 공부를 하지 않고 놀던 학생들도 늦어도 중2가 되면 어떤 고등학교를 가야 할지 생각하게 되고 불안한 마음에 사교육에 매진하기도 합니다.

　그런 의미에서 보면 중학생 시기는 대입을 위한 고강도 무한경쟁의 열차에 올라타야 하는 시기입니다. 좋은 대학을 가기 위한 경주가 본격화되는 시점인 것이죠. 물론 그 경주는 초등학교 때부터, 더 이르면 유치원 때부터 시작되기도 합니다. 그러나 경쟁을 위한 열차에 올라타는 것을 더 이상 늦출 수 없다고 느끼는 시기가 중학생 시기인 겁니다.

　나름의 교육 철학을 가지고 흔들림이 없었던 학부모들도 자녀가 중학생이 되면 공부를 시켜서 좋은 대학에 보내야겠다고 궤도를 수정하게 됩니다. 학생들도 좋은 대학을 가야만 자신이 원하는 삶을 살 수 있다고 생각하게 되지요. 대입을 위한 첫걸음이 원하는 고등학교에 입학하는 것이라고 여겨 본격적으로 공부를 해야겠다고 다짐합니다. 성적 경쟁이 치열할수록 학생들은 공부에 대한 스트레스와 불안감을 느끼기 시작합니다. 어쩌면 그에 대한 반작용으로 학생들이 최대한 안정적인 직업을 추구하게 된 것일지도 모르겠습니다. 중학생들이 선호하는 직업인 교사, 경찰관, 군인, 공무원 등은 엄청난 경쟁률을 뚫어야 하지만 일단 임용되기만 하면 정년이 보장되는 안정적인 직업이니까요.

학교 공부보다 중요한 학원 공부

그렇다면 중학생들은 원하는 직업을 얻기 위해 필요한, 좋은 성적을 어떻게 해야 얻을 수 있다고 생각할까요? 과거처럼 학교에서 교사가 가르쳐 주는 수업 내용을 잘 이해하고 수업에 충실하면 공부를 잘할 수 있다고 생각할까요? 요즘 중학생들의 생각은 다릅니다. 이제 이들은 좋은 성적을 얻기 위해서는 사교육이 필수라고 생각했습니다.

사교육을 중시하는 경향은 대부분의 중학생에게 나타나고 있었고 세찬이와 예준이의 사례에서 더욱 뚜렷하게 드러납니다. 세찬이는 국어, 영어, 수학, 과학, 사회 등 주요 과목은 학원에서 수강하고 그 이외의 과목은 수강하지 않습니다. 학원에서 수강하지 않는 과목은 학교에서 열심히 공부하는 반면, 수강한 과목은 학교에서 열심히 공부할 필요가 없다고 생각합니다. 학교는 학원에서 배우지 않는, 즉 주요 과목 이외의 과목을 공부하는 곳이라고 생각하는 것이죠.

> 연구자: 학교는 너한테 어떤 곳인 거야?
>
> 박세찬: 저한테는 친구를 만나게 해 주는 곳이랑 학원에서 배우는 과목(영어·수학) 말고 다른 과목도 가르쳐 주는 곳이요. 학원에서 선행 학습을 하면 학교 수업 때 선생님이 알려 주기 어려운 문제가 있어도 학원 선생님이 하나하나 자세히 설명해 주거든요. 그래서 좀 이해하기 쉬워져요.
>
> 연구자: 모르는 게 있으면 선생님께 물어보는 편이야? 학원 선생님이든 학

교 선생님이든?

박세찬: 네. 근데 학교에서는 잘 안 하고, 학원에서는 어려운 문제를 풀 때
가 많으니까 그런 거 물어봐요.

학교에서 전교 1, 2등을 차지하는 예준이의 경우에도 학원 공부를 잘하게
되면 학교 공부는 자연히 잘하게 될 것이라 생각하여 학원 공부를 우선으
로 여기고 있었습니다. 예준이는 학교 공부를 나타내는 작은 동심원과 그
것을 감싸는 큰 동심원을 그리면서 큰 동심원을 학원 공부라고 표현하였습
니다.

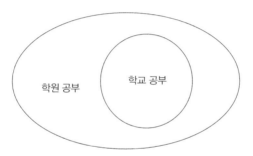

[그림 2] 예준이가 표현한 학원 공부와 학교 공부와의 관계

천예준: '학교 공부'가 이렇게 있으면, 학원 공부는 이거예요. 그러니까 안
에 포함되어 있는.

연구자: 그러면 네가 표현해 준 걸로 보면, 학원 공부를 잘하면 학교 공부
는 저절로 잘하게 되는 거네. 학교 공부가 학원 공부 안에 포함되
어 있으니까.

천예준: 네. 당연히.

이처럼 우리가 만난 대부분의 중학생은 학원에 의해 성적이 결정된다는 생각을 갖고 있었습니다. 사교육에 대한 의존성 역시 높았습니다. 중학생들은 자신에게 중요한 것은 성적이고, 성적을 올려 주는 사람은 학원 강사이며, 학원 공부가 학교 공부보다 더 도움이 된다고 생각하였습니다.

그런데 학교 성적이 학원에 의해 결정된다는 중학생들의 인식들은 어디에서 비롯된 것일까요? 아마도 주로 교사나 학부모의 생각이 전이되어 영향을 받은 것이라고 할 수 있습니다. 사교육에 참여하지 않으면 입시경쟁에서 살아나기 어렵다는 사교육 업체의 논리와 이에 동조하는 부모의 가치관이 학생들에게 전수되어 내면화된 것이죠.김혜숙 외, 2011 강수돌 교수는 우리나라 학부모들이 사교육에 막대한 돈을 들이는 이유를 학부모의 잘못된 믿음 때문이라고 했습니다.강수돌, 2016 '학교 성적이 아이의 장래를 결정한다'는 믿음 말이죠. 그러나 그러한 믿음에는 두려움이 깔려 있습니다. 좋은 학교를 나오지 못하면 내 자녀가 사회에서 도태될지 모르며 그렇게 되면 자녀가 차별을 받고 살게 될 것이라고 생각하는 것이지요. 이러한 두려움이 학생들을 목적 없는 사다리 싸움으로 내몰고 있습니다.

세상은 바뀌어 가고 있고 이들이 성인이 되는 미래 사회에서 요구되는 역량은 달라지고 있는데, 우리 사회는 여전히 좋은 대학에 가야 잘 살 수 있다는 학벌 위주의 전통적 가치관과 좋은 학교를 나오지 못하면 도태될 것이라는 두려움에 떨고 있습니다. 이미 사회는 미래 시점을 앞당기며 달려가고 있고 중학생들도 그러한 사회 변화에 적응해서 살아가고 있지만, 학습에 있어서만큼은 과거의 가치관으로부터 영향을 받는 지체 현상이 나타나고 있습니다. 더욱이 코로나19 사태를 경험하면서 사교육에 의존하는 비율과 사교육 비용은 폭발적으로 증가하고 있습니다.

선생님에게 존경심까지는 없어요

이렇게 사교육을 중심으로 교육이 재편되는 상황 속에서 공교육이 설 자리는 점차 줄어들고 있습니다. 사교육 의존도가 높아지면서 학생들은 학교보다 학원을, 교사보다 학원 강사를 더 신뢰하게 되었고 교사는 존경의 대상에서 밀려나고 있습니다. 특히 학생들의 발화에서 교사와 학생 간의 관계가 바뀌어 가고 있음을 짐작할 수 있었습니다. 수업 시간에 잘못된 행동을 한 학생이 담임 교사에게 야단맞은 것을 "담탱이하고 싸웠다"라고 표현한 것처럼 말입니다. 잘못을 저지른 쪽은 학생이었음에도 학생은 교사에게 꾸중을 들은 것을 '싸웠다'라고 하였습니다. 경기도에서 사회 과목을 가르치는 한 선생님은 '싸웠다'라는 말이 대등한 관계에서 행위가 이루어졌을 때 사용하는 표현이라 지적하였고, 학생이 교사에게 이런 표현을 하는 것 자체가 둘 사이의 관계가 달라지고 있음을 시사한다고 했습니다.

그러다 보니 교사들은 존경의 대상에서 밀려나 부정적인 이미지로 그려지기도 했습니다. 라온이는 일부 교사들이 학생들에게 통 관심이 없다며 불만을 표시했습니다. '대충대충' 가르치는 것은 물론 "잘 가르치지도 못한다"라고 했습니다.

> 연구자: 네가 봤을 때 그래도 좀 괜찮은 선생님은 전체 비율 중에 몇 정도 되는 것 같아? 그래도 선생님으로서 괜찮다고 생각하는 사람은?

이라온: 70%? 100% 중에 70%.

연구자: 괜찮은 선생님이 70% 정도야? 그 30%가 안 좋은 선생님들구나.

이라온: 네. 잘 가르치지 못하고 애들한테도 관심이 없어요. 대충대충 알
　　　려 주고.

　하린이 역시 교사들이 학원 공부를 염두에 두고 "너희들 다 알지?"라며
진도를 넘어가는 경우가 많다고 했습니다. 대충대충 가르쳐 주는 교사를
볼 때마다 존경심은 점차 사라집니다. 학생들의 마음속에서 학교 교사는
점점 생활기록부를 잘 기재해 주는 존재 그 이상도 이하도 아닌 사람으로
자리매김하며, 교사와 학생 간의 관계가 거래적인 관계로 변화해 갑니다.

　박하린: 학교 선생님은 살짝 대충대충하고 넘어가는 그런 게 있어요. 꼼꼼
　　　　히 알려 주시는 선생님들은 꼼꼼히 알려 주시는데. 그래도 학교
　　　　선생님만으로 공부하는 건 좀 부족한 거 같아서.

　연구자: 그 이유는 선생님이 잘 가르치지 못해서 그런 거야? 아니면 반에
　　　　애들이 많아서 그런 거야? 아니면 아이들마다 수준이 달라서 자
　　　　기 수준에 딱 맞게 학교 수업을 받을 수 없어서 그런거야? 어떤
　　　　이유인 거 같아?

　박하린: 학교 선생님들은 애들이 학원에서 배웠다고 생각하고, "이 문제는
　　　　너희들 다 알지?"라며 설명을 건너뛸 때가 있어서요.

　예준이는 앞서 일진들이 교사에게 말대꾸를 하면서 교사를 무시하는 모

습이 불편하게 느껴진다고 말했지만, 그렇다고 해서 그러한 불편함이 교사에 대한 존경심을 의미하는 것은 아니었습니다. 예준이는 교사에 대해 "진짜 존경심까지는 없어요"라고 했습니다. 그러면서 선생님에 대한 존경심이 없다는 자신의 대답이 너무 심했다고 생각했는지 이내 "선생님이 생기부를 잘 써 주셔야 하니까 존경심이 전혀 없다고 말할 수는 없어요"라며 말끝을 흐렸습니다. 하지만 공부를 잘하는 예준이에게 교사는 생기부를 잘 기재해 주는 사람으로서의 쓸모만 있는 것으로 보였습니다.

> 연구자: 일진 애들은 선생님을 좀 무시한다고 그랬잖아. 그런데 네가 볼 때는 대부분의 보통 아이들도 선생님에 대해 존경하는 마음이 있는 것 같아?
> 천예준: 존경까지는 아니에요. 존경까지는 거의 없어요. 진짜 없어요.
> 연구자: 왜 그런 거 같아? 너는 선생님을 보면 어떤 존재로 보이는 거야?
> 천예준: 저는 사실… 생기부를 잘 써 주셨으면 하니까. 그런데 너무 그렇게만 보는 거는 아니고.

반면 우리가 만난 중학생들은 학원 강사에 대해서는 무한한 신뢰를 드러냈습니다. 다소 강압적인 학원 강사의 태도에는 순응하는 모습을 보였지요. 학교 교사와 학원 강사에 대한 차별화된 태도는 학원 강사의 호통에 꼼짝하지 못하는 세찬이의 모습에서 알 수 있었습니다. 세찬이와 얘기를 하는 중에 한 통의 전화가 걸려 왔습니다. 수화기 너머까지 큰 소리로 "야, 당장 오지 않고 뭐해?", "왜 공부에 도움도 안 되는 쓸데없는 짓(우리와 인터뷰

하는 것)을 해?"라는 말이 들리는 것을 보면 전화를 건 사람은 세찬이에게 크게 호통을 치며 다그치는 것 같습니다. 큰 호통 소리에 세찬이는 잔뜩 주눅이 들어서 모기만 한 소리로 "네, 네"만 거듭하였습니다. 세찬이와 얘기를 나누던 우리들은 필시 전화하는 상대가 엄마일 것이라고 추측하였습니다. 그러나 통화를 끝낸 세찬이로부터 상대가 학원 강사라는 대답을 듣고는 우리들은 충격을 받았습니다. 그 충격은 학원 강사가 학생들에게 저렇게 큰 소리를 지를 수 있다는 것과 학원 강사의 꾸짖음에 온순한 양처럼 말을 잘 듣는 세찬이의 태도에 대한 놀라움이었습니다. 만약 학교에서 교사가 학생에게 큰 소리를 지른다면 학생들이 저렇게 순응적일 수 있을까 하는 생각이 들었지요. 학원 강사에게 지나치게 순응하는 세찬이의 모습을 통해 교사와 학원 강사에 대해 이중적 잣대를 적용하는 요즘 중학생들의 심리를 엿볼 수 있었습니다.

라온이에게도 이런 이중적인 모습을 발견할 수 있었는데요. 라온이는 "학원 선생님이 혼을 내는 것은 우리를 사랑해서이지만 학교 선생님이 혼을 낸다면 기분이 나쁠 것 같아요"라고 말했습니다. 그래서 우리들은 "학교 선생님도 혼을 내면서 '너희를 사랑해서 이렇게 혼내는 거야'라고 한다면 기분이 어떨 것 같아?"라고 질문을 던졌습니다. 그랬더니 학원 선생님의 말이라면 받아들일 수 있지만, 학교 선생님이 그렇게 말하면 기분이 나쁠 것 같다고 대답하더군요. 똑같은 상황을 제시했지만 라온이는 교사와 학원 강사에 대해 다른 기준을 적용하는 모순적인 태도를 보였습니다.

이라온: 너네를 사랑해서 이렇게 해 주는 거라고

연구자: 학원 선생님이? 사랑해서 무엇을 해 주는데?

이라온: 혼을 낼 때 "너를 사랑해서 이렇게 얘기해 주는 거야"라고 해요.

연구자: 그럼 만약 네가 숙제를 안 해 와서 선생님이 너를 혼냈어. 그러면서 "너네를 사랑해서 이러는 거야"라고 하면 어때?

이라온: 아, 좀 기분이 나쁠 것 같아요.

수동성을 강화하는 사교육

그런데 이렇게 사교육에 의존하게 되면 어떤 현상이 나타나게 될까요? 우리들은 학생들에게서 '수동성'을 발견하였습니다. 중학생들은 다른 영역과 달리 학교 공부에 있어서만큼은 기성세대의 가치관을 그대로 내면화하고 있었고, 유독 학습에서만큼은 수동적인 모습을 보여 주고 있었지요. 사교육의 특성상 돈을 투자한 만큼 성적이 향상되어야만 학부모들이 사교육을 지속하기 때문에 사교육업체들은 단기간에 성적을 높이는 방법에 집중합니다. 그 방법은 주로 반복적인 암기일 가능성이 높았습니다. 학생들이 제대로 개념을 이해하지 못했어도 성적은 암기만으로도 반짝 향상되었으니까요. 그러나 개념을 제대로 이해하지 못하고 단순 암기만을 반복한다면 역동적이고 창의적인 사고는커녕 수동적으로 사고하는 일에만 익숙해질 것입니다.

그래서 학원에 다니거나 과외를 받는 학생들에게서 '수동성'이 두드러지게 나타났나 봅니다. 사교육을 받는 참여자 중 예준이를 제외한 대부분의 학생들은 학원 강사가 가르쳐 주는 공부 방법을 고수하고 있었습니다. 때문에 학원 강사가 가르쳐 주지 않은 내용에 대해 응용하거나 스스로 풀 수 있는 역량을 갖추지는 못한 것으로 보였습니다. 자신에게 맞는 방법을 시행착오를 통해 찾아가는 주도적이고 전략적인 모습 또한 발견하기 어려웠지요. 라온이 역시 사정상 학원을 못 가게 되면 혼자서 공부할 자신이 없습니다.

> 연구자: 라온이는 만약에 학원을 못 가게 된다면 다시 성적이 떨어질 것 같아? 공부를 혼자서 잘할 자신이 없어?
>
> 이라온: 아직까지는 그래요. 혼자 할 수는 있겠지만 힘들 것 같아요.

하린이도 중학교 2학년이 된 지금까지 과외 선생님이 내 주는 숙제만 할 뿐 공부를 어떻게 해야 할지 공부 방법을 몰라 막막하기만 합니다.

> 연구자: 과외 받고 학교 수업 듣는 거 외에 혼자서 공부하는 시간도 있어?
>
> 박하린: 영어랑 수학은 숙제 받은 게 있으니까 그걸로 해요.
>
> 연구자: 과외 숙제? 과외 선생님이 내 준 숙제?
>
> 박하린: 네. 그걸로 공부해요. 다른 과목은 어떻게 공부하는지 잘 몰라요. 중학교 1학년 때 시험을 안 봐서. 그때도 영어랑 수학은 숙제 받은 걸로 했어요.

중학생들의 수동성을 강화하고 증폭시키는 중요한 기제는 사교육에 대한 맹목적인 신뢰였습니다. 학생과 학부모는 공교육과 교사에 대해서는 '불신'을, 사교육에 대해서는 맹목적인 '신뢰'를 보여 주는 이중성을 드러습니다. 반면 사교육 업체는 학생과 학부모의 무한한 신뢰를 받으며 학생들의 미래 역량을 길러 주기보다는 단기적인 성적 올리기에 집중하는 것으로 보였습니다. 이러한 교육 방식으로 인해 중학생들과 학부모들은 더 사교육에 의존하게 되었습니다. 시험 성적 올리기에만 급급하여 학원에서 정해 주는 학습 경로와 학습 방법만 고수하면서 근시안적으로 학습하고 있는 겁니다.

수동적인 학습 방식의 영향인지 중학생들은 학습과 관련해서는 디지털 기기를 창의적으로 활용하지 못했습니다. 소비나 취미 생활에서 보이는 능동성을 발휘하지 못한다는 말입니다. 학습이나 진로와 관련해서 디지털 기기를 보다 능동적이고 심화된 방식으로 활용할 수 있을 텐데, 그 수준까지 도달하지는 못한 것 같습니다. 이는 사교육을 통해 수동적인 학습 방식을 답습한 중학생들의 사고가 화석화되면서, '디지털 원주민'으로서 발현할 수 있는 역량의 가능성이 제한되었기 때문은 아닐까요? 더욱이 디지털 기기를 활용한 온라인 학습이라 할지라도 '보고 듣기' 위주로 설계된 학습 방식으로 인해 학생들은 능동적이고 창의적인 디지털 활용 능력을 발달시키기보다 '주입식 학습'에 머물고 있습니다.

반면 자신의 의지로 학원에 다니지 않거나 가정형편 등의 이유로 사교육을 받지 못하는 일부 연구 참여자들에게는 자기주도적인 학습 능력이 드러났습니다. 물론 일부 학생들의 사례를 바탕으로 사교육을 받는 학생들은 수동적이고, 사교육을 받지 않는 학생들은 능동적이며 주도적이라고 이분법적으로 구분할 수는 없습니다. 하지만 방과 후 학원을 가야 하는 학생보다는 스스로 보내야 하는 시간이 많다는 점에서 주도적이고 능동적인 활동을 할 수 있는 기회가 더 많다고 볼 수 있습니다. 학원에 다니지 않는 새론이나 가온이의 경우 방과 후마다 스스로 학습 계획을 세워 자기주도적으로 공부를 해 왔습니다.

> 연구자: 학원에 안 다니면 새론이는 학교 수업 마치고 집에 가서 뭐 해?
> 김새론: 요즘에는 학교 끝나고 집에 오면 힘이 너무 없어서 좀 쉬어요. 간식도 먹고 누워 있다가 한 3시쯤 되면 EBS강의 같은 것 듣고 문제집 풀고 그러는 것 같아요.
> 연구자: 그러면 수학이나 영어 수업할 때 따라가는 거 힘들지는 않고?
> 김새론: 그렇게 힘들지는 않은 것 같아요. 선생님들이 알려 주면 정확히 듣고 필기도 열심히 하는 편이라서.

가온이는 학원에 다니다가 오히려 성적이 90점대에서 70점대로 떨어지는 것을 경험했습니다. 가온이는 자신이 수줍음을 잘 타는 편이라 문제를 풀 때 선생님이 보고 있으면 부담스러워서 문제에 집중하지 못한다고 했습니다. 학원에 다니는 다른 아이들과 비교되는 것 역시 신경 쓰이기는 마찬가지여서 차라리 학원에 다니지 않겠다고 판단을 내렸습니다. 이처럼 학원에 다니느냐 다니지 않느냐 하는 것이 중요한 것이 아니라 자신의 성격과 공부하는 스타일 등을 파악해서 자신에게 맞는 공부 방식을 선택하는 것이 중요합니다. 가온이는 학습하는 방법(Learn how to learn)을 터득하면서 자신에게 적합한 학습 전략을 구사하고 있었습니다. 남들이 학원에 가니까 맹목적으로 따라 하는 것이 아니라 스스로 판단하고 실행했다는 점에서 주도성이 크게 성장했다고 볼 수 있지요.

> 민가온: 학원에 다녔는데 오히려 성적이 떨어지더라고요. 90점대였는데 갑자기 70점대가 되어서. 그냥 엄마랑 얘기해서 바로 끊었어요.
>
> 연구자: 그런 방법이 도움이 안 된다고 생각했구나?
>
> 민가온: 네. 저는 선생님들이 앞에서 보고 있으면 좀 부담스러워서 문제를 잘 못 풀어요. 사실 이게 좀 불편하더라고요. 학원에는 저만 있는 게 아니잖아요. 다른 애도 있으니까 비교될 것 같고 속으로도 약간 그런 기분이 들어서 학원을 안 다니는 게 나을 것 같다고 생각했어요.
>
> 연구자: 수업 끝나고 집에 가서 거의 그때부터 혼자 공부하는 거야?
>
> 민가온: 집에 가서 30분 정도 쉰 다음에 바로 공부를 시작하는 편이에요. 모르는 문제가 있으면 유튜브 같은 데에 검색하면 다 나오니까.

또한 학생들은 자기주도적으로 학습 과정을 이끌어 나가면서 수많은 학습콘텐츠 속에서 자신에게 도움이 되는 콘텐츠를 판별할 수 있는 안목을 키우고 있었습니다. 나름의 검색 기준을 찾아가는 것이죠. 앞서 살펴본 것처럼 가온이의 경우 유튜브에 '중학교 2학년 과학'을 검색해서 그중 조회 수가 높거나 조회 수가 낮더라도 10~20초 들어 봤을 때 괜찮은 영상을 골라 시청한다고 합니다. 강의보다는 문제풀이 영상을 선택해서 수업 시간에 배웠던 활동지를 공부한 다음, 문제집을 사서 계속 푸는 방식을 실천하고 있었습니다. 학원에서 학원 선생님의 강의를 수동적으로 듣고 학원 숙제만

하면서 진도를 따라가는 것보다는 자신에게 맞는 공부 방법을 찾아 자신에게 필요한 내용을 공부하는 편이 학습 면에서 학생들이 주도성을 발휘할 기회가 많아 보였습니다.

모든 것에 대해 일일이 방법을 알려 주는 사교육의 교육 방법에 익숙해진 학생들은 유사한 상황이나 내용을 유추하여 적용하는 능력이 부족한 반면, 사교육에 참여하지 않는 중학생들은 상황 적응 능력과 문제 해결 능력이 성장하고 있었으며 자신의 학습 과정을 성찰하는 메타인지 능력도 발달하고 있었습니다. 물론 우리들이 만난 학생들의 사례를 곧바로 일반화할 수는 없을 것입니다. 그러나 문제를 해결하기 위해 스스로 생각하고 노력하기보다 학원에서 가르쳐 주는 방식과 내용을 무비판적으로 수용한다면 미래를 살아가는 데 필요한 역량을 갖추지 못한다는 사실은 부인하기 어려울 것입니다.

지금까지 살펴본 것처럼 사교육에 참여하지 않는 아이들에게서 오히려 삶을 살아가는 데 필요할 뿐 아니라 학습의 바탕이 되는 상황 적응 능력과 문제 해결 능력, 학습하는 방법에 대한 학습 능력 등과 같은 역량이 성장하고 있었습니다. 그러나 이미 많은 수의 학부모와 학생들은 수동성을 강화하는 사교육을 중시하고 사교육을 받아야만 성적이 오를 수 있다고 생각하고 있습니다. 통계청에서 조사한 '2021년 초중고 사교육비 조사 결과*'에서도 중학생의 사교육 참여율이 73.1%로 나타났습니다. 중학생을 대상으로 경기도교육연구원에서 실시한 설문조사** 결과에서는 이보다 높은 수치

---

* 통계청, 2021.
** 조윤정 외, 2020.

인 87.4%가 사교육을 받는다고 응답하였습니다. 사교육을 받는 이유에 '부족한 과목을 보충하기 위해서'라고 응답한 비율이 23.3%로 가장 높게 나타났고, '선행 학습을 위해서'라고 응답한 비율이 23.1%로 그 뒤를 이었습니다. 학교 수업을 '보충'하는 의도로 만들어진 사교육이 학교 수업보다 선행하게 되면서 사교육을 받는 비율이 높아진 것입니다. 이러한 현상은 사교육이 공교육의 보완재가 아니라 대체재로 자리매김되어 가고 있다는 것을 보여 주고 있습니다. 사교육이 주(主)가 되고 공교육은 부(副)가 되는 본말전도(本末顚倒)의 현상이 나타나는 것입니다. 이러한 현상은 사교육비 조사 결과에서도 여실히 드러납니다. 2021년 초중고 사교육비 조사 결과에 의하면 그해 사교육비 총액은 23.4조 원으로 19.4조 원이었던 2020년에서 1년 사이에 무려 21%나 증가하였습니다. 사회적으로 엄청난 비용이 소요되고 있던 것이죠. 주당 사교육 참여 시간도 중학생의 경우 7시간이나 됩니다. 2020년 5.3시간에서 2021년 6.7시간으로 증가하면서 전체적으로 1.5시간 증가하였습니다. 우리나라 사교육 시장규모가 얼마나 큰지는 100억 이상 연봉을 받는 일부 일타 강사*의 사례를 통해서 알 수 있습니다.

이처럼 많은 시간과 비용을 쏟아붓지만 사교육을 통해 선행 학습을 하는 것이 반드시 효과가 있는 것은 아니었습니다. 학원에서 관련 내용을 배웠다는 생각 때문에 수업에 충실하게 참여하지 않아 오히려 부정적인 결과를 낳기도 했습니다. 사교육으로 선행 학습을 한다고 해서 그 학생이 배운 내용을 잘 이해하는 것은 아니었으며 어떤 경우에는 오히려 학습에 대한 흥미를

---

* 일타 강사는 학원이나 온라인 강의 등에서 가장 인기 있는 강사를 말한다.

잃는 경우도 있었습니다. 또한 학원 강사가 가르쳐 주는 방식을 그대로 따르는 것에 익숙해진 나머지 자신에게 맞는 학습 방법을 찾을 기회가 없었습니다. 장기적으로 학습할 수 있는 바탕을 형성하지 못했다고 할 수 있지요. 그러나 많은 학부모와 학생들이 이 사실을 인식하지 못한 채 과도한 비용과 시간을 투자하면서 힘겨워하고 있습니다. 사교육이 투입한 비용 대비 그다지 효과가 크지 않음에도 불구하고 대부분의 학생들은 왜 사교육을 받는 것일까요? 여기에는 모두가 받는 사교육을 나도 받지 않으면 남들에게 뒤처질 거라 여겨 불안해하는 학부모와 학생의 영향도 있을 것입니다.

이러한 잘못된 인식 속에서 학생들은 입시경쟁에 매몰되어 힘들어하고 있습니다. 학교 수업이 끝나면 학원에 가야 하고, 중학생의 경우에도 학원 숙제를 하다 보면 새벽 1~2시를 훌쩍 넘기게 된다고 합니다. 2020년에 발표된 '청소년의 건강 및 생활 습관에 관한 조사 결과*에도 학생들의 생활 습관이 드러납니다. 조사 결과에 의하면 우리나라 학생들의 평균 수면시간은 7시간 18분(초등학생 8시간 41분, 중학생 7시간 21분, 고등학생 6시간 3분)으로 OECD국가들의 평균 수면시간인 8시간 22분인 것과 비교하면 수면시간이 매우 부족하다는 것을 알 수 있습니다. 수면 부족의 이유로는 공부(62.9%)가 가장 높았고, 그다음으로는 인터넷 이용(49.8%), 학원 및 과외(43.1%) 순으로 나타났습니다. 공부와 학원으로 늘 시간에 쫓기는 아이들은 충분한 수면을 취하지 못하다 보니 정작 학교에서는 집중을 하지 못해 악순환이 계속됩니다. 좋은 성적을 얻기 위해 학원에 다니지만 오히려 집중

---

* 한국청소년정책연구원, 2020.

도는 저하되어 공부의 효율은 떨어지는 아이러니가 발생하는 것이죠. 더구나 우리나라 학생들은 왜 바빠야 하는지 그 이유도 정확히 모르는 채 초등학교 고학년 시기부터 시간에 쫓기며 여유 없이 살아가고 있습니다. 여가 시간은 또 충분치 않아서 친구와 우정을 쌓을 시간이 없고 학교에서 학원으로 이동하는 잠깐의 시간이나 짧은 휴식 시간에 SNS로 친구와 소통하는 게 다입니다. 소통의 질은 낮아지고 관계의 밀도 역시 옅어질 수밖에 없지요. 발달 단계상 또래 관계에서 오는 정서적 지지와 안정감을 형성해야 하는 시기에 선행 학습을 위한 학원 수강 때문에 중요한 발달 과업을 수행할 기회를 놓치고 있는 것입니다.

그렇다면 사교육에 매몰되고 맹목적으로 의존하는 고리를 끊기 위해서는 어떻게 해야 할까요? 우선 사교육에 맹목적으로 의존하는 현상이 왜 나타났는가에 대해서 공교육을 포함하여 교육계, 나아가 우리 사회 전체에서 반성하고 고민할 필요가 있습니다. 사교육의 정치경제학은 매우 복잡하기 때문에 공교육의 변화만으로 사교육 의존 현상을 단번에 해결할 수 없습니다. 하지만 공교육의 개혁은 반드시 수반되어야 하지요. 무엇보다 중요한 것은 내 아이의 성공만을 추구하는, 경쟁적인 가치관에 사로잡힌 학부모의 인식이 바뀌는 것입니다. 즉 입시 위주의 경쟁적인 교육 패러다임을 무너뜨리기 위해선 교육 개혁과 더불어 학생, 학부모, 교사 등 교육 주체의 의식 전환부터 시작되어야 합니다. 공교육을 황폐화하고 있는 사교육을 무비판적으로 수용하는 학생과 학부모의 각성을 촉구시킬 필요가 있습니다. 더욱이 4차 산업혁명과 코로나19로 교육 환경이 변화하면서 자기주도학습이 중요하게 부각되고 있는 가운데, 사교육으로 인해 자기주도적인 학습 능력이 발현되기 어렵거나 감소될 수 있다는 것을 고려해야 합니다. 사교육에 대한 의존이 학생들의 미래 역량을 잠식할 수 있다는 것을 인식할 필요가 있습니다.

● 교사를 위한 안내

Q1 공부를 왜 해야 하는지 모르겠다고 얘기하면서 공부를 하지 않는 학생들에게 어떻게 학습을 독려할 수 있을까요?

요즘 중학생들 중에는 "인생은 한방이야"라고 말하는 하준이처럼 굳이 열심히 공부할 필요가 없다고 생각하는 학생들이 많습니다. 자신들의 눈에 성공한 인생을 살고 있는 것처럼 보이는 크리에이터나 연예인들을 보면 학창 시절의 학업 성적이 그리 높은 것 같지도 않고요. '행복이 성적순'인 시대는 끝났다고 말하며 공부할 필요가 없다고 말하는 요즘 중학생들에게 교사로서 공부의 의미와 목적, 필요성에 대해 어떻게 설명해 줘야 할지 난감할 때가 많습니다. 예전처럼 "지금 열심히 공부해 두면 나중에 써먹을 데가 있어. 미래에 다 필요하니까 열심히 공부해 둬."라고 말할 수도 없는 노릇입니다. 그렇다면 이들의 삶에 공부가 왜 필요한지를 어떻게 설명해야 할까요? 배움과 삶이 연결되어 있다는 것을 어떻게 이야기하면 좋을까요? 공부의 필요성을 느끼지 못하는 학생들은 진로 계획이 수립되어 있지 않거나 인생의 방향을 설정하지 않아 그런 것일 수 있습니다. 요즘은 진로의 중요성을 많이 강조하기 때문에 대부분의 학생들은 일찍이 진로 검사 결과 등을 통해 자신의 진로에 대해 인지하고 있는 편입니다. 그러나 그 중에서도 명확한 진로 방향을 설정하지 못한 경우가 많고 부모의 강요에 따라 억지로 진로를 정한 경우도 적지 않지요. 그런 학생들에게 자신이 무엇을 할 때 생기가 돌고 즐거워하는지, 자신의 관심사와 흥미가 어디에 있는지를 물어보면 좋겠습니다. 그리고 그 관심사와 흥미를 공부와 연결하는 것입니다. 자신의 관심사와 흥미가 진로와 연결되고, 그 진로를 위해 공부가 필요하다는 것을 설명해 주는 것이죠. 만약 자신의 관심사와 흥미를 모른다고 답하는 학생들이 있다면 선생님께서 잘 관찰해 주시면 좋겠습니다. 학생의 행동을 세심하게 관찰하다 보면 어떤 활동을 할 때 눈이 반짝거리는지 알 수 있습니다.

자기가 하고 싶은 일을 생각해 보게 하고 그 모든 일에 성실성이 요구된다는 것을 알려 주는 것도 공부의 필요성에 대해 일깨울 수 있는 방법입니다. 중학생들이 동경하는 연예인이나 크리에이터의 삶도 화려함만 있는 것이 아니라 화려함 뒤에 얼마나 많은 노력과 정성이 있는지를 알려 주는 것이죠. 크리에이터가 어떤 콘텐츠를 담을까 고민하고 영상을 편집하고 꾸준히 업로드하는 과정에서 얼마나 많은 성실성이 요구되는지를 말입니다. 아이돌의 경우에도 화려한 무대를 위해 얼마나 오랫동안 연습하고 준비하는지에 대해 알려 주는 것입니다. 이처럼 공부는 어떤 일을 하든 성실성의 바탕이된다는 것, 크게 관련이 없는 것처럼 보여도 주어진 상황에서 성실함과 자기관리 능력을 갖추는 것이 미래에 자신이 하고 싶은 일의 바탕이 될 거라고 이야기해 줍시다.

Q2 자신의 진로와 관심사를 스스로 파악하고 있지만, 세상을 살아가는 데 학교에서 공부한 내용은 실제로 쓰이지 않는다며 공부가 쓸모없다고 말하는 학생에게는 어떻게 설명해 주어야 할까요?

자기 진로와 공부가 상관없다고 말하는 학생도 있을 수 있습니다. 예컨대 "저는 바리스타가 되고 싶은데 바리스타와 직접적인 연관이 없는 교과를 왜 공부해야 하나요?"라고 질문하는 식이죠. 이런 경우 학생들에게 바리스타가 되기 위한 지식과 정보만을 익히는 것보단 확장된 공부가 필요하다고 설명해 줘야 합니다. 공부를 통해 삶에 필요한 역량, 예를 들면 비판적 사고 능력, 문제 해결 능력, 사회 현상을 거시적으로 바라보는 안목, 소통하고 협력하는 역량 등을 기를 수 있다고 이야기해 준다면 좋겠지요. 바리스타, 연예인, 크리에이터 등 어떤 직업을 선택하든 기본 역량을 갖춰야 어려움에 직면했을 때 스스로 문제를 해결하고 방법을 찾을 수 있다고 말입니다.

또 자신의 진로나 관심사는 성장하면서 바뀔 수도 있다는 것을 알려 줄 필요가 있습니다. 우리는 자신이 알고 경험한 범위 내에서 세상을 이해하고 바라볼 수밖에 없습니다. 따라서 세상을 바라보는 렌즈가 보다 커지고 풍부해지면 그전에 보이지 않던 부분이 관심의 영역으로 들어올 수도 있습니다. 너무 좁은 영역에 자신을 가둬 두지 말고 세상에 대한 호기심을 확장시킬 수 있도록 학생에게 알려 줄 필요가 있습니다. 세상에 대한 관심의 영역을 넓히고 보다 심화된 이해를 얻기 위해서는 공부가 필요하다는 것을 말하면서 공부의 '쓸모'에 대해 설명해 주면 좋겠습니다.

● 부모를 위한 안내

Q1 자녀가 자기주도적으로 공부를 하면 좋겠는데 스스로 공부를 하지 않아서 걱정스러워요.

중학생 정도 되면 스스로 학습 계획도 세우고 공부도 알아서 하면 좋겠는데 언제까지 부모가 공부하라고 얘기해야 할지 걱정됩니다. 믿고 맡기려니 주도적으로 공부하지 않는 것 같아서 불안하고, 그렇다고 초등학생처럼 일일이 개입하려고 하니 잔소리처럼 받아들여 급기야 싸움으로 번지기도 합니다.

자기주도학습도 결국 훈련에 의해 습관처럼 몸에 익히게 됩니다. 자기주도학습에 능한 아이들도 처음부터 공부를 스스로 잘했던 것이 아니라 하루하루 노력이 쌓여 그렇게 된 것이지요. 즉 매일 공부하는 '습관'이 자기주도적인 학습을 하는 '정체성'을 만드는 것입니다. 귀가하여 매일 1시간씩(또는 자신의 컨디션에 맞는 시간 동안) 스스로 공부한다면 '자기주도적인 학생'이라는 정체성이 형성될 것입니다. 이렇듯 매일 스스로 공부하려면 그 공부가 즐거워야 하고 분량 면에서도 충분히 해낼 수 있다는 생각이 들어야 합니다. 그러려면 자녀가 공부해야 할 분량을 쪼개어 자신이 할 수 있는 양만큼 할 수 있도록 하는 것이 좋습니다. 입이 짧은 아이에게 피자 한 판을 다 먹으라고 한다면 어떨까요? 마지못해 피자를 먹더라도 소화하지 못할 뿐더러 결국에는 피자를 싫어하게 될 수 있습니다. 때문에 자신이 할 수 있는 분량만큼 공부한 다음 작은 성공을 경험할 수 있도록 해야 합니다. 그런 이후 학습 분량을 서서히 늘려 가도록 하는 것이지요. 기억해야 할 것은 부모의 성급한 마음이 학생들의 공부에 대한 관심과 흥미를 빼앗아 갈 수도 있다는 사실입니다. 처음에는 시간이 걸려도 자녀에게 '나도 할 수 있어, 나도 해냈어' 같은 성공 경험이 쌓이게 되면 공부가 즐거워져서 자연스럽게 자기주도적으로 학습을 하고자 할 것입니다.

Q2 자녀가 자신의 성적이 낮은 것은 나쁜 머리 때문이라고 생각하면서 오히려 부모를 탓할 때 뭐라고 말해야 할지 모르겠어요.

물론 학업 성적은 지능의 영향을 받습니다. 그러나 지능이 다가 아닙니다. EBS의 〈학교란 무엇인가〉 다큐멘터리에서 학업 성적 상위 0.1%의 비밀에 대해 밝혔습니다. 수능 모의고사 전국석차 상위 0.1%에 포함되는 800명 학생과 평범한 학생 700명을 비교하면서 두 그룹 간에 어떤 차이가 있는지를 탐구했습니다. 상위 0.1%의 학생들은 평범한 학생들에 비해 지능지수가 별로 높지도, 생활 습관이 특별하지도 않았고, 부모의 경제력이나 학력에서도 큰 차이가 없었습니다. 그렇다면 어디에서 차이가 비롯된 걸까요? 제작진은 그 답을 '메타인지' 능력에서 찾았습니다. 메타인지의 중요성에 대해서는 Part 1(7장 똑똑한 디지털 네이티브인 아이들)에서도 다루었는데요. 메타인지는 자신의 인지과정에 대해 한 차원 높은 시각에서 관찰, 발견, 통제하는 정신작용을 말합니다. 기억력 자체는 두 집단 간 유의미한 차이가 없었습니다. 다만 자신이 무엇을 알고 무엇을 모르는지에 대한 자각에서 구분이 되는 것은 사실입니다. 이게 바로 메타인지 능력입니다. 메타인지가 높은 학생들은 자신이 무엇을 알고 무엇을 모르는지에 대해 객관적으로 평가하기 때문에 자신이 모르는 것에 대해 확실히 공부하면서 효율적으로 학습할 수 있습니다. 상위 0.1%의 학생들은 메타인지 능력이 높았고 그것이 그들의 학업 성적이 높은 결과를 설명하는 주된 이유였습니다.

그렇다면 학업 성적에 영향을 미치는 메타인지 능력은 선천적일까요, 후천적일까요? 다행스럽게도 메타인지 능력은 후천적입니다. 훈련과 노력에 의해 메타인지를 개발할 수 있다는 뜻입니다. 자녀들에게 메타인지 능력을 키워 주십시오. 메타인지를 키워주기 위해서는 자신이 학습한 내용을 자신의 언어로 간단하게 요약 정리할 수 있도록 하시면 됩니다. 그 과정에서 자신이 무엇을 알고 무엇을 모르는지 알게 될 테니까요. 학교에서 배운 내용이나 자신이 학습한 내용에 대해 정리한 부분을 가족을 앉혀 놓고 설명하도록 하는 것도 좋습니다. 다른 사람에게 설명하려면 내용을 숙지하는 것은 물론 듣는 사람이 이해하기 쉬운 해설을 준비해야겠지요. 그것을 준비하는 과정 자체가 학생들에게 공부가 될 것입니다.

2. 정체성, 나를 찾는 여행을 시작하는 중학생

    초등학생과 고등학생 사이에 낀 중학생들은 대개 예측하기 어려우며, 이해하기 어려운 존재로 인식되어 왔습니다. 오래전 홀은 이 시기를 가리켜 '질풍노도의 시기'라고 했습니다.Hall, 1904 비교적 최근에 등장하게 된 '중2병'이라는 단어는 이러한 점을 단편적으로 보여 준다고 할 수 있지요. 이처럼 그간의 중학생에 대한 이해는 주로 그들에게 나타나는 특징을 중심으로 외부자적 시각이 투영된 경우가 많았습니다. 그만큼 우리는 중학생들이 자신을 어떻게 인식하고 이해하고 있는지에 대해서는 별 관심이 없었던 것 같습니다.

    최근 중학생들에게 '중2병'에 대한 생각을 묻는 유튜브 영상을 본 적이 있습니다. 영상에서는 중학생들에게 "중2병에 약이 있을까요?"라는 질문을 던졌습니다. 한 중학생이 "중2병은 시간이 있어야 고칠 수 있는 병"이라고 대답했습니다. 별다른 치료제는 없고 시간이 약이라는 것입니다. 그동안 우리는 중2병이라는 현상과 결과로서 보이는 모습에만 관심이 있었을 뿐 그들의 존재 자체와 초등학생과 고등학생 사이에 존재하며 성장해 가는 과정에는 관심을 갖지 못했던 것 같습니다. 이제는 외부자적 시각으로 중학생을 규정하려고 했던 성급함을 멈추고, 그들의 문화와 삶 속으로 들어가 중학생들의 모습을 찬찬히 살피는 것은 어떨까요?

흔히 청소년기의 중요한 발달 과업으로 정체성의 탐색을 이야기하곤 합니다. 정체성에 대한 개념적·학문적 정의는 다양하지만, 일상적인 의미에서 사용되는 '정체성'이라는 말은 자신만의 고유한 특성과 관련있습니다. 에릭슨(Erikson)이나 마샤(Marcia)와 같은 심리학자들은 청소년기가 사회적 규범과 또래 집단으로 인해 정체성 탐색에 있어 혼란을 겪는 시기이며, 이 시기의 중요한 발달 과업 중 하나가 바로 정체성의 탐색이라고 했습니다. 즉 자기에 대한 다양한 실험적 탐구를 통해 정체성을 통합하고 발달해 나가는 시점이 청소년기인 것입니다.

그런데 요즘 중학생들은 자신이 어떤 사람인지 등과 같은 정체성에 관한 이슈보다 학업이나 또래 관계 등의 이슈에 더 관심이 있어 보입니다. 오히려 자신이 누구인지, 어떤 삶을 살아야 할지 등과 같은 정체성 이슈는 대학생이나 성인이 되어 나타나는 경우가 많습니다. 이런 현상은 최근 '대2병'으로 명명되기도 합니다. 대2병*은 대학 진학 후 '나는 누구인가'와 같은 실존적 고민과 함께 진로에 대해 걱정하면서 우울과 무기력함을 경험하는 증상을 의미합니다. 과거에는 청소년기의 핵심적인 이슈가 정체성의 탐색이

---

* 오인수 외, 2018.

었다면, 이제는 그 시기가 늦춰지게 된 것입니다. 우리 사회에 이런 '대2병'과 같은 증상이 나타나는 것은 입시 위주의 환경 속에서는 자신에 대해 충분히 탐색할 시간이 없다는 점, 대학 진학 이후 취업난 등을 실감하게 되는 점과 관련이 깊습니다. 그러나 이러한 현상은 한국 사회에서만 나타나는 것이 아닙니다. 사회 발전이 고도화될수록 직업을 얻기까지 더 많은 시간이 소요되고 이에 따라 성인기는 자연히 늦춰지게 됩니다. 정체성 확립의 시기가 다소 지연되고 완전한 성인기도 아니고 청소년기도 아닌 이질적인 시기가 나타나게 되는 것이지요. 아네트는 이 시기를 가리켜 '발현 성인기*'라고 명명하기도 했습니다.Arnett, 2000

또래 관계 속에서 발견하는 나

이렇듯 중학생들에게 정체성의 이슈는 핵심적인 것이 아니지만, 그들은 또래 관계와 학업, 진로 등에서 다양한 경험과 고민을 하면서 자신이 누구인지 조금씩 실험하고 있었습니다. 그렇다면 중학생들은 어떤 방식으로 자기에 대해 탐색할까요? 중학생들은 의도적으로 자기가 누구인지 찾기 위해 실험을 한다기보다는 또래와의 자연스러운 관계 속에서 자기를 인식하게 됩니다. 미국의 사회학자 쿨리는 자아상에 대하여 거울을 통해 자신의 모습을 알게 되는 것처럼 타인의 반응과 평가에 비친 자신의 모습을 의미한

---

* 아네트는 사회문화 및 경제적 변화로 인해 청소년기와 성인기 초기 사이의 청년들이 독립된 사회구성원으로 성장하는 과정이 지연되고 있다고 했고, 이 시기를 발현 성인기(Emerging Adult-hood)라고 명명하였다.

다고 보았습니다.Cooley, 1998 이처럼 중학생들은 또래와의 관계 속에서 거울처럼 자신의 모습을 비추면서 또래 안에서의 평가와 인정 등에 민감해집니다. 우리가 만난 중학생들 역시 또래와의 관계를 무엇보다 중요하게 생각했으며 또래 안에서의 '인정'과 '인기'를 추구하거나 소속감을 유지하기 위해 부단히 노력하고 있었습니다. 여기서 주목할 점은 자기 자신의 '독특성'을 지키기 위해 또래 사이의 다양한 집단으로부터 자신을 구별 지으면서도 또래 집단 내에 동화되고 싶은 욕구를 강하게 드러낸다는 점이었습니다. 이러한 욕구는 '구별 짓기'와 '무리 짓기'라는 이중적인 관계 구조의 형성을 통해 보다 구체적으로 드러나고 있었습니다. 중학생들은 무리 짓기를 통해 또래 관계 속에서 자신의 존재를 인정받는 것을 중요하게 여겼고, 동시에 또래 안에서 '인싸', '핵인싸', '관종', '일진'이라는 자신과는 다른 그룹을 만들어 끊임없이 타자를 구분하기도 했습니다.

이노을: 인싸는 그냥 인기 많은 애들이에요. 그러니까 성격 좋고 애들한테 잘 대해 주고, 배려도 깊으니까 다른 애들에게 인기가 많아요. 일반적으로 인기 많은 애들이 인싸고, 일진은 불쌍한 애들이에요.

연구자: 인기 많은 애가 일진이 되는 건 아니구나.

이노을: 네. 그건 진짜 아닌 것 같아요.

연구자: 반에서 보통 누가 인기가 많아?

이노을: 대체로 반장들이 인기가 많아요. 왜냐하면 인정받고 있는 느낌이거든요. 일진들이 반장을 하지는 않으니까.

연구자: 반장인 것 자체가 인정을 받았다는 뜻이구나. 열심히 공부하는

애들은 어때? 아까 범생이라고 그랬잖아.

이노을: 공부만 하며 사는 건 좀 불쌍하긴 한데, 걔네들보다는 훨씬 낫죠.

연구자: 일진들보다는?

이노을: 네. 중간이 제일 좋은 것 같아요.

한때 일진 무리에 속했던 노을이에게 일진은 '불쌍한 애들'입니다. 노을이 눈에 범생이 집단 아이들도 불쌍하긴 매한가지입니다. 노을이의 무리 구별법에 따르면, 반장을 비롯한 학급 임원들은 대부분의 아이들이 좋아하는 인정하는 인싸 그룹입니다. 두 번째 그룹은 놀 때는 놀고 공부할 때는 적당히 공부도 하는 '중간' 그룹입니다. 세 번째 그룹은 불쌍하지만 일진보다는 나은 '범생이' 그룹입니다. 그리고 최하위가 바로 '일진' 그룹이지요. 그런데 이러한 구분법은 아이들마다 다릅니다. 앞서 연주는 아이들이 일진과 같은 노는 아이들을 좋아하지는 않지만, 일진 무리들이 '있어 보여서' 함부로 하지 못한다고 생각합니다. 힘에 의해 서열화된 관계가 생각보다 공고하게 존재하고 있다는 거죠. 연주는 찐따 집단, 보통(중간) 집단, 일진 집단이 있고, 일진은 같은 학년뿐만 아니라 선후배, 동네 친구로 확장되는 관계를 갖고 있으며, 자신은 '중간'인 집단에 속해 있다고 하였습니다. 노을이는 일진에 대한 생각이 연주와 다르긴 했지만, '일진', '인싸', '범생이'로 구분되는 집단 중 자신은 '중간'을 선호하며, 실제로도 '중간'에 속해 있다고 했습니다. 이런 점에서 볼 때 중학생들의 무리 짓기는 자신을 또래 내 다른 집단과 구별함으로써 자신이 어떤 사람인지 인식하는 과정임을 알 수 있습니다. 자기를 인식하는 '잣대'를 찾는 단계인 것이지요.

온라인 공간에서의 정체성 실험

그렇다면 중학생들의 자기에 대한 실험은 주로 어떤 맥락 속에서 이루어지게 될까요? 중학생들의 정체성 탐색과 자기에 대한 실험은 오프라인에서의 또래와의 관계 속에서만 나타나는 것이 아니었습니다. 디지털 네이티브 세대답게 중학생들의 정체성 탐색의 장은 온라인 세계로 확장되고 있었지요.

한때 인터넷이 발달하기 시작하면서 온라인 공간에서의 정체성은 '병리적'이고 '문제적'인 것으로 그려졌습니다. 오프라인 정체성과의 굉장한 괴리를 보이는 자아분열처럼 해석되는 경우가 대부분이었지요. 또한 온라인 공간의 확대로 인해 사람들이 멀티 페르소나*를 갖게 될 것이며, 온라인 공간에서의 자기와 실제 자기의 모습이 전혀 다르게 나타날 거란 예측도 있었습니다. 하지만 온라인 공간의 확대로 개인의 정체성이 변화하고 사회적 병폐로 이어질 것이라는 우려와 달리 오늘날 온라인과 오프라인 사이의 극명한 정체성의 분리를 보이는 경우는 극히 드뭅니다.

중학생들의 온라인 세계에서의 자기 표현과 정체성의 탐색이 오프라인에서 나타나는 모습과 완전히 다른 모습으로 나타나는 것이 아니라 현실의 연장선상에서 나타나고 있었기 때문이지요. 이는 기술의 발달로 인해 온라인과 오프라인 세계가 분리된 공간이 아니라 '연결된 공간'으로서 존재하며 서로를 더 확장시키는 방식으로 존재하는 특성과 무관하지 않을 것입니다.

---

* 멀티 페르소나는 '다중적 자아'라는 뜻으로 개인이 상황에 맞게 다른 사람으로 변신하여 다양한 정체성을 표현하는 것을 의미한다(출처: 네이버 지식백과).

이처럼 중학생들의 온라인에서의 모습과 오프라인에서의 모습이 다르지 않다는 점은 경기도교육연구원에서 실시한 설문조사* 결과에서도 드러나고 있습니다. 대표적으로 또래 관계에 관한 설문에서 학생들은 '친구를 대하는 태도가 온라인과 실제 생활에서의 차이가 없다'라는 항목에 대해 37%가 '그렇다'라고 응답했고, 22.5%가 '매우 그렇다'로 응답했습니다. 중학생들과의 면담에서도 온라인 세계에서의 모습이 자신의 실제 모습과 크게 다르지 않다고 한 경우가 많았습니다. 다만 중학생들은 온라인 공간이 가지는 '익명성'이라는 특징을 이용해 오프라인 세계보다 조금 더 과감하게 자신을 표현하고 실험하였습니다.

그렇다면 보다 구체적으로 온라인 공간에서의 정체성 실험은 어떻게 이루어지고 있을까요? 세찬이는 게임을 많이 하는 편은 아니지만 가끔 스트레스를 풀기 위해 게임을 합니다. 그런데 게임을 할 때는 평소보다 더 과감해질 때가 있습니다. 평소 세찬이는 조용한 성격으로 친구들과 부딪히는 것을 좋아하지 않습니다. 친구가 먼저 욕을 해도 되받아치지 않고 그냥 참고 넘어가는 편이지요. 그래 봐야 싸움밖에 되지 않기 때문입니다. 그런데 게임에서는 잘 참지 않습니다. 가끔 게임 중에 채팅으로 시비 거는 사람을 만나면 그냥 지나치지 않고 같이 맞받아치며 '신고하기' 버튼을 누르곤 합니다.

연구자: 혹시 온라인상에서 소통할 때, 온라인상에 있는 너와 오프라인상

---

* 조윤정 외, 2020

의 네가 다르게 느껴진 적이 있어?

박세찬: 있어요. 카트라이더에서요. 누가 먼저 시비를 걸거나 무시하면 짜증이 나요. 게임 중에 어쩌다 부모님 욕을 한 번 들은 적이 있었는데, 그때 너무 화가 나서 상대에게 "즐*" 하고 퇴장한 뒤 신고하고 그랬어요.

연구자: 너의 그런 모습을 보고 평소 현실의 나하고는 좀 다르다고 느꼈던 거야?

박세찬: 저는 평소에 친구가 "야, 이 새끼야" 하면 "왜?" 하고 끝내는 편이에요. 마주 욕해 봤자 싸울 것 같기도 하고 그러니까.

연구자: 평소에는 욕을 들어도 그냥 "왜?" 하고 넘어가는데, 온라인상에선 네가 되받아치고 신고도 하니까. 그런 게 좀 다르다고 느껴지는 거구나.

박세찬: 네.

연구자: 더 과감해지는 거네, 온라인에서는?

세찬이는 온라인 공간에서 보이는 자신의 모습이 실제 모습과 다를 때도 있다고 하였습니다. 그러나 이것이 세찬이의 새로운 정체성이라고 할 수 있을까요? 이것은 새로운 차원의 정체성이라는 것을 보여 주거나 온라인과 오프라인에서의 정체성이 서로 다르다는 것을 알게 하기보다는 평소보

---

* 즐은 온라인 게임의 일부 상인들이 거래 조건이 맞지 않아 거래를 중단하려 할 때 사용한 말로, 당시 초등학생들의 생활 형태와 맞추어 퍼지게 되면서 '당신과는 더 이상 이야기하지 않겠다'라는 의미로 왜곡되어 지금까지 사용되고 있다(출처: 위키백과).

다 행동이 더 과감해진다는 것을 짐작케 합니다. 세찬이가 평소 오프라인에서는 친구들과의 '갈등'과 '다툼'으로 이어지는 것이 싫어서 자신을 다 드러내기보다는 참고 넘어갈 때가 많지만, 온라인 공간에서는 더 과감한 모습을 보이는 것처럼 말이죠. 이러한 점은 익명성이 보장되고 실제적인 보복의 위험성이 적은 온라인 공간의 특징과 맥락의 차이에 대한 이해에서 비롯된다고 할 수 있습니다. 더불어 맥락에 따라 자신을 얼마나 드러낼 것인가에 대해 선택적으로 접근하고 있음을 보여 주고 있습니다. 이처럼 온라인 공간은 중학생의 '자기 표현'과 관련하여 어느 정도까지 자기를 드러내고 숨길 것인지를 실험하기 위한 최적의 장소입니다. 어떤 맥락에서 자신을 드러내고 어떤 맥락에서 자신을 숨길지에 대해 알아가며 자신의 어떤 모습을 더 부각할지 인지하는 일종의 자기 연출이 가능한 장소이기 때문입니다.

가온이의 경우 오프라인에서는 잘 드러내지 않지만 온라인 공간에서만 드러내고 있는 모습이 있었습니다. 가온이는 개인 면담에서 조심스럽게 자신이 '코스프레*'에 관심이 있다는 것에 대해 이야기해 주었습니다. 관련된 온라인 커뮤니티에 가입하여 활동을 하기도 했고 코스프레 행사에 직접 참여할 만큼 나름의 적극성을 보이고 있었습니다. 하지만 가온이는 코스프레를 좋아하고 캐릭터를 덕질하는 것을 '쪽팔리는 일'이라고 여겼습니다.

민가온: 제가 사실 이런 말을 해도 될지 모르겠지만 코스프레에도 좀 관

---

* 코스프레는 만화나 애니메이션, 게임에 나오는 캐릭터의 의상을 입고 서로 모여서 노는 놀이이자 하위 예술 장르의 일종이다(출처: 나무위키).

심 있어서요.

연구자: 아, 그래?

민가온: 아 좀 쪽팔… 아니 쪽팔리면 안 되는데.

연구자: 뭐가 쪽팔려! 완전 좋은데.

민가온: 이렇게 한번 말하면 "왜 하냐", "돈만 많이 들고 사람들이 이상하게 보는 거 아니냐"라고 얘기하는 사람이 많아서. 그래서 저번 집단면담 때는 말 못 했어요. 애들이 너무 많기도 했고.

그래서 가온이는 다른 친구들에게 그런 모습을 드러내고 싶어 하지 않았습니다. 가온이의 '덕질'이 주로 온라인 공간과 집을 중심으로 이루어진 것도 이 때문이지요.

민가온: 이게 밖으로 나가면 되게 약간 오타쿠? 약간 십덕이다, 그렇게 보거든요.

연구자: 십덕이 무슨 뜻이야?

민가온: 친구 관계 안 좋고, 집에서 덕질이나 오타쿠 짓만 하는 사람을 말해요.

연구자: 주변에서 그렇게 본다는 거지?

민가온: 주변에서 그 말을 많이 쓰지는 않는데, 그래도 그런 말을 듣는 게 싫으니까요. 오타쿠란 말이 원래 한 분야에 집중하는 사람을 뜻하는 거지만, 애니메이션을 덕질하는 애는 왠지 친구 관계가 좋지 않을 것 같고 공부도 못 할 거라고 사람들이 생각하기 쉬우니까요.

저는 그게 싫어서 열심히 공부하는 거예요, 지금.

  가온이는 자신의 이러한 모습이 친구들에게 '오타쿠*' 내지는 '십덕**'으로 비칠까 봐 우려하였고 오타쿠나 십덕이란 용어에 담긴 '친구 관계가 좋지 않고 공부를 못할 것 같은 이미지'가 되지 않기 위해 더 열심히 공부를 한다고 했습니다. 이처럼 중학생들은 일찍이 현실에서 자신의 취향을 밝힐 경우 또래에게 부정적으로 비치거나 낙인찍힐 위험이 있음을 인식하고, 자신과 같은 취향을 공유하는 사람들이 있는 안전한 온라인 공간에서 자기를 드러내고 있었습니다. 이는 오프라인에서의 정체성과 온라인에서의 정체성이 구분되어 있기 때문이 아니라 한 개인을 형성하는 다양한 모습을 맥락에 따라 선택적으로 보여 주고 있는 것이라고 할 수 있습니다. 실제로 가온이는 자신이 코스프레를 하거나 게임 캐릭터를 키우는 활동을 하면서 '다른 사람'이 된 것처럼 행동하기보다는 실제 자신의 성격이 그대로 나타나고 있으며 옷을 바꿔 입는 것만으로 사람이 바뀌는 것은 아니라고 이야기하였습니다.
  앞서 살펴본 세찬이와 가온이의 사례는 보이드가 오늘날 네트워크화된 세상에서 살아가고 있는 청소년들이 다른 환경에서 자신을 어떻게 표현할지 '선택'하여 온라인과 오프라인에서의 환경을 매끄럽게 이동한다고 언급

---

* 오타쿠는 만화나 애니메이션과 같은 한 분야에 심취한 사람을 일컫는 말로, 폐쇄적이며 사교성이 결여된 인물이라는 부정적인 의미로 사용되기도 한다.
** 오타쿠를 '오덕'이라 부르기도 하는데, 오덕보다 더 심하게 만화나 애니메이션에 심취해 있다는 뜻에서 '십덕'이라는 용어가 사용된다.

한 것과 일맥상통합니다.Boyd. 2014 즉 청소년들은 실제와 가상의 정체성을 분리하는 것이 아니라 사회적 맥락에 따라 자기 표현을 바꾸는 데에 능숙하다는 것입니다.

그렇다면 온라인이 아닌 오프라인 공간에서의 자기 탐색은 어떻게 이루어지고 있을까요? 중학생들은 오프라인에서의 '자기 표현'을 통해 자신을 더욱 두드러지게 드러내고자 화장을 하거나 브랜드 옷을 입는 등 명품을 선호하였습니다. 이는 자신이 더욱 강하게 보이도록 과시하고자 하는 욕망에서 비롯된 것이기도 하지만, 또래 문화와 유행에 뒤떨어지지 않기 위한 노력의 일환일 수 있습니다. 자신이 속한 무리의 집단정체성을 표현하는 것과 관련이 있는 것이지요.

이상에서 살펴본 바와 같이 중학생들은 온라인과 오프라인 세계를 넘나들며 자신의 정체성을 맥락에 따라 적절히 표현하고 숨기기도 하면서 자신의 정체성을 주도적으로 탐색해 나가고 있었습니다.

공부하는 사람으로서의 정체성

한편 중학생들에게 주어진 '학생'으로서의 정체성도 그들의 자기 인식에 지대한 영향을 미치고 있었습니다. 학생으로서 공부하는 사람에 대한 정체성은 주로 중학교 2학년 시기에 본격적으로 드러나기 시작했습니다. 성적에 관한 자기 인식과 정체성은 첫 시험과 함께 나타났지요. 앞서 살폈던, 중학교 2학년이 되면서 "현타가 왔다"라는 노을이의 말은 '공부하는 사람'으로서의 자기에 대한 인식 변화를 가장 핵심적으로 보여 주는 표현이라고 할 수 있습니다. 아래 가온이의 이야기에서도 알 수 있는 것처럼 '공부하는 사람'으로서의 자기 인식은 온라인에서의 교류나 취미 활동같이 공부 외의 일들을 적절히 '유예'하며 현실에서의 삶을 이끌어 가는 역할을 하기도 합니다.

제가 일단 교류를 안 하는 편이에요, 온라인으로는. 아직까지는 공부도 해야 하고 아직 할 게 좀 있으니까 교류를 하면 푹 빠지니까 공부를 안 할 거 아녜요. 이 점이 걱정돼서 아직까지는 깊게는 안 하고, 만나더라도 '안녕하세요' 정도만 해요. (민가온 학생, 중2)

지금까지 살펴본 중학생들의 정체성에 관한 이야기를 종합하면, 중학생들에게 정체성과 관련된 문제는 핵심적인 이슈는 아니었지만 또래 및 환경과의 상호 작용 속에서 자기에 대해 탐색하고 있다는 것을 알 수 있습니다. 그렇지만 '공부하는 사람'이라는 사회적 역할 기대를 받아들이면서도 왜 공부를 해야하는지, 자신이 어떤 공부를 잘하며 좋아하는지에 대한 진지한 고민이나 성찰은 찾아보기 어려웠습니다. 우리 사회에서 '공부의 쓸모'는 여전히 시험에서 좋은 성적을 받는 것, 그리하여 좋은 대학에 가는 것을 의미할 뿐이이었으니까요. '성적'이 중심이 되는 사회적 풍토와 인식은 중학생들이 자신이 좋아하는 것이 무엇이며, 자신이 어떤 사람인지, 앞으로 어떤 어른이 되어야 할 것인지에 대한 성찰과 고민을 가로막고 나중의 일로 '유예'하게 만듭니다.

따라서 중학생들이 보다 균형 있고 통합적인 정체성을 형성해 가기 위해서는 중요한 타자인 부모와 교사들이 중학생들을 바라보는 인식과 태도를 반성하고 성찰할 필요가 있습니다. 또 '학업 중심'의 사회적 풍토와 신념을 전달하는 역할에 머물지 말고 중학생들이 지닌 다양한 측면에 관심을 가질 필요가 있습니다. 이를 대화의 소재로 삼아 중학생들이 보다 건강한 자기 인식을 할 수 있도록 안내하는 역할을 해야 합니다.

● 교사를 위한 안내

Q1 교실에서 무기력하고 친구들과의 대화도 거의 없는 A가 SNS에서는 '인싸'라는 이야기를 듣게 되었습니다. 온라인 공간에서는 활발하고 적극적이지만, 오프라인 세계에서는 무기력하기만 한 A가 염려됩니다.

학급에서는 조용하고 친구도 없는 A가 온라인 공간에서는 '인싸'라는 이야기를 듣고, 온라인 공간과 오프라인 공간 사이에서 보이는 A의 상반된 모습에 염려가 되시는 것 같아요. 교실에서는 무기력하고 소극적인 반면, 온라인에서는 적극적으로 활동한다는 것을 보니 A에게는 교실보다 온라인 공간이 더 익숙하고 편한 공간인 것 같습니다. 디지털과 함께 태어나고 자란 요즘 중학생 중에는 A처럼 온라인 공간을 더 편안하게 여기는 경우도 많습니다. 물론 A처럼 온라인과 오프라인 공간에서의 모습 사이에 간극이 큰 경우는 일반적이지 않지만요. SNS 활동에 적극적인 데다 인싸인 A는 학교에서의 또래 관계보다는 온라인 공간에서 자신과 비슷한 취향, 취미를 가진 온라인 친구들과의 대화나 관계를 더 의미 있는 것으로 여길 수 있을 것입니다. 이런 상황이라면 교사는 A가 보이는 무기력함이나 또래 관계에 대한 직접적인 개입이나 조언을 하기보다는 그가 관심을 갖고 있는 SNS나 취미 등에 관해 먼저 자연스럽게 이야기를 나누어 볼 것을 권합니다. 대화는 꼭 담임 교사가 아니더라도 괜찮습니다. A가 더 편안해하고, 라포가 형성되어 있는 교사가 있다면 더 좋겠습니다. 이때 중요한 것은 온라인과 달리 오프라인 공간에서 무기력한 모습이 '문제'라는 식의 접근보다는 A의 온라인 공간에서의 삶 자체에 대해 관심을 갖는 것이 필요할 것입니다.

Q2 B는 수업 중 교사의 지적에 지나치게 예민하게 반응하며, 교사에 대한 반감을 여과 없이 드러내기도 합니다. 아이들의 시선을 의식하여 더욱 강한 모습을 보이려 하는 것 같습니다. 어떻게 하면 좋을까요?

중학생은 타인의 시선에 매우 민감합니다. 다른 사람보다 자신은 더 특별하다는 생각을 가지고 있기도 하며, 실제로는 존재하지 않는 상상 속 청중을 늘 의식하며 살아갑니다. 특히 또래 친구들에게 자신이 어떻게 보여지는가에 대해 촉각을 곤두세우고 있습니다. 중학생 시기는 자신이 누구인지 알아 가기 시작하는 시기로 관계 속에서 정체성 실험을 하곤 합니다. 그래서 중학생 중에는 수업 중에 더 뛰는 행동을 하거나 주목받는 행동을 하는 경우가 적지 않습니다. B가 교사에게 반감을 드러내고 강한 모습을 과시하는 데에도 또래에 대한 의식이 반영되어 있지요. 교사에게 반감을 표현함으로써 자신이 힘을 가진 존재라고 스스로 생각하거나 그렇게 보이고 싶은 내면의 욕구를 해소하는 것입니다. 교사는 먼저 이러한 중학생들의 내적 욕구를 이해하되, B가 계속하여 반감을 표현하고 감정적인 반응을 보인다면 교실 안에서 문제를 해결하려 하기보다는 한 걸음 물러날 필요가 있습니다. 교사가 교실 안에서 한 명의 학생과 감정적으로 얽히기 시작하다 보면 다른 학생들에게 의도치 않게 교사와 학생의 관계에 대한 부정적인 모델링을 경험하게 할 수 있으며 다른 학생들과의 정서적인 교류도 어려워질 수 있기 때문입니다. 따라서 이런 경우 교사가 먼저 자신의 감정을 살피고 돌아볼 필요가 있습니다. 교사 역시 학생으로부터 상처를 받는 데다 속상한 마음을 터놓을 곳이 많지 않지요. 그럴수록 일기를 쓰면서 자신의 감정을 돌보는 게 좋습니다. 자신의 감정을 살핀 다음에 B의 무례한 행동 이면에 감추어진 이유를 B의 입장에서 생각해보면 어떨까요? 그 이후 B와 개별적으로 이야기를 나누어도 늦지 않습니다. 이때 교사의 속상한 감정과 힘든 마음을 털어놓는 것도 나쁘지 않습니다. 학생에게 선생님의 감정을 진솔하게 전달해 본다면 분명 학생의 태도에도 변화가 있을 것입니다.

● 부모를 위한 안내

Q1 자녀가 중학교 2학년이 되면서 부쩍 외모에 관심을 갖고, 안 하던 화장을 하기 시작했습니다. 친구들과 어울려 다니며 외모 가꾸기에만 몰두하고, 공부는 뒷전인 것 같아 답답하고 걱정이 됩니다. 공부하라는 제 이야기는 잔소리로만 듣고, 더 이상 저와 대화하려고 하지 않습니다.

자녀가 화장을 하고 외모에 관심을 가지면서 공부는 소홀히 하는 것 같아 부모로서 염려스러운 마음이 있는 것 같습니다. 게다가 부모로서 자녀에게 한마디를 하면 짜증을 내거나 화를 내며 대화를 차단해 버리니 답답한 마음도 클 것 같아요. 하지만 중학생들에게 공부하라는 말이나 외모에 그만 관심을 가지라는 말은 잔소리로 들릴 뿐입니다. 특히 그 말을 하는 사람이 부모라면 아이들은 더 반감을 갖기 마련이지요. 한창 부모로부터 심리적·정서적인 독립을 추구하는 시기이기 때문입니다. 중학생들에게는 '~하라' 또는 '~하지 마라'라는 '지시'보다는 '질문'으로 대화의 물꼬를 틀 필요가 있습니다. 물론 질문을 해도 자녀가 선뜻 대답하지 않을 수도 있습니다. 하지만 추궁이나 취조 같은 질문이 아닌 관심의 표현으로서의 질문은 자녀가 마음의 문을 조금씩 여는데 분명 도움을 줄 수 있습니다. 가령 "우리 OO이가 1학년 때는 안 하던 화장을 요즘하네?", "2학년이 되면서 화장을 하는 이유가 뭘지 엄마는 궁금해", "친구들은 주로 어떤 메이크업 제품을 써?", "OO는 웜톤이야 쿨톤이야?"와 같은 질문을 하면서 자연스럽게 관심을 표현할 수 있습니다. 화장을 하면 피부에 안 좋다거나 나중에 크면 할 수 있다는 지시나 조언은 자녀의 마음과 대화를 닫을 뿐 효과가 없습니다. 부모가 충분히 관심을 표현하여 아이도 부모의 말을 듣기 시작할 때 "그래도 엄마 눈에는 OO가 화장하지 않은 모습도 예쁘다"라거나 "피부가 너무 상하지 않게 썬크림은 잘 바르고 메이크업 후에는 잘 지워야 해"라는 한두 마디를 덧붙이는 것으로 대화를 마무리해 보시기를 제안합니다.

Q2 딸이 언제부턴가 웹툰 작가가 되겠다며 대부분의 시간에 그림만 그리고 있습니다. 며칠 전부터 그림 그리기용 아이패드를 사 달라고 하는데, 아이패드를 사 주면 공부는 하지 않고 그림만 그릴 것 같아 선뜻 사 주기가 어렵습니다. 어떻게 하는 것이 좋을까요?

중학생 시기에 취향이나 취미가 뚜렷하지 않은 경우도 있지만 자신의 취향과 흥미, 취미가 분명한 경우도 있습니다. 자녀의 경우 웹툰 작가가 되고 싶다고 하는 것을 보니 웹툰을 좋아하고 그림 그리기에도 흥미와 관심이 높은 것 같습니다. 한 가지에만 너무 빠지는 것 같아 염려가 되기도 하고 공부는 뒷전인 것 같아 걱정이 되는 부모님의 마음은 이해가 됩니다. 하지만 어떤 것에도 관심과 흥미가 없고 무기력해 보이는 아이들도 많은데, 자녀가 좋아하는 일을 찾아 열심히 하는 것을 먼저 칭찬해 주시면 어떨까요? 바로 아이패드를 사 주기 전에 부모님이 자녀의 관심사와 꿈에 관심을 가지고 있으며 그것을 지지하고 있음을 충분히 표현해 주시면 좋을 것 같아요. 나중에는 바뀔지도 모르겠지만 꿈꾼다는 것은 그 자체로 귀한 경험이니까요. 자녀가 그린 작품을 사진으로 남기거나 가방 등 소품으로 함께 만들어 보는 것은 어떨까요? 아이패드를 사 주는 문제에 대해서는 부모님이 염려하시는 것처럼 아이패드로 하루 종일 그림 그리기만 하지 않도록 사용 규칙을 미리 자녀와 함께 의논하고 마련한 후에 아이패드를 사 주시기를 권합니다. 자녀와 함께 규칙을 만든다는 것은 부모가 자녀를 그만큼 신뢰한다는 것을 보여 주는 것입니다. 부모로부터 자신에 대한 신뢰와 인정을 느낀다면 자녀역시 스스로 정한 규칙을 지키기 위해 노력할 것입니다.

3. 관계, 진짜 친구를 찾고 싶은 중학생

　청소년기로 접어드는 중학생들에게 친구들로부터 인정받는 것은 매우 중요한 일입니다. 우리가 만난 중학생들이 들려주었던 이야기가 대부분 또래 친구들과 관련되었던 것을 보면 또래 관계가 이들 삶에서 얼마나 중요한 위치를 차지하는지 알 법도 합니다. 하루 대부분을 학교와 학원에서 '공부하는 사람'으로 바쁘게 살아가고 있다고 해도 친구와 어울려 놀고 싶은 마음이 더 큰 것이죠. 그러므로 또래 관계에 대한 중학생들의 관심과 그로 인한 고민을 가볍게 여기고 공부만 강조하는 것은 이들의 삶을 충분히 이해하고 공감하지 못하는 일이 될 것입니다. 우리는 중학생 아이들을 만나 현재 자신의 머릿속을 채우고 있는 것을 뇌그림 안에 써 보도록 했습니다. 한가운데 무엇이 있었을까요? 대부분은 한가운데에 '친구 관계'를 적고 있었습니다. 그중 예준이는 '이해하기 힘든 아이들', '미래의 친구 관계'로 그 고민이 세분화되기도 했고요. 물론 공부하는 학생으로서의 정체성을 가

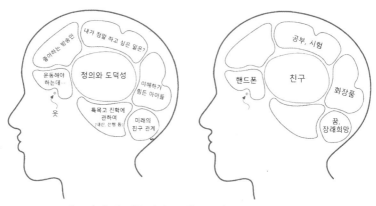

[그림 3] 예준(왼쪽)과 하린(오른쪽)의 뇌 구조 그림

지고 '공부'를 가운데 쓴 학생들이 있었습니다. 하지만 그렇더라도 그 옆에는 꼭 '친구'가 있더군요. 그리고 친구 옆에는 대개 '스마트폰', '게임'이 있었고요.

스마트폰과 게임은 요즘 중학생들이 친구들과 어울려 노는 주된 수단이죠. 그러므로 우리가 요즘 중학생의 생활과 문화를 이해하고자 한다면 스마트폰을 매개로 한 이들의 또래 관계와 그 특성을 반드시 살펴봐야 합니다. 중학생들의 디지털 활동은 크게 3가지 유형으로 구분됩니다.* 하나는 '무대이용자'로서 디지털 공간을 하나의 무대로 간주해 자신의 이미지 관리에 매진하는 유형입니다. SNS나 카톡 프로필에 자신의 활동 사진을 열심히 게시하여 자신을 홍보하는 일진이나 관종 학생들의 모습이 그렇습니다. 다른 하나는 '도서관 이용자'입니다. 디지털 공간을 도서관과 같은 공간으로

* 김지현·정일권, 2020.

간주하여 더 좋은 자료를 찾고 검색하는 일에 열중하는 유형이지요. 콴다나 네이버, 유튜브를 통해 학습 자료를 찾으려고 했던 중학생들을 떠올려 보세요. 마지막은 '놀이터 이용자'입니다. 디지털 공간을 새로운 놀이터로 간주하고 즐거움을 느끼기 위해서 이용하는 유형입니다. SNS를 통해 끊임없이 친구와 연결되어 대화를 나누고, 이성 친구를 사귀고, 보이스톡을 켜놓은 채로 게임을 하는 중학생들의 모습이지요. 많은 중학생들이 디지털 공간을 놀이터 삼아 누군가를 만나는 용도로 활용하고 있습니다. 여기서는 나이나 지역적 한계를 초월하여 친구를 사귈 수 있고 밤낮 구분 없이 친구와 놀 수 있습니다. '선택적 개방성' 덕분에 디지털 공간 안에서는 누구든 내가 상대에게 보여 주고 싶은 면만 보여 주며 관계를 맺을 수 있지요. 즉 많은 사람과 정보를 교환하고 소통할 수 있지만 한편으로는 언제든 철저하게 고립될 수 있다는 겁니다. 때문에 요즘 중학생들에게 스마트폰 없이 친구와 어울려 노는 삶은 아마 상상하기 어려울 것입니다.

하지만 스마트폰으로 친구를 사귀는 일은 편리하고 개방적이면서도 상대에 대해 다 알 수 없는 영역이 있다는 점에서 제한이 있습니다. 이는 심리적 긴장을 유발하지요. 개방된 정보가 자신이 예상하지 못한 방식으로 다수에게 노출될 수 있으니까요. 또래를 사귀는 과정에서 요즘 중학생들에게 '두려움'이 발생하는 새로운 지점이기도 했습니다. 자연히 중학생들의 또래 관계 범위와 규칙이 SNS 안에서 새롭게 만들어지게 되었습니다. 남모르게 경계하고, 구별 짓고, 차단하는 모습 역시 이 알 수 없는 두려움에서 나온 것이었지요. 이러한 긴장에서 비롯된 중학생들의 또래 관계 양상은 학교폭력 등과 같은 부정적인 사건을 중심으로 알려진 경우가 대부분입니다.

그러다 보니 부모나 교사는 가능한 한 스마트폰 사용, 즉 SNS 활동을 규제하는 방식으로만 상황을 무마하려는 듯했습니다. 하지만 과연 그것으로 괜찮을까요? 여기서는 미디어 환경의 변화로 인해 중학생들이 기성세대와는 달리 어떤 또래 관계의 특성을 가지는지, 그래서 중학생들이 주로 고민하는 것은 무엇인지 살펴보려고 합니다.

'나이'보다 '취향'으로 묶인 친구

SNS를 매개로 형성된 중학생들의 또래 관계를 관찰할 때 가장 흥미로웠던 부분은 친구를 사귈 때 반드시 '나이'를 기준으로 보지 않고 '취향'을 중심으로 넓게 생각한다는 점이었습니다. 같은 취향을 공유할 수 있는 상대라면 '친구'가 될 수 있다는 것이죠. 그야말로 세대와 지역의 경계를 초월한 관계입니다. 나이에 민감하고 선후배 상하 관계에 깍듯하던 시절을 생각하면 참 신기한 장면입니다. 시사저널의 2022년 5월 10일자 기사를 보면 온라인 커뮤니티로 인해 대학생들의 선후배 서열 문화도 해체되고 있다고 하더군요.* 애니메이션 테마의 네이버 밴드에서 이름 모를 친구를 만나 서울 코믹월드 행사에 같이 간 가온이, 트위터에서 아이돌 덕질**을 하면서 알게 된 어떤 언니와 함께 아이돌 콘서트에 간 리안이가 바로 그런 경우입니다.

---

* 시사저널, 2022년 5월 10일자 기사, 「'다시 열린' 캠퍼스, 우리 사회에 던질 새로운 질문은 무엇?」[임명묵의 MZ학 개론]」.
** 덕질은 어떤 분야를 열성적으로 좋아하여 그와 관련된 것들을 모으거나 파고드는 일을 말한다(출처: 네이버 국어사전).

코로나19로 인해 학교에 가지 못한 상황에서 '취향'을 중심으로 오픈채팅방을 만들어 놀던 빛나도 이에 해당됩니다.

디지털 공간은 관계 맺는 과정도 제법 편리했습니다. SNS 아이디를 공유하고 사진이나 영상, 음성으로 소통하면 된다는 점에서 그렇습니다. 최근에는 네이버Z의 증강현실 아바타 서비스인 '제페토'가 10대들의 가상공간 놀이터로 급부상하였습니다. 이 공간은 중학생들이 취향 중심의 친구를 사귀는 데 있어서 더 확대된 무대 역할을 하고 있었지요. 같은 관심사로 접속한 가상의 교실, 스키장, 한강공원, 아이돌 콘서트장 등에서 아바타로만 만나고 쉽게 말을 걸며 대화를 나눌 수 있기 때문입니다. 물론 이러한 관계는 일시적이고 간헐적이라는 한계가 있습니다. 부모나 교사가 지켜볼 수 있는 영역 바깥에서 맺어지는 관계이기도 하였지요. 중학생들에게 이런 관계의 영역들이 늘고 있다는 사실을 인지할 필요가 있습니다. 그리고 이렇게 만난 관계도 '친구'의 범주에 포함되고 있다는 점 또한 눈여겨봐야 합니다.

실제 만난 적은 없어도 멋있어 보이는 친구

요즘 중학생들은 직접 만나지 않고도 이성 친구와 좋은 감정을 나누며 사귀기도 합니다. 디지털 네이티브에게는 꽤 자연스러운 모습이지요. 김수미 상담 선생님은 오픈채팅방을 통해 알게 된 친구와 비대면 이성 교제를 한다는 중학생 얘기를 들려주었습니다. 얼굴도 모르고 실제 만나본 적도 없는 상대인데도 서로 이야기를 주고받으면서 '사귄다'고 생각하고 그렇게 어울리는 것을 낯설게 여기지 않는 학생이었습니다. 비대면 만남에 익숙해진 지금 상황에서 이성 친구에 관심을 가지는 중학생들에게 이는 최선의 방법 인지도 모르겠습니다.

이성과 어떻게 연결될까에 대한 고민이 있는 것 같아요. 그런데 이제 그런 것들도 SNS상으로 하는 것 같아요. 아까 제가 말한 그 남자아이는 갑자기 저한테 "선생님께 처음 얘기하는 건데 저 사실 여자친구가 있다"라고 하는 거예요. 저랑 상담을 2년째 했는데 얘기하더라고요. 그래서 "무슨 말이야?" 그랬더니 자기가 여자친구 사귄 지 삼백 며칠이 됐다는 거예요. 그래서 알고 보니까 걔도 SNS상에서 만난 애인데, 만나 본 적이 없대요. 실제로 만나 본 적이 없다면서도 사귄다고 하더라고요. (김수미 상담교사)

나이나 성별, 지역을 불문하고 중학생들이 관계를 맺는 '다양한 친구'들 중에는 이성 교제를 하는 친구 외에도 '수퍼 피어(Super Peer)'의 역할을 하는 존재가 있습니다.Miner, 2020 수퍼 피어란 10대들에게 또래와 같은 역할을 하지만 영향력이 더 강력한 사람들을 말합니다. 이들은 모든 면에서 매력적이고 멋진 행동이 무엇인지에 대한 기준을 세워 주지요. 중학생들의 삶에 영향을 많이 미치는 존재라고 할 수 있습니다. 한 예로 우리가 만난 도윤이나 세찬이, 하준이가 언급한 유튜브의 한 남자 BJ를 들 수 있습니다. '사나이'라는 콘셉트를 가지고 일상 방송을 올리는데, 주로 먹방입니다. 주로 친구들이나 아내와 함께 등장하여 많은 양의 맵고 자극적인 음식과 술을 먹는 모습을 통해 '센 느낌'을 과시하듯 보여 줍니다. 간혹 예쁘고 글래

머인 여성을 동원하거나 특정 외모를 희화화하는 말로 '사나이'라는 이미지를 만들기도 했습니다. 이런 센 척하는 모습이 멋있어 보였는지 남학생들은 이 BJ를 향해 '동네 형' 같다고 표현하였습니다. 예준이가 보았던 극단적인 성향의 한 포털 사이트에 글을 올리는 수많은 익명의 사람들도 '센 척'으로 영향력을 나타내려 하기는 마찬가지였습니다. 그런데 중학생 중에는 자신이 신뢰하는 수퍼 피어들이 가짜뉴스를 전달하지 않는다고 찰떡같이 믿는 경우가 있었습니다. 이러한 신뢰는 때로 의도치 않게 교실을 편 가르는 또 다른 갈등의 원인이 되기도 했지요. 부모가 관여하기 어려운 사적인 디지털 공간 안에서 은밀하게 이루어지는 이런 관계들이 자라나는 중학생들의 가치관 형성에도 꽤 큰 영향을 미치고 있음을 짐작할 수 있습니다.

직접적으로 친구 관계를 형성하지는 않았더라도 SNS를 통해 자주 접하는 유명한 인플루언서들의 게시글도 중학생들에겐 마찬가지였습니다. 물론 어떤 인플루언서들을 팔로우하고 친구 관계를 맺는가에 따라 긍정적인 영향을 받을 수도 있습니다. 같은 중학생으로서 학업 동기를 부여하는 이들이라든지, 역경을 딛고 건강한 삶을 영위하고 있는 이들, 진로·진학에 대한 고민과 성공 경험을 나누는 이들 등이 그러하지요. 46만 명 이상이 구독하고 있는 어느 중학생 유튜버의 채널은 자신의 일상을 공개하면서 가수 지망생으로 노래하는 영상을 공유하는 소소한 브이로그였습니다. 이 채널의 놀라운 점은 수많은 중학생이 댓글로 격려와 지지를 주고받고, 같은 중학생으로서 궁금한 것을 자유롭게 묻고 정보를 나누는 모습이었습니다. 학교나 가정에서 교사나 부모에게 선뜻 묻기 어려운 소소한 질문들을 공유하는 것이었지요. 이처럼 중학생들에게 '권위자'의 역할이 부모나 교사 외에도 디지털 미디어 공간에서 만나는 친구로 확장되고 있는 것을 주의 깊게 볼 필요가 있겠습니다. 그 '권위자'들이 부모나 교사가 지켜보기 쉽지 않은 공간에서 만들어지고 있다는 사실 역시 말이지요. 부모나 교사들도 중학생들에게 인기가 많은 유튜브 채널이나 SNS 게시물을 관심 있게 보면서, 좋은 채널을 추천해 주거나 이를 대화의 소재로 삼아 보는 건 어떨까요? 중학생 자녀의 스마트폰 사용을 감시하고 통제하는 '지켜보기 전략'보다 오히려 적극적으로 '안내해 주는 전략'으로 바꿔 보는 것입니다. 김민주 학부모는 중학생 자녀의 스마트폰 사용 시간을 통제하고 제재하는 데만 집중했더니 자녀의 욕구불만만 커지고 부모와 자녀 간의 골만 깊어졌다고 하였습니다.

> 스마트폰 사용에 대한 통제나 자제가 안 되니까 부모는 통제하는 거고. 그런데 그 통제에 대해서 자녀는 계속 불만을 갖는 거고. 그 불만이 커지다 보니까 욕구불만이 되고. 그렇게 되니까 아이들은 나도 어른이 된 것 같은데 자꾸 터치하는 부모가 너무 싫어진 거죠. 그렇다고 또 이제 공통분모를 가족 안에서 찾는 게 아니라 또래 안에서 또래들하고 찾으려다 보니까, 엄마는 계속 제재하면서 자꾸 벽을 만들어 놓으니, 여기에도 흡수되지 못하고 저기에도 흡수되지 못하는 자기에 대해서 방황이 시작되는 거예요. (김민주 학부모)

중학생들이 디지털 미디어 공간에서 사귄 친구들에 대해서도 부모에게 즐겁게 얘기할 수 있게 되면 좋겠습니다. 청소년기에 접어든 중학생들은 독립적이지만 아직 의존하고 싶은 욕구를 가진 시기이기 때문입니다. 권위

있는 역할이 누구로 변화해 가는지, 그것이 중학생에게 어떤 영향을 미치는지, 선한 영향력이라면 지지해 주고, 그렇지 않다면 왜 그런지에 대해 이야기를 나누면서 함께 좋은 방향을 찾아보는 건 어떨까요?

관리가 필요한 '비즈니스 관계'로서의 친구

그런데 오프라인을 넘어 온라인으로까지 친구 관계의 범위가 확대된 만큼 중학생들에게 그 관계를 유지하는 일도 쉽지 않았습니다. 어느 중학교 상담 선생님이 들려주신 딸 이야기입니다. 새 학기가 시작되기 전날, 고등학생 딸은 묘한 신경전을 벌이느라 손에서 스마트폰을 내려놓지 못했습니다. 친구들끼리 서로 전화를 걸어서 "너, 나랑 같이 다닐래?"라고 물으며 첫날 등교하기 전에 같이 다닐 친구를 미리 정해 놓아야 했기 때문입니다. 아직 친밀하지는 않지만 다른 친구들의 눈에 왕따처럼 보이지 않도록 자신을 보호해 줄 친구 관계를 서로 거래하는 것이었죠. 그런 의미에서 딸은 이 관계를 '자본주의 관계'라고 부르더랍니다. 이 이야기를 듣고 경기도교육연구원 설문조사를 통해 중학생들에게 재미있는 질문을 던져 보았습니다. "친밀한 감정이 없어도 학교에서 같이 다니는 친구가 있나요?"라는 질문이었습니다.* 학생들의 '그렇다'와 '아니다'의 응답 비율은 비슷했지만 그래도 '그렇

---

* 경기도교육연구원 설문조사에 의하면 '그렇다'와 '매우 그렇다'가 35.2%, '그렇지 않다'와 '전혀 그렇지 않다'가 34.6%로 응답되었다. 학년별로는 1학년이 39.6%, 2학년이 35.2%, 3학년이 30.4%로 응답하였으며, 성별로는 남학생이 31.9%, 여학생이 37.9%로 여학생이 높게 나타났다 (조윤정 외, 2020).

다'고 응답한 학생들이 근소하게 더 많았습니다. 2, 3학년보다 1학년의 응답이 더 많았고, 남학생보다는 여학생의 응답이 더 많았지요. 중학교에 입학한 직후일수록, 그리고 여학생일수록 좀 더 형식적으로라도 친구를 사귀어 놓으려는 고민과 행동이 앞선다는 것을 알 수 있었습니다. 우리가 만난 가온이도 사실 원만한 학교생활을 위해 학교에서만 같이 다니는 친구를 만들어 놓는다고 고백하더군요. 앞서 라온이가 했던 말을 다시 살펴보자면 이 역시 짝 활동이 많은 학교 교육 활동을 무사히 마치기 위한, 이들 나름의 슬기로운 학교생활 방법일 수도 있습니다. 하지만 친구를 사귀려는 목적이 어쩐지 '찐따'가 되지 않으려는, 그냥 체면치레를 위한 것으로만 느껴지는 것은 괜한 우려일까요? 약간 쇼윈도 친구 같은 느낌도 듭니다. 가온이는 '비즈니스 친구'라는 말도 사용했는데요. 이런 관계라면 아무리 친구라도 속내를 진솔하고 내밀하게 드러내고 나누기가 쉽지 않아 보입니다. 자신의 무난한 학교생활 능력을 입증하는 일종의 '가면' 역할만 할 것이기 때문이지요. 하지만 가면일지라도 이런 친구가 필요해서 서로의 필요에 따라 관계를 거래한다는 것, 즉 '단짝 친구'보다는 '어떤 수단'으로서 친구를 사귄다는 것, 이것이 우리가 주목해야 할 모습입니다.

그러니까 매번 댓글을 남겨 주고 이런 친구들은 되게 상당히 친밀도가 높은 친구들인 거예요. 심적으로도. 그런데 만약에 그 친구가 뭐… 한 3일 뒤에 게시물을 올렸는데 갑자기 뭐 '좋아요'를 안 눌렀다. 그러면 '이 친구가 나한테 서운한 게 있나?' 이런 생각이 드는 거죠. (이도윤 마을 교사)

이런 비즈니스 관계의 특징은 오프라인을 넘어 중학생들이 사용하는 디지털 미디어를 통해서도 나타납니다. 특히 디지털 미디어 공간에서는 또래 관계 유지를 위한 관리 작업이 요구되는데요. 앞에서 우리는 중학생들의 또래 관계가 상대의 SNS 게시글에 '좋아요'를 누르는 것으로서 유지되는 모습을 살펴보았습니다. 또한 '댓글'도 달고 '태그'로 다른 친구들을 소환하며 인맥을 인증해야 했지요. 이처럼 친구 관계를 유지하려는 노력을 디지털상에서 흔적으로 남기고 공개적으로 표현해야 한다는 것이 이전 세대가 친한 친구의 이야기를 들어 주고 호응하던 모습과는 다른 부분입니다. 대화를 주고받으며 접해 왔던 비언어적인 표현과 태도들이 이제는 구체적인 흔적으로 남겨지고 눈에 띄어야 하니까요. 디지털 미디어를 통해 중학생들이 또래를 사귀고 노는 시공간이 확대되면서 관계 유지를 위해 들이는 시간과 노력, 관심의 정도도 늘어났다는 의미입니다. 상대가 나에게 '좋아요'를 눌러 주면 나도 챙겨 주는 것이 마치 하나의 예의로 자리 잡은 것처럼 친구는 관리가 필요한 대상이 되었습니다. 그래서 중학생들이 SNS를 챙겨 보는 데 많은 시간이 걸리는 것입니다. 그러니 이런 속내를 알지 못한 채로 중학생 자녀의 SNS 사용 시간을 통제하기 위해 무조건 중단시키거나 사전 예고 없이 부모가 SNS 계정 로그아웃, 카톡 오픈채팅방 나가기를 누른다면 중학생들이 받을 심리적·관계적 타격이 정말 크지 않겠어요? 물론 중학생 중에도 '좋아요' 수를 확인하고 똑같이 반응해 주면서 친구 관계를 관리하는 행위에 지쳐 스스로 SNS 활동을 중단하는 경우가 있습니다. 하지만 이와 같은 자발적 중단도 그로 인한 또래 관계의 변화가 주는 타격을 기꺼이 감수할 각오로 하는 것임을 알아야 합니다.

적당한 선을 유지해야 하는 친구

목적에 의한 만남이 그 자체로 친밀해지기는 쉽지 않은 것 같습니다. 목적이 상실되면 관계 유지의 이유가 사라지는 것이니까요. 그러다 보니 학년이 바뀌면 자연스레 함께 어울려 노는 친구들을 바꾸기도 합니다. 물론 이는 어른이 될수록 더 심해지는 것 같습니다. 〈일로 만난 사이〉라는 어느 TV 프로그램의 제목처럼 '일'이라는 목적으로 만나다 보니 목적 실현이라는 범위 안에서만 적극적으로 협력하는 것이죠. 그래서 '풍요 속의 빈곤'이라는 말처럼 복잡해지는 사회와 끊임없이 연결된 네트워크 세상 속에서 아는 사람은 많지만 진짜 우정을 나눌 친구는 찾기 어려워 우울감과 외로움을 느끼는 사람들이 많아지는 것이 아닐까요?

요즘 중학생들도 마찬가지입니다. 특히 디지털 미디어가 개입된 중학생들의 또래 관계는 그 개방성과 확장성으로 인해 정서적으로 깊은 친밀감을 나누는 유대보다는 넓게 개방된 접속 상태라는 의미만 갖는 듯했습니다. SNS상에서 만난 친구들은 직접 얼굴을 마주하여 만난 적이 없으니, 필요한 정보를 나누기에는 편리한 한편 예상치 못한 상처를 주고받을 수 있습니다. 우리가 만난 노을이는 SNS상에서 관계 맺은 수많은 친구로부터 예상치 못한 불편함을 경험하게 되는 것을 '상처'라고 표현하였습니다. 아쉽게도 디지털상에서 만난 다양한 친구들이 중학생에게 항상 긍정적 존중과 인정을 보여 주는 건 아니었으니까요. 물론 어느 관계에서나 상호 존중과 인정을 위해서는 상호 간의 노력이 필요한 법입니다. 중학생들은 이러한 디지털 공간의 특성을 충분히 파악하기에는 아직 어렸고, 예상치 못한 상대로부터 불편한 메시지를 받으면 혼란스럽고 두려워했습니다. 경기도교육연구원에서는 설문조사를 통해 중학생들에게 "SNS를 통해 알게 된 사람 그 누구와도 친밀한 관계를 맺을 수 있나요?"라고 물어보았습니다.* 중학생들은 '그렇지 않다'에 더 높게 응답하였습니다. 디지털 네이티브라고 해도 SNS를 통해 새로 알게 된 사람들과 다 쉽게 친해지는 것은 아니라는 겁니다.

중학생들이 유독 또래들과 소통하는 수단으로 가장 많이 활용하는 '페이스북 메시지'에서도 오간 대화가 대개 '게임화된 대화'나 '스몰토크' 형식이었지요. 그래서 친밀감을 나누기가 더 어렵기도 했습니다. 아무래도 'ㅋㅋㅋ' 등과 같은 말의 형태는 대화라기보다는 간단한 안부나 중얼거림을 주고받는 일에 불과했으니까요. 그저 공동 접속 상태에서 간단한 연락만 주고받는 겁니다. 페이스북 친구가 2,000명이 넘는다던 노을이의 '적당한 선·유지하는 선 만들기'는 여기서 오는 상처에 대비하는 방법이었습니다. 언제 상처받을지 모르니 적당히 정보를 나누고, 적당히 유머를 주고받고, 적당히 친밀감을 유지하는 것이죠. 페이스북에 친구 수가 많으면 또래 사이에서 인싸가 될 수는 있습니다. 그러나 '적당히'를 넘어서 '친밀한' 친구 사이가 되기에 그 숫자들은 허수가 될 뿐입니다. 여전히 내면은 공허하고 소수의 진실한 우정을 실제로 나눌 수 있는 친구를 또 찾아 나서지요.

저는 솔직히 말해서 교회 애들 빼고 그렇게 마음을 많이 주지 않아요. 그냥 적정선, 유지선 같은 게 있잖아요. 왠지 모르겠어요. 그래서 더 편한 거

---

* 경기도교육연구원 설문조사에 의하면 '그렇지 않다'와 '전혀 그렇지 않다'가 총 36.2%로 '그렇다'와 '매우 그렇다'를 합친 32.3%보다 더 많은 응답을 보였다(조윤정 외, 2020).

는 제가 마음을 안 주니까 다 똑같아요. 그러니까 다 똑같이… 보이는 거죠. 서로 좋아할 수 있는 양이 최대 숫자 100이라고 했을 때, 만약에 나는 얘를 100만큼 좋아하고 얘는 나를 0만큼, 얘가 나를 10만큼 좋아하는데 나는 그 애를 90만큼 좋아한다고 해 봐요. 그런데 얘가 만약에 저한테 조금이라도 상처 주는 말을 했어요. 그러면 그 애보다 내가 그 애를 좋아한 마음의 양이 더 많으니까 그만큼 제가 상처를 엄청나게 받잖아요. 그런데 친구마다 10만큼 똑같이 애정을 주면 얘가 상처 줘도 그냥 아, 그렇구나. 그렇게 넘길 수 있잖아요. 그런 건 좋은 것 같아요. 다 똑같으니까. (이노을 학생, 중2)

중학생들은 팔로우 수를 늘리기 위해 애쓰면서도 마음을 줄 수 있는 관계를 원하고 있었습니다. 디지털 공간 안에서 중학생들이 어떤 친구들을 통해 인정과 존중이 채워지고 혹은 채워지지 않는지 관심을 기울여야 하겠습니다. 중학생들이 만나는 또래 관계들이 진정한 자아를 인식하고 외로움을 달래 주는 역할을 하는지, 무엇보다 이들이 '상처받을' 상황으로 걱정하는 것이 무엇인지, 또 중학생들이 디지털 공간을 통해 찾아다니는, 어쩌면 가족 안에서 충분히 채우지 못했을 관계의 욕구들은 무엇인지 살펴볼 필요가 있습니다.

'손절하기'를 고민하게 하는 친구

디지털 미디어는 중학생들이 또래 관계에서 경험하는 심리적 갈등을 더 은밀하고 교묘하며 다양하게 만들어 가고 있었습니다. 중학생들은 디지털상에서 상대로부터 원하지 않는 반응을 만났을 때 크게 두 가지 모습의 대응을 보였는데요. 앞서 학생들이 보인 '저격'이 그 하나의 반응입니다. 은밀하지만 비열하게 상대를 공격하는 것이죠. '지뺏'이라는 표현도 있었습니다. 사실 이 표현은 제가 아는 한 6학년 담당 초등학교 교사에게서 제일 먼저 들은 것입니다. 지인을 뺏어서 다른 친구에게 상처를 주는 또래 관계의 모습이 초등학교 5~6학년 시기에서 볼 수 있는 현상이라고 하였습니다. 정말 그런가 하여 중학생들에게 물었을 때, 라온이에게서 이미 익숙한 듯한 설명을 들을 수 있었지요.

그런데 여기서는 또 다른 대응 중 하나를 소개하려고 합니다. 바로 '손절' 행위입니다. 사실 앞에서 다루었던 '친구 끊기' 기능이 여기서 활용되지요. 손절은 본래 주식 시장에서 유래된 말로 손해를 끊어 버리는 매매를 의미합니다. 오늘날에는 '어떤 관계를 손해를 보고 끊는다'라는 의미로 쓰이고 있습니다. 중학생들은 또래 관계를 중요하게 생각하면서도 사소한 일로 틀어지면 관계를 쉽게 끊어 버렸습니다. 앞서 언급했듯이 새론이의 학교에서는 성격이 안 좋고 욕을 많이 하는 친구 A가 다른 친구 B와 싸운 후에 페이스북에 B를 태그하며 '손절'이라고 쓰는 일이 있었다고 합니다. 그러자 게시글의 댓글에 친구 B에 대한 다른 친구들의 욕이 이어졌지요. 이건 공개적으로 모욕을 주는 손절이었습니다. 그런데 '손절'이라는 말에서 알 수 있듯이 중학생들은 친구 관계를 이득 중심으로 생각하는 현 사회의 가치관을 그대로 수용하고 있었습니다.

중학생들이 또래 관계에서 '인맥'이라는 용어를 사용하고 있는 것도 마찬가지입니다. 어른들에게나 필요할 것 같은 '인맥'이 중학생들에게 왜 필요하며 어떤 의미인지 물어봤습니다. 중학생들은 인맥이 있어야 상급 학교에 진학하거나 다른 지역의 정보를 얻을 때 도움이 된다고 했습니다. 또래 사이에서 자신의 사회적 영향력을 과시하는 기반이 되었기에 아는 사람이 많을수록 힘이 되었지요. 여기서 우정을 교환경제로 보는 어른들의 모습이 보이는 것은 착각일까요? 한 예로 입시 성공에 도움이 되는 '인맥'만을 만들어 주려고 노력하는 어른들의 모습은 드라마나 현실에서 자주 보게 되는 풍경입니다. 친구를 사귈 때도 학업 성취에 유익한지를 중심으로 계산기를 두드리는 것이지요. JTBC에서 방영한 〈그린 마더스 클럽〉의 한 에피소드 제목도 '어른들은 목적 없이 친구를 만들지 않는다'였습니다. 어떤 좋은 우정을 나누는가가 아니라 내 앞길에 도움이 되는가로 관계를 판단하고, 생각과 다르면 과감히 친구 관계를 끊어도 손해 볼 것이 없다고 생각합니다. 학업에 도움이 되는 친구를 곁에 두도록 하는 부모의 바람을 이해하지 못하는 것은 아닙니다. 다만 이러한 손익 관계를 중심으로 친구 관계의 형성과 유지 여부를 가늠하는 것이 '또래 갈등' 상황에서도 적용된다는 것이 우려스러울 뿐이지요. 서로 갈등이 생겼을 때 손익의 관점에서 계산해서 나의 행동을 결정하는 모습을 떠올려 봅시다. 가끔 학생 간 학교폭력이나 그밖의 사소한 다툼에서조차 학교에 변호사를 동원해 오는 부모들의 소식을 매체를 통해 듣곤 하는데요. 이러한 소식을 들을 때면 학생들의 잘잘못을 밝히는 것에 치중하여 정작 이들의 화해를 안내해 주지 못하는 어른들의 모습이 안타까웠습니다. 우리의 중학생들이 화해하여 잘 사귀어 보도록 격려할 수는 없는 걸까요? 또래 간 갈등에서 오는 불편한 경험은 그냥 떼어 내면 그만인가요?

중학생의 또래 관계는 안정과 불안정의 반복 속에서 형성됩니다. 어느 날은 친밀하고 즐겁게 지내던 관계가, 어느 날엔 불가피하게 갈등을 경험하여 서로 싸우고 불안해하는 관계가 되지요. 그러다 다시 아무 일 없었다는 듯 지내다가 또 싸우기를 반복하며 계속해서 관계를 덧칠해 갑니다. 우리가 만난 중학생들이 그러했듯 '무리 짓기'로 또래 관계가 시작되면 같은 관심사를 공유하는 또래들과 즐겁게 시간을 보내지요. 이렇게 즐거움을 추구하는 과정이 온·오프라인을 넘나들며 이루어지고 있다는 것을 우리는 앞서 보았습니다. 함께 게임도 하고, 취미 생활도 하고, 연예인 덕질도 하고, 밤새 친구와 채팅을 주고받고, 함께 로드샵에 가서 화장품도 사고요. 하지만 모든 인간관계가 그렇듯 영원히 즐거운 관계만 있을 수는 없습니다. 불가피하게 갈등을 경험하게 되는 순간도 온다는 말입니다. 특히 서로에게 자신을 있는 그대로 다 드러내며 친밀하게 지낼수록 그 갈등의 순간은 더 뼈아프게 다가옵니다. 부모보다 친구와 노는 것을 더 좋아하는 중학생들인 만큼 친구와의 갈등은 정말 힘든 일이겠지요. 그 결과 중학생들의 '저격'과 '손절하기'는 여기서 이루어집니다. 힘드니까 그냥 관두자는 것이죠. 상대를 비난하면서 '그 친구가 아니어도 돼'라는 생각으로 스스로 관계 해결을 고민해 볼 여지를 두지 않는 것입니다. 다르게 말하면 중학생들이 친구와 갈등을 함께 경험하고 극복하는 과정을 학습할 기회를 놓치고 있다고 할 수 있습니다. 진정으로 성숙한 관계는 갈등이 없는 관계가 아니라 갈등을 함께 경험하고 극복하는 과정을 통해 이루어지는 법이니까요. 그 관계가 결국 화해되지 않더라도 갈등 관계 속에서 자신의 행동을 스스로 성찰하고 관계의 방향을 다시 정리하는 과정은 그 자체로 참 소중한 시간입니다.

중학생들의 손절하기는 어쩌면 관계를 회복할 기회와 시간, 노력을 의도적으로 회피하는 모습일 수 있습니다. 공감대를 나눌 수 있는 친구와만 또래 관계를 맺으려 한다는 겁니다. 그렇지 못한 상황에서는 은밀하게 또는 과감하게 차단하여 상처를 다루고 있습니다. 하지만 상처는 아물지 못한 채 덮여 있을 뿐이죠. 김수미 상담 선생님이 회복적 생활 교육을 시도하면서도 쉽지 않다고 내쉬던 한숨 소리는 이러한 안타까움에서 묻어나온 게 아니었을까요. 학업 성적이라는 이득, 또는 학교생활기록부의 이득 등 소위 '사회적 성공'으로 여겨지는 것을 달성하는 데 급급하여 이외의 것은 뒤로 미루거나 관심을 갖지 않는 어른들의 모습을 돌아보아야 할 때입니다. 그 모습이 중학생들의 또래 관계 문화 속에 그대로 투영되어 있습니다. 불편하다고 무조건 회피하고 손절하는 것이 아니라 당장은 조금 불편하더라도 함께 화해를 도모할 수 있는 성숙한 마음을 배워 갈 수 있도록 도우면 좋겠습니다. 물론 중학생들의 '손절' 행위에는 디지털 미디어 공간에서 익명의 상대로부터 경험하는 예상치 못한 곤란한 상황도 영향이 있습니다. 심리적 불안정이 강화될 수밖에 없는 상황이죠. 하지만 실제로 만난 적이 없는 만큼 필요 이상의 정보를 거부하고 손쉽게 단절할 수 있는 방법을 배우는 기회가 되기도 합니다. 이와 관련하여 중학생들이 SNS에 게시물을 올릴 때 이것이 기대하지 않은 나쁜 결과를 불러올 수 있다는 것을 충분히 고려하도록 제안해 본다면 좋겠습니다.

어른인 듯 어른 아닌 어른 같은?

중학생들은 온·오프라인을 넘나들며 마냥 친구들이랑 어울려 놀기를 좋아하는 청소년의 모습을 보여 주었습니다. 하지만 한편으로는 중학생들의 또래 관계 모습이 어쩐지 어른들과 조금은 비슷하지 않나 하는 생각이 듭니다. '취향' 중심으로 또래 관계 범위가 수평적으로 확장되고, 목적 중심의 관계를 맺으면서, 인맥을 고려하며 교환 경제식 우정을 나누는 모습들이 말이지요. 특히 슈퍼 피어들 중심으로 디지털 공간 안에서 중학생들이 또래와 나누는 대화의 소재들을 보면 그렇습니다. 브랜드 명품과 화장법 정보를 주고받거나 때로 정치(권력), 주식(재력) 등에 대한 이야기까지 오가는 것을 보면 성인의 대화인 듯한 착각까지 하게 됩니다. 그만큼 디지털 미디어를 통해 성인의 사회적 관계 문화가 중학생의 또래 관계에도 공유되고 있고, 그에 따라 아동기에서 성인기로 이행하는 이들 세대만의 과도기적 특징이 다소 흐려지고 있다는 뜻이겠지요. 중학생들이 사용하는 SNS 매체들은 성인들도 함께 사용하는 개방형 플랫폼이니까요. 연령 인증을 하더라도 가감 없이 모든 정보가 평등하게 공개됩니다. 이처럼 연령의 제한 없이 누구와도 팔로워 관계를 맺고 쌍방향 의사소통을 할 수 있는 수평적인 환경에서는 중학생들도 권위에 짓눌리거나 눈치 보지 않고 자신의 의견을 자유롭게 표현할 수 있습니다. 물론 이것이 학교 교사에게 함부로 행동하는 모습으로 나타나는 것은 잘못되었지만요.

또래 범위는 연령, 성별, 지역 할 것 없이 수평화되면서도 정작 또래 내에서는 서열을 나누는 모습이 어른들의 문화를 떠올리게 합니다. 특히 그 서열이 힘과 재력에 의해 나누어졌다는 점에서 그렇습니다. 어느 세대에서나 '일진'과 같은 '노는 무리'가 존재했지만, 일진이 '인싸'의 영역까지 선점해서 공부 잘하는 학생보다 더 선망의 대상이 되고 있는 것은 새로운 현상입니다. 간혹 대학생들에게 꿈을 물어도 성실하게 공부해서 원하는 직업을 가지려고 하기보다 30대가 되기 전에 '주식'으로 한바탕 크게 수십억을 벌어서 '건물주'가 되는 것을 꿈으로 얘기하기도 하거든요. 동시에 일진의 위치에 들어가는 것조차 '인맥'의 힘이 영향력을 발휘하는 구조 역시 어른들의 문화를 반영합니다. 인싸와 아싸, 관종과 같은 다른 의미에서의 서열 구분도 '사회적 관심과 인정'이라는 어른들의 기준이 반영된 것 같고요. 정말 어른인 듯, 어른 아닌, 그러나 어른 같은 중학생의 모습입니다. 하지만 중학생은 성인기로 이행하며 자아 정체성을 확립해야 하는 시기입니다. 무분별한 성인문화의 모방으로 친구들과 어울려 놀고 싶은 욕구를 비뚤어진 모습으로 충족하거나 해소하고 있는 것은 아닌지 살펴보아야 하지 않을까 싶습니다.

마음을 나누는 관계로

이해관계 혹은 이득을 중심으로 맺은 표면적 관계에서는 거짓 인정과 거짓 존중만 있을 뿐입니다. 그것은 중학생들의 자아존중감을 결코 향상시키지 못하지요. 오히려 거짓이라는 것이 드러났을 때 큰 상처를 받을 수 있습니다. 팔로워 수나 같이 다니는 무리의 크기를 위안 삼아 괜찮은 척 가면만 키운다면, 진정한 자존감은 점차 약해질 것입니다. 중학생들은 관계의 욕구가 많은 시기입니다. 이 과정을 이들은 아슬아슬하게 살아 내고 있습니다. 함께 놀고 싶고, 더 많이 놀고 싶은 것은 또래와 진실한 우정을 나누고 싶은 욕구에서 비롯된다고 할 수 있습니다. 가정과 학교 안에서부터 인정과 존중 기반의 의사소통 기회를 마련해 보는 건 어떨까요? 당장은 상처받고 힘들더라도 함께 갈등을 극복하고 화해해 나가는 경험은 디지털상에서 경험하는 여러 위험 요인에 대해서도 마음의 쿠션이 될 것입니다. 예준이가 부모와 대화가 되는 것만으로도 "엄마와 친하다"라고 말했던 것처럼 말이지요.

김보라 감독의 영화 〈벌새〉는 중학교 2학년 은희가 성장하는 이야기를 담고 있습니다. '벌새'는 1초에 90번 날갯짓을 하는 새라고 하는데요. 살기위해 수없이 날개짓을 하는 중학생들의 모습을 잘 표현한 것 같습니다. 영화 속에서 주인공 은희는 다양한 친구 관계를 맺기도 하고 배신도 당하며 상처를 받습니다. 부모나 형제와의 관계 또한 다르지 않았지요. 어느 날 한 문학원의 영지 선생님이 명심보감의 교우편을 가르치며 '相識滿天下 知心能幾人(상식만천하 지심능기인)'을 설명합니다. '얼굴을 아는 사람은 천하에 가득하지만 마음을 아는 사람은 몇이나 되겠는가?'라는 의미였습니다. 선생님은 은희의 마음을 조용히 어루만지며 이야기를 들어 줍니다. 그 순간이 은희에겐 용기가 되었습니다. 배신당한 친구와 서로의 속 이야기를 주고받고, 오빠에게 맞아서 상처받은 마음을 부모님 앞에 털어놓을 수 있었습니다. 눈앞의 일들을 차근차근 마주해 보겠다고 다짐하는 은희의 모습에서 성장의 의미를 떠올려 봅니다. 중학생들이 또래와 놀고 싶으면서도 불편한 일이 생길 때마다 저격하고 손절하면, 이들은 언제 어디서 마음을 나누는 관계를 경험하게 될까요? 부모나 교사가 이들의 세계에 관심을 기울이고 공감하며 소통하는 가운데 성숙한 관계를 경험할 수 있도록 이끌어 주는 것이 필요한 때입니다. 친한 친구를 사귀고 싶은 중학생들의 욕구를 이해해 보는 건 어떨까요? 곁에 있는 부모나 교사가 적절한 권위자로서 이들에게 사랑받고 사랑하는 법을 함께 알려 주면 좋겠습니다.

● 교사를 위한 안내

Q1 가끔 교실에서 반 친구들에게 선을 넘는 폭력적인 발언을 하거나, 상대방의 얘기가 끝나지도 않았는데 중간에 끼어들어 대화를 방해하는 학생들이 있어요.

담임 교사의 입장에서 보면 학생들 사이에서 갈등이 일어나는 것이 화가 나기도 하고 갈등을 빚은 학생들에게 무엇을 어떻게 얘기해야 할지 참 막막할 것 같습니다. 학생들을 한자리에 불러서 누가 먼저 욕을 하고 상처를 주었는지 묻는 것은 중요해 보이지 않습니다. 여기서 주목해야 할 점은 학생들이 서로를 싫어하고 있다는 사실이니까요. 욕하고 상처 주는 행동 이면에는 학생들의 숨겨진 욕구가 있습니다. 우리는 다른 사람의 행동은 바꿀 수 없어도 자신의 욕구만은 조절할 수 있지요. 중학생들이 갈등 상황으로 힘들어진 감정을 먼저 털어놓을 수 있게 해 주세요. 자신이 원하는 것과 친구에게 부탁하고 싶은 것을 서로 표현할 수 있도록 도와주는 겁니다. 예를 들면 "나는 너에게 섭섭한 마음을 풀고 싶은데, 네가 이 일에 아무 상관도 없는 우리 가족을 언급하고 농담하기 시작하면 나를 무시하는 것처럼 느껴져. 나에게 섭섭한 일이 있으면 그것만 솔직하게 얘기해 주면 좋겠어."와 같이 말이지요. 대화를 통해 서로의 부딪치는 욕구를 조절할 수 있는 방법을 함께 찾아보세요. 감정과 욕구를 정확하게 표현하고 또 이해한다면 불필요한 감정 소모도 점차 줄어들 겁니다.

Q2 학교에서 원만하게 어울려 지낼 친구들을 만들지 못하거나 혹은 함께 어울리는 친구들이 있어도 또래 사이에서 외로움을 느끼는 학생들이 있어서 안타까워요.

간혹 돌출 행동이나 막무가내 행동으로 학급 내에서 따돌림을 당하는 학생들이 있지요. 대놓고 왕따가 되기도 하고 은근히 따돌림을 당하는 은따가 되기도 합니다. 이것은 '관심 끌기'라는 잘못된 행동 목표 설정에서 비롯된 것일 수 있는데요. 학급 안에서 자신의 존재감을 드러내려는 최소한의 신호로 친구들에게 거칠게 얘기하거나 교실의 암묵적인 규칙을 어기는 것입니다. 친구들의 관심을 받고 싶은데 어떻게 해야 할지 몰라서 투박하게 표현하는 것이죠. 하지만 드러나는 행동만 보고 해당 학생을 폭력적이고 이상한 아이로 여기거나 다른 학생의 심기를 건드리는 말투에 대해 시비를 가리려고 하기보다 친구가 필요한 아이로 생각하고 도움을 주는 방법을 생각해 보는 것이 좋습니다.

물론 조용히 있는 듯 없는 듯 지내면서 무기력한 모습을 보이는 경우라도 관심받고 싶은 마음의 표현인 것은 마찬가지입니다. 학생이 보이는 어떤 긍정적인 시도라도 격려해 주시고, 작은 일이라도 학생에게 관심을 보여 주세요. 선생님은 학생을 포기하지 않고 있다는 신뢰를 보여 주시는 것만으로도 학생에게 큰 용기가 될 것입니다.

때때로 친구들이 잘 대해 주는데도 친구 관계에 어려움을 겪는 학생이 있어요. 이건 자신의 마음이 쓸쓸하고 공허하기 때문일 수 있습니다. 외롭다고 끊임없이 다른 친구들의 지지를 갈구하거나 집착하는 것은 좋은 관계를 만들어 가기 어렵지요. 좋아하는 운동을 하거나 취미 생활을 하면서 혼자서도 잘 지낼 수 있는 건강한 마음을 갖도록 도와주어야 하겠습니다.

● 부모를 위한 안내

Q1 종일 스마트폰으로 SNS를 살펴보면서도 부모에게는 보여 주지 않는 자녀, 도대체 뭘 하는 건지 궁금하고 걱정이 돼요.

중학생 자녀들의 쉴 새 없는 스마트폰 사용과 SNS 활동을 보면 고민이 되지요. 가족끼리 모든 SNS 사용 내용을 공유하자고 제안하는 게 좋을지, 아니면 부모는 모르는 아이들의 영역을 존중하고 용인해 줄지 말입니다. 자녀들이 자신만의 비밀스러운 공간을 갖고 싶어 하는 것은 매우 자연스러운 현상입니다. 내 자녀가 가족의 울타리 안에만 있던 어린아이 단계를 지나 그만큼 성장했다는 의미거든요. 그래서 이제는 어느 정도 자녀의 독립적인 공간을 허용하는 범위를 넓혀 가야 합니다. 특히 SNS는 중학생들이 친구를 만나는 '놀이터'가 되고 있습니다. 친구와 만나기 위해서는 SNS를 할 수밖에 없고, 아이들은 이 공간을 통해 자신들만 이해하고 공유하고 싶은 비밀스러운 영역들을 쌓아 가고 있었어요. 우선 이것을 있는 그대로 인정해 주세요. 그리고 자녀가 SNS에서 친구들과 나누는 대화나 관심 있게 본 주제들을 함께 이야기 나눠 보고, 그 내용을 어떠한 맥락에서 이해하는 것이 적절한지 설명해 주세요. 자녀의 온라인 생활에서 수퍼 피어 역할을 하는 존재가 누구인지 살펴보고, 그 영향력의 다양한 가능성을 자녀와 함께 이야기 나눠 보세요. 평소에도 자녀의 욕구나 생각을 존중해 주어 부모의 사랑을 느낄 수 있게 한다면, 애써 부모에게 SNS를 숨기려 하거나 거짓말을 하는 등의 행동은 하지 않을 거예요.

Q2 중학생 자녀가 학교에서 친구와 잘 어울리며 지내는지, SNS에서는 어떤 친구들과 어울리며 노는지 궁금한데 어떤 주제로 얘기를 나눠보면 좋을지 모르겠어요.

초등학생이었을 때는 학교에서 있던 일을 재잘재잘 얘기해 주던 자녀가 중학생이 되면서 조금씩 달라지니 아쉬운 마음이 들지요. 부모의 관심이 자칫 간섭으로 느껴질 수 있는 시기인 만큼, 대화를 나누고 싶어도 어떤 얘기를 해 보면 좋을지 고민이 될 것입니다. 이에 다음과 같은 몇 가지 제안을 드리고자 합니다.

첫째, 핵인싸·인싸·관종·비즈니스 관계·손절·지뻇 등 이 책에서 나온 '또래 관계'의 주제들과 '친구'와 '지인'의 차이에 관해 자녀와 이야기를 나눠 보세요. 최근 SNS에서 새로 팔로우한 친구, 자녀의 팔로우 친구 수를 물어보고, 넓은 인맥을 가지고 있다면 긍정적으로 바라봐 주세요. 그러면서 '지인'을 넘어서 마음을 나누는 '친구'의 중요성과 그 의미를 부모님의 경험을 통해 들려주세요.

둘째, 자녀가 SNS로 다른 사람과 소통하면서 언제 기분이 좋았고 언제 불안해졌는지, 기분이 상할 때는 무엇을 어떻게 하고 싶은지 얘기 나눠 보세요. 마찬가지로 자녀의 이야기를 들을 때는 판단하기보다 있는 그대로 존중하고 공감하며 들어야 합니다. 자녀가 감정을 이입하거나 위협을 느끼는 대상이 누구인지, 그리고 그것에 대한 자녀의 반응을 살펴보고, 부모님 또한 비슷한 감정을 느낀 경험이 있는지 들려주면 좋겠습니다.

셋째, 자녀가 좋아하는 아이돌이나 요즘 또래 사이에서 인기가 많은 인물(연예인, 유튜버 등)이 있다면 그 얘기를 하는 것도 좋아요. 좋아하는 아이돌의 춤과 노래에 대한 생각을 대화 주제로 삼으면 훨씬 더 많은 대화를 나눌 수 있습니다. 아이돌 얘기를 하면서 "저 아이돌도 멋지고 이쁘지만, 엄마(아빠)는 우리 딸(아들)이 더 근사한 것 같아"라고 표현하는 등 자녀의 관심사도 공유하고 자녀를 칭찬해 주면 관계가 친밀해지고 부모님과의 대화에 거부감이 없을 것입니다.

중학생들을 만나 그들의 일화를 듣고 그 이야기를 풀어 쓰면서, 그동안 우리가 이해하기 힘들다고 생각했던 중학생들이 사실은 그저 기성세대가 만들어 놓은 세상에 던져진 존재일 뿐이란 걸 깨달았습니다. 그것을 간과한 채 중학생들을 탓하고 있었다는 걸 뒤늦게 알았습니다. "문제 행동을 하는 학생에게는 문제적인 부모가 있다"라는 얘기가 있듯이 현재 중학생들의 모습은 그들의 탓이 아니라 어른들의 탓이라고 감히 말할 수 있습니다. 중학생들은 우리를 비추는 거울입니다. 그들에 대해 이해하는 것은 기성세대인 우리 자신을 이해하는 것입니다. 중학생들이 형성하는 문화는 우리들이 살아가는 세상을 거울처럼 반사하여 투영해 줍니다.

이 책을 통해 어른들이 만들어 놓은 빡센 세상에서 아픔을 느끼고 고민하고 고군분투하며 살아가는 중학생들을 이해하는 시간이 되었으면 합니다. 그들의 언행과 문화가 어른들이 만들어 놓은 세상을 뒤따르고 있는 것임을 성찰하여, 우리가 아이들을 위해 어떤 세상을 만들어 가면 좋을지 생각하는 계기가 되길 바랍니다. 중학생들을 조금 더 애정 어린 시선으로 봐 주세요. 중학생들은 좌충우돌하면서 어른으로 성장하는 과정에 있습니다. 때로 아이들이 짜증스러운 말과 거친 행동으로 부모와 교사를 열받게 하더라도 조금은 넉넉한 마음으로 아이들을 품어 주면 좋겠습니다. 화를 내지 말고

고운 말로 아이들을 대하려는 결심이 비록 작심삼일(作心三日)에 그치더라도 3일에 한 번씩 다시 마음을 다잡아 본다면 어떨까요? 내가 조금 더 이해하고 화를 덜 내면 이 아이들이 좀 더 자신감을 가진 긍정적인 어른으로 자랄 수 있다고 믿으면서요.

아이들을 다정하게 바라볼 수 있는 넉넉한 품은 아이들에게서 '완성형 인간'의 모습을 기대하는 어른들의 과도한 욕심을 내려놓는 것에서 시작됩니다. 그리고 그런 따뜻한 시선으로 아이들을 바라본다면 아이들은 자신을 사랑하고 귀하게 여길 줄 아는 어른으로 성장할 것입니다. 나태주 시인은 중학생에게 말합니다. 자신을 돌아보면서 세 가지를 칭찬할 수 있는 긍정적인 사람이 되자고요. 아이들이 당연한 것처럼 보이는 소소한 일상에도 감사할 줄 아는 사람이 된다면 아이들의 세상도 달라질 것입니다. 더 나아가 스스로를 넉넉한 마음으로 여유를 가지고 바라볼 수 있는 중학생이 가득한 세상이라면 온기 넘치는, 살기 좋은 세상이 될 것입니다. 아이들이 자신을 아끼는 긍정적인 사람으로 성장할 수 있으려면 아이들이 실수하고 낙담할 때 아이들의 불안과 좌절을 감내하지 못하고 버럭 화를 내는 어른이 아닌, 아이들을 따스하게 끌어안을 수 있는 어른이 되어야 합니다. 그런 성숙한 어른이 되길 함께 결심하면서 이 글을 마칩니다.

하루에 세 번씩 반성하고

세 번씩 자신을 꾸중하라는 말씀은

오래전 옛말이다

오히려 하루에 세 번씩

자기가 한 일들을 돌아보고

세 가지를 칭찬하라

나는 오늘도 밥을 잘 먹었다

학교에 결석하지 않고 나왔다

친구들이랑 다투지 않았다

정이나 칭찬할 것이 없으면

네 굵고도 튼튼한 다리를

칭찬하라

그 다리로 하여 너는

대지를 굳게 딛고 서 있는 것이고

멀리까지 갈 수도 있는 것이다

이 얼마나 장한 일이냐!

이러한 생각 속에서

너의 세상이 달라질 것이다.

　　　　　　　　　　　—나태주, 「중학생을 위하여」

| 참고문헌 |

강수돌, 2016, 「사교육의 정치경제학 비판」, 『인물과 사상』 223, 87-112.

강영안, 2005, 『타인의 얼굴: 레비나스의 철학』, 문학과 지성사.

김성우·엄기호, 2020, 『유튜브는 책을 집어삼킬 것인가』, 따비.

김지현·정일권, 2020, 「디지털 원주민은 단일집단인가?: 소셜미디어 이용 동기와 '네트워크화된 개인'의 개념을 통해 살펴본 디지털 원주민의 분화 양상」, 『사이버커뮤니케이션학보』 37(3), 5-51.

김현수, 2016, 『무기력의 비밀: 잠자는 거인, 무기력한 아이들을 깨우는 마음의 심폐소생술』, 에듀니티.

김혜숙·한대동·오경희, 2011, 「중학생의 사교육 의존 의식과 문화에 관한 질적 연구」, 『열린교육연구』 19(1), 127-147.

나태주, 2014, 『돌아오는 길: 나태주 신작 시집』, 푸른길.

오인수·손지향·조유경, 2018, 「근거이론적 접근을 통한 대학생들의 대2병 경험 분석연구」, 『교육과학연구』 49(2), 27-58.

오주현, 박용완, 2019, 「영유아 스마트 미디어 사용 실태 및 부모인식 보고서」, 『육아정책연구』 13(2), 3-26.

조윤정·서성식·염경미·이은혜·임고운, 2020, 『중학생의 생활과 문화』, 경기도교육연구원.

최보인·정광순, 2010, 「초등학교 6학년 학생의 중학생 이미지 기술」, 『교육실천연구』 9(1), 43-62.

교육부·한국직업능력개발원, 2022, 〈2021 초·중등 진로교육 현황조사 결과〉.

통계청, 2021, 〈2021 청소년 통계〉.

한국청소년정책연구원, 2020, 〈청소년의 건강 및 생활 습관에 관한 조사 결과〉.

사이토 다마키, 2005, 『폐인과 동인녀의 정신분석』, 김영진 역, 황금가지(원저 2003

출간).

Arnett, J. J., 2000, Emerging adulthood: A theory of development from the late teens through the twenties, *American psychologist 55(5)*, 469-480.

Bakshy, E., Messig, S., Adamic, L. A., 2015, Exposure to ideologically diverse news and opinion on Facebook, *Science 348,* 1130-1132.

Bauerlein M., 2014, 『가장 멍청한 세대: 디지털은 어떻게 미래를 위태롭게 만드는 가』, 김선아 역, 인물과사상사(원저 2008 출간).

Boyd, D. 2014, 『소셜시대 십대는 소통한다』, 지하늘 역, 처음북스(원저 2014 출간).

Cooley, C. H., 1998, *On Self and Social Organization*, Chicago: University of Chicago Press.

Elkind, D., 1967, Egocentrism in adolescence, *Child Development 38*, 1025-1034.

Erikson, E. H., 1968, *Identity: Youth and Crisis,* New York: Norton.

Foucault, M., 2016, 『감시와 처벌』, 오생근 역, 나남출판(원저 1975 출간).

Goffman, E., 2016, 『자아 연출의 사회학』, 진수미 역, 현암사(원저 1959 출간).

Miner, J., 2020, 『디지털 시대에 아이를 키운다는 것』, 최은경 역, ㈜청림출판(원저 2019 출간).

Pink, D., 2012, 『새로운 미래가 온다』, 김명철 역, 한국경제신문(원저 2009 출간).

Rosenberg, M., 1979, *Conceiving the Self,* New York: Basic Books.

Slater, A., Bremner, G., 2014, 『발달심리학 제2판』, 송길연·장유경·이지연·유봉현 공역, ㈜시그마프레스(원저 2011 출간).

Tapscott, D., 2009, 『디지털 네이티브: 역사상 가장 똑똑한 세대가 움직이는 새로운 세상』, 이진원 역, 비지니스북스(원저 2008 출간).

Uhls, Y. T., 2016, *Media Moms & Digital Dads: A Fact-Not-Fear Approach to Parenting in the Digital Age*, New York: Routledge.

국민일보, 2021년 2월 9일자 기사, 「"XX공부년" "한남충 박멸" 10대들의 스터디방」, http://news.kmib.co.kr/article/view.asp?arcid=0015519302&code=61121111&cp=nv.

노컷뉴스, 2012년 1월 10일자 기사, 「교실 내 존재하는 계급… 계급 이동은 중세만큼 까다로워」, https://v.daum.net/v/20120110060322201.

동아일보, 2021년 4월 3일자 기사, 「"엄마, 친구가 카톡감옥서 울어요"… 실제
    론 자녀의 SOS일수도」, https://www.donga.com/news/Society/article/
    all/20210403/106223569/1.

매일경제, 2020년 3월 28일자 기사, 「"내 주변 남자들도?" 'n번방' 사태에 불안 느끼
    는 여성들」, https://mk.co.kr/news/society/view/2020/03/322548/.

시사저널, 2022년 05월 20일자 칼럼, 「'다시 열린' 캠퍼스, 우리 사회에 던질 새
    로운 질문은 무엇? [임명묵의 MZ학 개론]」, https://n.news.naver.com/
    article/586/0000038641.

오마이뉴스, 2015년 3월 4일자 기사, 「"남학생 절반이 일베" 강남 중학생들의 위험한
    선택」, http://omn.kr/buot.